THE ATLANTIC MIGRATION
1607
[美] 马库斯·李·汉森 著　　陈晞 译
大西洋移民
1860

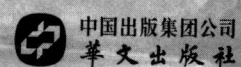

中国出版集团公司
华文出版社

图书在版编目（CIP）数据

大西洋移民：1607—1860 /（美）马库斯·李·汉森著；陈晞译. -- 北京：华文出版社，2020.5

（华文全球史）

ISBN 978-7-5075-5269-0

Ⅰ.①大… Ⅱ.①马… ②陈… Ⅲ.①移民—历史—研究—美国—1607-1860 Ⅳ.①D771.238

中国版本图书馆CIP数据核字(2020)第070811号

大西洋移民：1607—1860

作　　者：	[美] 马库斯·李·汉森
译　　者：	陈晞
选题策划：	盛世华章
插图供应：	029—85504182
责任编辑：	魏丹丹
出版发行：	华文出版社
社　　址：	北京市西城区广外大街305号8区2号楼
邮政编码：	100055
网　　址：	http://www.hwcbs.com.cn
电　　话：	总编室010—58336239
	发行部010—58336212
经　　销：	新华书店
印　　刷：	三河市国英印务有限公司
开　　本：	710×1000　1/16
印　　张：	24.75
字　　数：	350千字
版　　次：	2020年5月第1版
印　　次：	2020年5月第1次印刷
标准书号：	ISBN 978-7-5075-5269-0
定　　价：	96.00元

版权所有　侵权必究

出版前言

随着中国开放的大门越开越大，关注世界各国尤其是西方国家文明的源流、发展和未来已经成为当下世界史研究的一个热点。为了成系统地推出一套强调"史源性"且在现有世界史出版物中具有拾遗补阙价值的作品，我们经过认真论证，推出了"华文全球史"系列，首次出版约为一百个品种。

"华文全球史"系列从书目选择到译者的确定，从书稿中图片的采用到人名地名的规范，都有比较严格的遴选规定、编审要求和成稿检查，目的就是要奉献给读者一套具有学术性、权威性和高质量的世界史系列图书。

书目的选择。本系列图书重视世界史学科建设，视角宽阔，层级明晰，数量均衡，有所突出。计划出版的华文全球史中，既有通史，也有专题史，还有回忆录，基本上是世界历史著作中的上乘之作，填补了国内同类作品出版的空白。

人名地名规范。本系列图书中人名地名，翻译规范，重视专业性。同时，在人名翻译方面，我们坚持"姓名皆全"的原则，加大考据力度，从而实现了有姓必有名，有名必有姓，方便了读者的使用。另外，在注释方面，书中既有原书注，完整地保留了原著中的注释；也有译者注，体现了译者的研究性成果。

书中的插图。本系列图书的一个重要特点是书中都有功能性插图，这些插图全方位、多层次、宽视角反映当时重大历史事件，或与事件的场景密切相关，涉及政治、军事、经济、社会、外交、人物、地理、民俗、生活等方面的绘画作品与摄影作品。功能性插图与文字结合，赋予文字视觉的艺术，增加了文字的内涵。

译者的确定。本系列图书的翻译主要凭借的是一个以大学教师为主的翻译团队，团队中不乏知名教授和相关领域的资深人士。他们治学严谨，译笔优美，为确保质量奉献良多。

"华文全球史"系列作为一套具有较高学术价值的优秀的世界历史丛书，对增加读者的知识，开阔读者的视野，具有积极的意义。同时要看到，一方面很多西方历史学家的观点符合事实，另一方面不少西方历史学家的观点是错误的，对于这些，我们希望读者不要不加分析地全盘接受或全盘否定，而是要批判地吸收外国文化中有益的东西。

华文出版社
2019年8月

编者序

第一次世界大战的爆发使人们深陷战争旋涡，因此，可能很少有人知道，1924年是美国历史上一个极其重要的分水岭。当时，美国国会通过了一部法案（下称《1924年移民法案》），要求过渡期结束后，每年迁入美国的欧洲移民不得超过十五万人。此外，欧洲移民会被分配到不同的州，从而稳定美国既有的民族构成。这两个政策标志着美国自由移民时代的彻底结束。从早期殖民时代到世界大战结束，其间，不管白人移民的数量有多少，也不管白人移民来自哪里，美国的大门始终为他们敞开。在某些年份，来到美国的欧洲移民甚至超过百万人。现在，作为民族大熔炉的美国即将沸腾。然而，早在1782年，J.赫克托·圣约翰·德·克雷夫科尔①就在其作品中对"熔炉"一词大加赞赏。

1929年，美国开始实施新制度。现在看来，曾经的移民大潮只不过是涓涓细流。镌刻在自由女神像基座上的埃玛·拉扎勒斯的诗句表明，历史将永逝不回。

> 来吧，受苦受累的人们啊，
> 蜷缩在一起，渴望呼吸自由的空气，
> 所有在海滩上被遗弃的悲惨的人啊，
> 那些流离失所、饱经风雨的人们，都到我这儿来吧……

---

① J.赫克托·圣约翰·德·克雷夫科尔（J.Hector St.John de Crèvecoeur, 1735—1813），法裔美国人，美国18世纪著名作家，代表作有《一个美国农民的信》和《18世纪美国图景》。——原注

由于种种原因,美国政府决定缓解因历史因素造成的移民人口压力。《1924年移民法案》实施时,虽然没有受到民众拥戴,但这项"国民计划"对美国和世界其他国家具有深远意义和影响。

毫无疑问,《1924年移民法案》也对有关移民的学术研究产生了影响。早年,美国经济学家主要研究移民带来的能源问题,社会学家热衷于讲述和评价移民对美国社会造成的影响。但学者们并没有将移民当作一种社会进步看待,而是当作一个社会问题。他们有关移民的文章旨在影响美国政府政策的制定。现在,移民问题越来越受到专业历史学家的关注。比以往任何时候都更清楚的是,专业历史学家能以更长远的眼光审视移民问题,同时公正、冷静、客观地评价移民对美国社会造成的影响。大多数专业历史学家即使将研究范围限制在某一个国家,也不会在诱惑面前低头。然而,一些早期的学者往往禁不住诱惑,以牺牲其他群体的地位为代价,放大另一个群体的重要性。

在本书中,美国历史学家马库斯·李·汉森讲述了大西洋两岸白种人声势浩大的移民运动,时间从最初的十三个殖民地,到早期的美利坚合众国,再到内战爆发前夕。马库斯·李·汉森着重讲述了后一阶段的移民潮。与大多数研究大西洋移民的历史学家不同,马库斯·李·汉森是站在欧洲立场考虑问题,而不是站在美国立场。当其他学者在谈论移民到达美国后发生的故事时,马库斯·李·汉森将视线投射在了一个前人从未触及的领域。他讲述了欧洲旧大陆的人对命运感到深深不满的种种情形,如农耕和土地所有制的变化、工业的兴起、自然灾害、政治压迫、宗教歧视,以及移民机构的强制性措施等。他解释了美国作为希望的乐土,为什么时而蒸蒸日上、繁荣昌盛,时而前景暗淡、每况愈下。同时,他解释了美国政府为什么时而积极推动移民浪潮,时而有意阻碍移民进程。他认为,美国在陆路运输方面取得的巨大进步导致欧洲内陆的农民更容易到达启程港口。当时,远洋航行技术的现代化激励了很多人前往北美洲探险。此外,马库斯·李·汉森描绘了当时的人为了设计航行路线倾尽所有,并且揭示了人们从四面八方来到美国定居的原因。

作者寻踪觅源,探究上述情形之间的相互作用,评价其后果,从而勾勒出一幅清晰明了的旧大陆移民图。作者虽然主要关注美国移民问题，但谈到了其他国家应对移民的举措及其影响。譬如，大批欧洲移民迁往波兰与俄罗斯南部等地广人稀的地区，大批英国人迁往加拿大、阿尔及利亚、澳大利亚、巴西和美国中部地区，从而掀起了移民潮。历史上甚至出现过这样一种情形：拉丁美洲对欧洲平民的吸引力比美国大很多，令人感到惊讶。

随着作者笔下故事情节的展开，每位读者都能感受到这本书史诗般的风格。如果不了解美国西部的拓荒冒险历史，那么漫长的跨大西洋移民历史为了解美国西部提供了必要的背景知识。历史学家认为，美利坚民族一些优秀品质的形成归因于欧洲移民身上敢于探索的勇气、坚定的意志力及谦逊的品格。一些美国人的祖先虽然不是乘"五月花"号来到新大陆，但同样以充满勇气和献身精神的非英裔祖先为傲。在随后的移民中，美国的非英裔祖先勇敢地跨越大西洋，尽管他们没有引起历史学家足够的重视。

在本书中，马库斯·李·汉森描写了很多有血有肉的人。这本书展现了人们的希望、做过的荒唐事、经历的成功与失败等。譬如，神秘的芭芭拉·冯·克鲁代纳夫人为饥饿的人们分发食物，唤起了瑞士农民渴望改变的斗志；衣着光鲜的德意志人在卢浮宫的花园里露营，等待售卖马车，然后乘船前往勒阿弗尔港开始新的旅途；饱受饥饿折磨的爱尔兰农夫将奄奄一息的人遗弃在马路边；荷兰港口人头攒动、熙熙攘攘；航行者蜷缩在移民船上，担心染上斑疹伤寒……这些情形仿佛历历在目。在德国偏远的乡村，村民们通过阅读报纸上关于美国总统安德鲁·杰克逊的信息，了解了美国。在爱尔兰，一个从美国衣锦还乡的人，在同乡中引发了新的移民热。在欧洲各地，从美国寄来的信及廉价的指南手册激起了欧洲人前往北美洲的兴趣。经过作者耐心细致的调查和整理，很多有趣的情节为叙述注入了活力。如果换作一个写作技能不够精湛的作家，这些情节不但不会为叙述增色，还会囿于枯燥的统计归纳，成为冗余。

为了收集材料，马库斯·李·汉森在国外待了近四年，主要活动在大不列颠群岛、德国、法国、瑞士、荷兰和北欧几个国家。马库斯·李·汉森是伊利诺伊大学的一位历史学教授。1938年5月11日，在事业巅峰期，他不幸英年早逝。伊利诺伊大学痛失一位才华横溢的历史学家。虽然本书的现存稿比较完整，但马库斯·李·汉森原计划出版三部曲，本书是三部曲中的第一册。第二册计划叙述1860年到1882年的故事。除了追溯移民的欧洲渊源，他希望着重讲述美国内战对已经在美国扎根的欧洲移民的影响。马库斯·李·汉森认为，内战的影响能够解释美国为什么不像欧洲其他国家一样，建立强大的种族群体。第三册打算聚焦欧洲中部和南部地区的移民发展，讲述从那时起到现在的移民故事。毫无疑问，后两册书必定会继续延用第一册书新颖的写作手法和丰富的例证阐述。

　　逝世前，马库斯·李·汉森对本书的草稿进行了修改和完善，但没有完成最后修改。他逝世后，完善书稿的工作落到了我身上。我秉持着审慎严谨的态度，完成了这项工作，以表达对原作者主旨理念的尊重与敬意。我没有对本书关于重要素材的组织、例证的阐述及其得出的结论做任何改动。在大量阅读马库斯·李·汉森笔记的基础上，埃丝特·麦肯齐女士完善了本书的脚注及引用。历史学家如果希望借此查明作者相关信息的来源，可能会对书中的脚注和引用感兴趣。感谢C.弗里德里希·汉森先生和西奥多·L.阿格纽先生给予我的诸多帮助。感谢伊丽莎白·F.霍克西女士为出版社提供了手稿。

阿瑟·M.施莱辛格

目 录

001 **第1章**
西进的冲动

037 **第2章**
殖民地移民

083 **第3章**
第一次美国化

117 **第4章**
新起点

147 **第5章**
落寞的美国

165 **第6章**
大移民的先驱

193 **第7章**
美国：普通人的理想国

223 **第 8 章**
商业连通大西洋两岸

253 **第 9 章**
三十年和平岁月的期望与恐惧

283 **第 10 章**
殖民不是补救措施

303 **第 11 章**
逃离饥荒

327 **第 12 章**
新生力量

345 **第 13 章**
大移民

369 **译名对照表**

第 1 章
西进的冲动

精彩看点

影响移民的重要原因——年轻人被骗上远洋海轮——离境许可——中世纪晚期的公社——经济革命——神圣罗马帝国的移民限制——19世纪的移民潮——移民规模——移民潮的非官方性质——西进运动——美国西部的欧洲移民——移民潮的周期性特征——人口增长原因——重商主义政策——欧洲农民引进马铃薯——饥荒对移民运动的影响

1815年美英战争结束带来的和平为人类历史上最伟大的迁徙运动铺平了道路。[①]当年，一位报纸评论员对欧洲农民满怀憧憬地坐上大篷车，兴高采烈地启程前往新大陆惊诧不已，声称"移民是一种自杀行为，因为迁徙将人与生活曾给予他的所有东西彻底分离开来，只剩下动物生存的基本需求"。[②]每位作家都在自己的作品中反复提到移民话题，认为自己有义务提醒想要移民的人，不要草率做出决定，不要以已知换未知。在广袤的田野上，年轻人结伴劳作。公墓里安息的父辈和祖先给他们带来无形的安全感，远处教区教堂的塔尖让人心安。在由家庭与朋友构成的社区里，到处是从小认识的人。大家同甘共苦，熟悉的人际关系让人们对未来充满安全感。为了在遥远的北美洲有一幢更大的房子，为了一个不确定的未来，欧洲移民放弃了很多有利条件，这样做明智吗？

　　然而，感情并不是将移民与家乡联系在一起的唯一纽带。譬如，在一个村庄，村民们每年有两次到集镇赶集的机会，却不了解集镇之外的世界是什么样的。在集市上，村民们会看到一些新面孔，听陌生人讲不同的方言，跟与自己的风俗习惯、行为举止截然不同的人做买卖。只有回到熟悉的同乡中间，他们才倍

---

① 1812年到1815年，独立不久的美国为了扩大领土，发动了与英国的战争，史称1812年美英战争。1815年战争结束，美英双方签订了《根特条约》。该条约使美国边界恢复到战前状态，双方均未做出领土让步。但这场战争使美国民众的爱国热情高涨。——原注

② 《德国日报》，奥格斯堡，1816年12月9日。——原注

感轻松。诚然,一些村民会离开家乡走南闯北。一个去过意大利的金匠和一个到过瑞士的造车工人向村民们讲述自己的漫游之旅,展示给村民们另一个惊奇的世界。在新世界,人们的着装、语言甚至宗教信仰完全不同。设想,在欧洲是这样一番情形,那么在美国——一个地处浩瀚无垠的大西洋彼岸的神秘国家,不应该更是如此吗?但对大多数人来说,"留下来,创造繁荣"不仅是《圣经》中的一句箴言,还是人们通过丰富经验达成的共识。在一次次踯躅着踏上隔海相望的未知大陆后,这种共识愈加坚定。

除了对家乡的依恋和对未知大陆的恐惧,交通运输方面的困难也是影响移民的重要原因。铁路和蒸汽船成为移民的主要交通工具后,也成了"承运移民"的专用词,总是让人回想起过去的时光。当时,移民完全依靠自己的力量和资源。由于没有其他运输工具,移民只能背着行囊上路,在每个教区的边界都被视为可疑人。人们怀疑这些背着行囊的人动机不纯,只有经过仔细检查才让他们通行。无论在客栈还是在路边,总有人监视这些人,直到他们到达一个新教

早期的蒸汽船

一幅描绘水手的漫画

区,受到新一轮盘问。当移民进入城市,城门口站立的卫兵会检查他们的背包里有没有违禁品。此外,即使行囊简单,每经过一个边界,官吏都会向他们征收行李税。好几个星期,甚至好几个月,这些人风餐露宿,向遇到的每一个水手询问有没有前往北美洲的船,恳求船长在船舱里给自己一席之地。有时,只要能上船,他们可以在船上免费做工。

移民在港口度过的每一天都提心吊胆。早在shanghai一词有"诱拐"的含义前,[①]在船和水手聚集的地方,一些健壮的年轻人被骗上远洋海轮。在码头上徘徊的人是拥有海外资产的商人和贸易公司的招募对象,是其寻求财富之旅的雇

---

① 19世纪60年代,第一批想去上海捞金的冒险家们,需要招募一些水手,然而当时在美国人心中,去上海就跟被发配到西伯利亚差不多,没人愿意去。他们还发明了一个流行语叫"shanghai voyage",意思是"鬼才会去的极其漫长的旅途"。——原注

第 1 章 西进的冲动 | 005

佣兵。海外商人和贸易公司利用雇佣兵防御入侵者，并镇压当地人的反抗。如果收益可观，远航捕鲸不仅充满刺激，还可以让每个人获得不菲的报酬。但等待鲸鱼现身的过程非常漫长，并且困难重重，伴随着巨大风险。由于缺乏耐心，很多渴望在新大陆拥有一片种植园的年轻人最终只能成为南海上的一个小商贩，或者是刺着文身的普通水手。

很多移民难以获得合法离境的官方许可。没有办理正式手续的人一旦离开家乡，就成了逃犯，因为国家不仅要求他们服兵役，还要求他们留在家乡。人口是一种财富、一种投资。如果没有对等的回报，国家不会允许人们随意迁往其他国家。诚然，个人不再是奴隶，也不再是国王或贵族的私有财产，但依然是国家的财产。国家可以将一个人交给另一个国家或将其流放。对个人而言，他没有移居国外的权利，即自由离开祖国前往另一个国家定居的权利。即使获准离开，世界上也没有免费的午餐。为了弥补国家损失，移民者需要拿出自己全部资产的一部分，为自由买单。

然而，获得离境许可是从农村公社①罗网中解脱出来的最简单的方式。个人不仅是政治集体的一员，也是经济集体的一员。对普通民众来说，政治生活离他们很遥远，但经济生活与他们息息相关。19世纪的移民潮主要出现在欧洲农村地区。在农业生产中，农民和乡村工匠的命运紧密相连。只有当他们之间的关系变得松散后，个人才可以自由流动。这便是移民潮形成的基础。

然而，奴隶制的废除并没有赋予农民自由，农民的行动仍然受到限制，仍然是公社的一员，这直接决定了农民的生活。政府官员决定农民耕种的时间及土地归属权的划分、牧场和森林公共用地的使用权，以及每个人需要承担的责任。任何一个工匠都要经过批准才能开工，交易的价格及方式也由当地法规决定，而且只有一小部分当权者可以制定法规并享有解释权。未经允许，年轻人不得结婚。同样，公社将其对各地区应当承担的义务一律分配给农民。最终，公社内部的专制独裁成为移民的首要原因，也成为移民的一大障碍。

---

① 公社（commune）：公社一词最早指中古欧洲自治城镇的组织，特点是市民拥有一定权利，包括财产权、行政权等，彼此之间互相协助。但各地区的公社情形不同，有些地区的公社自治力量非常强。（本书中除原注外，均为译者注，不再另行说明）

这就是中世纪晚期的公社。公社是一个纪律严明的组织。后来,公社的一些特权因政府改革取消,另一些特权随着时间的流逝被逐渐淘汰,公社的管理也逐渐缓和。在西欧国家,几乎没有一条普遍适用的法则。国家法和地方法对有关个人身份的法规进行了改良,规范了公民拥有的土地范围及邻居。欧洲的每个国家都经历了类似的发展,几乎每个地区都根据自己的情况制定政策。但一个不争的事实是,在整个北欧和西欧,人们的迁移率稳步上升。人员流动最频繁的地方,往往最先出现大量移民。

　　在英格兰王国[①],16世纪爆发的经济革命瓦解了历史悠久的乡村结构。英格兰王国摧毁了爱尔兰的宗族统治,掌控了爱尔兰人的命运。当时,英格兰人和爱

英格兰王国盾形徽章标志

---

① 英格兰王国(Kingdom of England):英格兰王国是927年到1707年西欧的一个国家,包含现在的英格兰与威尔士。1707年到1801年,苏格兰王国与英格兰王国合并,称大不列颠王国。1801年,大不列颠王国与爱尔兰王国合并,称大不列颠及爱尔兰联合王国,即英国。

尔兰人发现,自己可以自由前往皇家领地内的任何地方。不过,《伊丽莎白济贫法》阻碍了移民的脚步,该部法令禁止人们迁往其他国家定居。为了获得移民利力,生活在苏格兰高地的人经历了漫长等待。当时,苏格兰高地由宗族和贵族当权,直到18世纪爆发起义,贵族统治才被推翻。荷兰很早就废除了所有移民限制。作为一个商业国家,荷兰需要充足的劳动力发展经济。因此,荷兰废除了教区和地方自制的法律。只要资金允许,荷兰人就可以前往自己喜欢的地方务农和经商。

然而,英格兰王国的一些邻国发展缓慢,当地人没有那么早获得移民权利。法兰西王国①连年征战,人力珍贵,不可能制定来去自由的移民政策。甚至对派

法兰西王国盾形徽章标志

---

① 法兰西王国(Kingdom of France):法兰西王国存在于987年到1792年,并在1814年到1815年及1815年到1848年复辟。

1750年的新法兰西

往新法兰西的殖民者,法兰西政府也施加了很多限制,阻碍了移民进程。为了留住稀少的居民,法兰西政府规定,对擅自离开本土的人判处死刑。法国大革命爆发后,法兰西人自由选择移民的权利才被视为天赋人权。但即使得到政府认可,也有一条不变的规定,即一旦战争爆发,法兰西移民需要回国效力。

中世纪时期,神圣罗马帝国[①]的每个邦国和公国都制定了有关移民的法律。几个世纪以来,神圣罗马帝国的东迁运动加快了人口流动,限制移民进出的严格规定跟不上形势发展了。允许人们迁徙符合历史发展规律,神圣罗马帝国的移民限制注定会被历史淘汰。但在18世纪,重商主义认为,人口最稠密的国家才是最

---

① 神圣罗马帝国(German Empire):神圣罗马帝国是962年到1806年的一个欧洲封建君主制帝国,版图以德意志地区为核心,包括现在的德国和奥地利。

富裕发达的国家。这种观念引发了强烈反响。神圣罗马帝国政府不再允许拓荒者带领一群移民前往东部开垦荒野和森林,只允许一种形式的东徙,即传教。传教士可以获准离开国家。北欧其他国家的法律与神圣罗马帝国类似。由于北欧的大多数国家临海,很多人有机会当水手,从而为渴望前去远方探险的人开辟了一条道路。直到19世纪,德意志人才普遍享有了自由移民权。

在很大程度上,源源不断的欧洲人迁往北美洲促进了美国十三个殖民地的发展与繁荣。然而,1815年到1914年,对美国外来人口来说,是尤为重要的一段

滑铁卢战役

时期。从滑铁卢战役到第一次世界大战的爆发,移民潮持续了整整一个世纪。成群结队的人向西横跨大西洋,涌入北美洲。欧洲的每个国家、每个地区,甚至每条街,都积极投入了移民潮。此次移民潮始于爱尔兰和莱茵河河谷地区,向东北延伸到英格兰中部地区、北欧国家及德意志北部,向南穿过波罗的海、波兰和奥地利,最后延伸到意大利。此外,移民潮消退前,由于难民太多,巴尔干半岛和近东地区饱受移民潮折磨。对美国来说,只有法兰西和西班牙没有受移民影响。

显然，造成此次人口大迁徙的原因不只是种族或民族问题，也不只涉及法律或政治领域。移民潮不仅是一代人的狂热，也不是一种仅流行了十年或二十年的观点，其中缘由和迁徙活动本身一样具有普遍性。

此次移民潮的周期性十分显著，呈波浪式增长，并且一浪高过一浪。一个周期结束后，会有一个间歇期。其间，移民潮会有停滞或反弹现象。但间歇期过后，紧接着是一股更高的浪潮。了解移民潮的潜在因素后，我们会发现，移民潮的"退潮"和"涨潮"同样重要。移民潮形成的原因让人们困惑不已。不过，每一次移民潮"涨退"的原因都为解决这一难题提供了重要线索。

19世纪见证了移民潮的三个不同阶段。第一个阶段是本书探讨的重点内容，始于1830年，持续到1860年，在1847年到1854年达到高潮。由于人口大量外迁，"凯尔特"一词被人们广泛使用。凯尔特移民来自爱尔兰、苏格兰高地及威尔士山区，语言主要是凯尔特语，身体里流淌着凯尔特人的血。凯尔特移民的土地制度直接承袭早期部落的耕种习俗，并且由此发展而来。尽管一些移民来自莱茵河上游和邻近地区，但在某种意义上，这些移民依然被视为凯尔特人，因为第一批在莱茵河上游凿山开河的人就是凯尔特人。此外，德意志人通过征战占领了凯尔特人的村庄和田园，重新分配土地并继承了历史悠久、具有凯尔特农业特色的习俗。与其他地方一样，几个世纪以来，凯尔特人发生了翻天覆地的变化，转型后的农村经济模式与爱尔兰盛行的土地制度相似，与纯粹的德意志人聚居地不太相同。迁徙到北美洲的比利时农民和荷兰农民也沿用了凯尔特人流传下来的经济组织模式。当时，挪威的拓荒者也来到凯尔特人被驱逐出欧洲大陆后长期居住的沿海地区。

移民潮的第二个阶段发生在1860年到1890年。在数量上，英格兰移民占主导地位，其中有自耕农及其后代和农民工。有史以来，北欧最大的移民潮发生在1860年到1890年。其间，德意志移民以普鲁士人和萨克森人为代表，奥地利移民以波希米亚人为代表。和以前一样，德意志和奥地利的移民有一个共同特征，即土地所有制度。这项土地所有制度起源于日耳曼人，因为移民都来自早期的日耳曼部落。他们有一套固定的习俗，用以管理农业活动和土地继承。从地图

苏格兰高地移民家庭

上可以清楚地看到日耳曼人的分布地区：从英国泰晤士河北部地区一直到苏格兰高地，德意志易北河东部，奥地利山脊西面，丹麦和瑞典南部地区的平原，以及挪威内陆的山谷。这些外流人口都有日耳曼人的血统，有与日耳曼人一样的组织体系及语言基础。因此，所有迁往北美洲的移民都属于日耳曼人。

第三个移民阶段是1890年到1914年。其间，来自地中海的移民和斯拉夫人进入北美洲。斯拉夫人有着与凯尔特人、日耳曼人一样的土地制度。然而，大多数芬兰人、拉脱维亚人、立陶宛人、波兰人、卡累利阿人和乌克兰人都是俄罗斯帝国的臣民，有着相同的土地继承制度。地中海各民族之间的关系远比斯拉夫

芬兰人的日常生活

人复杂,并且无法简化。在地中海地区,一波又一波文明和文化繁荣、衰败,大量人口死于战争和瘟疫。意大利、希腊和近东一些国家曾经的土地制度没有完整保留下来,但商业和政治制度一直联系紧密。

长达整整一个世纪的移民潮共涉及三千五百万移民。顶峰时期,移民的规模之大令人印象深刻。在移民潮的第一个阶段,1847年到1854年,有一半移民迁往了美国。在移民潮的第二个阶段,1880年到1890年,移民所占比重与第一阶段差不多。在移民潮的第三个阶段,1909年到1914年,移民所占比重与前两个阶段相同。短短二十五年,有一千七百万人漂洋过海迁往异乡。惊人的移民数量是其他和平年代或战争时期的人口迁移不可比的。与此次移民运动相比,罗马帝国晚期的野蛮入侵和世界大战中美军的输入显得不值一提。

然而,我们不仅要注意移民潮的规模,还应该了解移民潮的非官方性质。此次移民潮是很多人自发的运动。此前,人类也有过类似的迁徙,如征战其他部落、组织有序的游牧定居及商业公司驻外等。但在这些移民活动中,个人是社会体制中的一员,发挥的作用无足轻重。作为成熟社会的一分子,一个人如果脱离社会环境,就会被赶到荒野或陌生地区,或者不友善的人居住的地方。探险家们早已习惯这种组织体系,并且他们当中有一群训练有素的人,不管新环境多么陌生,其唯一的职责就是维护和发展这种组织体系。

然而,1815年到1914年,欧洲人迁往新大陆定居通常是个人性质的移民。一个人如同一粒原子,从旧社会中挣脱出来,再依附到新社会中。在陌生的环境中,这个人没有任何使命感,不愿意复制以前的生活,除了保持自己熟悉的个人生活习惯。没有爱国情怀促使一些人移民到美国,不管其祖国文化是闭塞保守还是广为流传,都与他无关。诚然,这样的人身上依然带有建立组织体系的细胞,即集体组织的向心力,以及崇敬和喜欢自己早已习惯的东西。这往往意味着,如果一个人来到美国的时候,遇到了提前移民过来的同乡,并且周围的环境还算友好,那么他会与同乡一起,在异乡重新建起与家乡相似的家园,即建立一块殖民地。但移民者很快就会对殖民地感到厌倦,对旧大陆的依恋之情也会逐渐消失。

面对人口大量外迁的情况,政府往往很少采取应对措施,甚至听之任之。不过,19世纪早期,一些欧洲国家通过立法,为一直寻求低价运输方式的旅客减轻了负担。出于人道主义考虑,欧洲国家做了这个尝试,但仅仅改善了交通运输条件,人们何时愿意去往何处不受政府限制。直到19世纪末,欧洲国家才采取了移民出境政策。或者说,当时,美国采取了移民入境政策。但这项政策实施得太迟,已经无法改变移民潮的性质。虽然人口大量外流改变了现代世界的基本格局,但没有一个国家给移民以导向,使其朝着有利于本国的方向发展。

西进运动中向美国西部迁移的民众

　　此次人类大迁徙并不是单方面的,反而与人类历史发展的方方面面存在联系。移民潮不仅促进了农业发展,还彻底改变了欧洲乡村的生活方式,并且促使乡村卫生条件得到极大改善,使欧洲人口在三代人的时间内翻了一番。与此同时,此次移民为人们提供了商船,船上装载着质量上乘的商品,促进了大西洋两岸交通运输业的发展,开启了大西洋海上贸易的新纪元。更重要的是,移民对美国西进运动做出了巨大贡献。

从欧洲大陆的角度来看，这场声势浩大的运动是向外移民。正如前文所述，此次移民潮与每个移民输出国的农村经济重组有关。但从美国的角度来看，移民潮现象仅指移民入境，并且涉及完全不同的问题。成千上万的异乡人要怎样融入美国人的生活及其经济体系呢？当时，这个问题并没有引起人们的重视，因为美国所有边界地区和大量国土都是"自由的"。大片空地等着人们开垦，因此可以接纳很多移民。但这个简单的设想忽视了移民作家及地产商都讳莫如深的一个事实，即开拓土地其实是一种高度专业化的职业。早期美国移民经过两个世纪开疆扩土得出的经验表明，只有经过上百次实践才能获得成功。

西进运动并不像史册上记载的那样，是一个简单的迁徙过程。很多史料主要讲述了一个刚毅不屈、足智多谋且锲而不舍的人，单枪匹马在荒野中求生的故事，或者前线士兵在战壕里徒手格斗的故事，但历史学家必须谨记阵地形势的错综复杂，每次战斗都或多或少会将战线向前推进。前线附近地区、公路、运

《美国进步》：西进运动中，美国移民将文明的光芒从美国东部带到美国西部

西进运动中,美国建立的军事据点

河和铁路编织成一个网络,为拓荒者提供了支持。移民带来了资金。移民者的黄金为移民活动提供了巨大动力。为了将黄金变成服务工具,需要投入大量劳动力。一些沉不住气的拓荒者一旦离开,新开垦的土地就需要劳动力填补空缺。

欧洲移民不是拓荒者。他们没有拓荒经验,也没有能力征服森林或草原,他们不会使用危险的工具,如美式斧头,更不会搭建小木屋或草皮房。此外,一些移民由于染上疟疾,丧失了劳动力,另一些移民夏天容易中暑,并且一年四季都会受到蚊虫叮咬。除了这些,还有很多类似的情况。在肥沃的北美洲,欧洲农业体系到处碰壁。在看不到人烟的荒原上,欧洲移民独自忍受着孤独。之前,他们抱着积极乐观的心态,认为自己能独自忍受单调的生活。但现在,他们的内心已经乌云密布。日复一日,不管欧洲移民多么努力,丛林都会越长越密,需要开垦的平原依然渺无边际。逃离欧洲贫民窟或劳工营的移民绝望地承认,自己被击垮了。在北美洲荒野上,没有一个外国人获得成功。很多渴望在大自然中建立新家园的欧洲移民放弃了之前的浪漫计划,听取了聪明人的建议。

向美国西部迁移的民众

然而,在这样的环境下,美国西部的欧洲移民不断繁衍生息。他们不需要邻居,甚至将邻居视为对手。一年中,一些移民会去几次贸易站。贸易站可以满足他们的社交需求。最初的欧洲移民有着传说中游牧民族的天性。远方的一缕青烟意味着有人出现在那里。于是,他们扑灭篝火,吹哨唤狗,搬迁的准备工作就算完成了。然后,他们扛着斧头、枪支和锄头,前往新的定居点生活。

然而，传说往往与事实不符。毋庸置疑，这种移民确实存在，却不能代表大部分住在边远地区的欧洲移民。大多数移民在森林里开辟了小径，建了第一个居住地，清理了附近的小溪，将周围几亩地打扫干净，并且围上了栅栏。这些移民像依赖耕地的收成一样，依赖荒野里的野生资源。生活在这样的环境中，他们显得心满意足。那么，他们为什么还要迁往新的地方呢？原因很简单。远处升起的缕缕青烟不仅意味着新邻居的到来，还预示着竞争者的出现。竞争者会对这

铁路旁的一处移民定居点

个地区造成破坏，导致森林里的大量野禽迅速消失。因此，一些移民选择收拾好行李，前往另一座山谷。在新的定居点，他们继续过着从前的生活，并且在离开前，他们会将改良后的农场卖给另一个住户。

在这一阶段，出现在北美洲的欧洲移民越来越多。农场买主通常是北方人或纽约人，他们一般来自德意志、英国或挪威。19世纪，美国经济发展的每个阶段都有一种移民方式，一种标准化的移民进程。新来的移民从一个地方迁往另一个地方，频繁更换工作，直到找到一份合适的工作。这份工作或满足移民的兴趣爱好，或能提供资源，或仅仅出于必需。美国内战爆发前，这种移民方式发展到鼎盛时期，很多欧洲人成为独立自主、拥有土地的美国农民。通常来说，欧洲移民成为美国农民有两种途径。

在移民前，如果欧洲移民有足够的资金，一定会一路顺畅。欧洲移民揣着几百美元，买下半改良的农场维持生计，在适应了新型农业生活方式后，逐渐扩大自己的耕地面积，直到能满足所有需求为止。

但大多数移民横跨大西洋到达北美洲海岸时,已经花光了所有积蓄,只能为有钱人做工。他们分散在各个社区,这些社区正需要熟练且健壮的工人。于是,北美洲腹地吸收了大批欧洲劳动力。一些有一技之长的人成了工厂的技师或工人,泥瓦匠和木匠在繁荣的村庄倍受欢迎。但大多数移民扛着镐和铁锨,凿运河、修铁路。他们虽然看不起这些工作,但这些工作能让他们顺利前往美国西部,前往最终的家园。这是一个适者生存的历程,死亡率很高。坚持到最后的人,只有经过两三个季度的努力,才能攒到足够的钱,买到梦寐以求的土地。

攒钱过程充满变数。很多新来的移民会在比较富裕的农场做雇工。一家人如果都移民过来,常常会分开做工,妻子和孩子也会出去"揽活",直到一家人有了一定收入后才能团聚。随着居住范围不断扩大,移民们会招揽更多同乡来到北美洲,并且给予同乡一定帮助,过一段时间后将这些人打发到偏僻一点的地方生活。早期移民参与了所有公共建设和乡村建设,为后来美国的蓬勃发展提供了经验,成为美国发展的主力军。

挪威移民与他们简陋的木屋

加利福尼亚的移民家庭

大西洋移民潮有显著的周期性,呈现出波浪式的动态特征。在这个浪潮中,人们横穿欧洲大陆,到达太平洋。欧洲移民运动可以归纳出一些共性,如移民运动往往在美国工业活动蓬勃发展时期达到高潮。[1]然而,这一规律也有其局限性。譬如,在工业萧条时期,西进运动迅猛推进。如果将这两种现象放在一起讨论,就能解释两者之间的关系。发达的商业贸易需要劳动力,而欧洲能提供丰富的劳动力资源。不过,如果修建运河、铁路、工厂和货栈的成本超过了利润,那么工程就会停滞,工人就会被解雇。于是,被解雇的工人们携带积蓄,继续西行,前往西部地区,然后从西部移民手中购买土地。欧洲人的这种波浪式迁移及其后来在美国各州的分布情况,构成了美国移民史的主要篇章。

从另一个角度来看,欧洲人迁往美国是大西洋沿岸的欧洲人口增长和扩散的一个方面。19世纪,人口数量空前增长直接导致了欧洲人口外迁。我们还必须考虑此次移民潮的历史背景,尤其是前几个世纪的发展。[2]自外族入侵以后,

---

[1] 哈里·杰罗姆:《移民与商业周期》,纽约,1926年。——原注
[2] 罗伯特·笛卡尔·库津斯基:《社会科学百科全书》,第7章,《人口、历史与数据》,第240页到第248页引用部分。——原注

罗马帝国的和平与繁荣遭到破坏,社会混乱不堪,居民人数约减少了一半。直到13世纪,商业贸易的萌芽和趋于稳定的政权使西欧国家逐渐恢复了早前的繁荣景象,社会很可能发展到新高度。然而,随之而来的是14世纪和15世纪的战乱与瘟疫,国家人口数量再次减半。1500年,西欧人口数量和一千年前差不多。接下来的百年间,在大自然的恩泽下,黑死病退去。17世纪初,欧洲人口数量迅速增长。此后,英格兰王国和法兰西王国的人口数量得到进一步增长,但神圣罗马帝国和北欧国家因"三十年战争"再次遭受重创,意大利半岛的经济状况因地中海商业贸易的衰退停滞不前。尽管如此,很多欧洲国家复苏后,经济力量比以前更强大。18世纪初,除了因疟疾肆虐沿海平原而受难的意大利人,欧洲其他国家的人迎来了一个新纪元。

18世纪初,由于欧洲没有一个国家进行过官方人口普查,当时的人口增长幅度只能依靠推测。但我们可以说,整个18世纪,欧洲的人口数量至少增长了一倍。这一现象表明,在制定经济政策与刺激人口增长的过程中,欧洲各国政府起

描绘黑死病的木雕

了重要作用。18世纪,政治经济学发展成为一门独立学科。为了给之前的人口增长推测提供数据资料,每隔一段时间,欧洲各国会在本国疆域内进行一次人口普查,并且采用统一的分类体系。18世纪60年代,欧洲的人口普查已经很普遍,统计出的人口增长率证实了之前的推测,当地教堂的零星记录及贸易统计数据进一步证实了这一观点。

人口增长的原因不足为奇。一千多年来,人类显示出了强大的生命力。欧洲人口多次有希望达到饱和。然而,疾病和战争打破了人口增长状态。幸运的是,18世纪没有爆发严重的瘟疫。18世纪的最后十年,军队中出现了瘟疫,很多士兵选择远离祖国。医学不再是神术,逐渐发展成科学的治疗方法。大多数婴儿和儿童染上疾病后,不再消极地等待死亡。人们不再认为,小病小痛是神灵的显现,治疗疾病是反抗神灵,是对神灵的大不敬。因此,疫苗接种技术得到了广泛运用。从前,天花每年会夺去很多人的生命;但现在,通过疫苗接种,天花病毒的传播范围大大缩小,毒性也得到了控制。因此,死亡并不是不可避免的。

一幅评论式漫画:接种牛痘的人伤口处长出了一头公牛。
旨在批评爱德华·詹纳利用疫苗预防天花的做法

当时，欧洲各国采取了一系列盛行的重商主义政策。现在，我们很难证实人口增长究竟在多大程度上源于重商主义政策。在刺激人口增长方面，有关重商主义的观点简单明了。人民就是财富，一个国家想要繁荣富强，就必须积极鼓励人口增长，吸引其他国家的农民和工匠前来定居，同时阻止本国人口外流。普鲁士政治家约翰内斯·冯·尤斯蒂倡导重商主义，曾在声明中夸张地说："没有一个国家会嫌国民太多。"因此，为了增加人口，欧洲国家采取了各种措施。限制婚姻的法律对有能力挣钱养家的人放宽了政策。服兵役的政策也放宽了，因为人们批评军队像中世纪的修道院，吸收了太多本来可以生儿育女的男性。一位爱国牧师提出将多配偶制度合法化，虽然他的建议没有被采纳，但类似的法律法规表明了欧洲各国增加人口的强烈欲望。

促进人口增长的政策可能没有直接产生巨大影响，但重商主义带来了农业生产的变化，促进了耕地面积的扩大，从而增加了穷人的食品供应。政府部门划分公用土地已经得到广泛认可，因此，以前只放养几头牛羊的大片荒地，现在变成了耕地。更重要的是，欧洲各国采取了一系列措施，粉碎了恶性的农业共产，使雇工转变成自耕农。为了自身利益，自耕农采取了更合理的耕种方法。国王和贵族以管理着示范性耕地而骄傲，因为示范性耕地一年四季都可以种植农作物，让原来的荒地充满生机。

18世纪，一种不起眼的根茎类植物——马铃薯备受欧洲人欢迎，但给欧洲人带来生活保障的同时，也带来了灾难。对西欧穷人来说，马铃薯的重要性相当于大米对中国人的重要性。当欧洲农民第一次见到马铃薯时，都以为马铃薯没有用，或有其他用途。为了帮助欧洲农民，教区牧师引进了马铃薯。一开始，欧洲农民半信半疑，勉强接受了牧师的帮助。后来，引进马铃薯的举措赢得了欧洲所有人的称赞。很快，马铃薯的优点显露了出来。只要在田里种下少量种薯，就能获得丰收。栽培马铃薯的工作十分轻松，女人和小孩扛起锄头就能轻松种植。与其他农作物相比，马铃薯很少受到病虫害影响，冬天储存工序也不繁杂。即使是厨艺不精的家庭主妇，也能用马铃薯做出令人满意的菜肴。于是，村舍附近小块土地上种植的马铃薯，让欧洲人摆脱了一直以来对饥饿的恐惧。18世纪末19

马铃薯植株

世纪初,英格兰王国征服了爱尔兰,残酷的殖民掠夺导致了爱尔兰的马铃薯饥荒。然而,如果没有马铃薯,1800年的欧洲人口数量就不会呈现出大幅增长的态势。

欧洲人口增长几乎体现在生活的各个方面。18世纪下半叶是欧洲人最繁忙的时期。杂草丛生的荒地得到开垦。现在,一些地区的耕地已经扩展到了山腰上,陡峭的山坡变成了梯田,蜿蜒的河流变成了狭窄的河床,富饶的低洼地变成了犁田。在欧洲北部平原地区,所有荒地已经被清理干净,沼泽地的水已经被排干。北部临海地区建设的水利堤防从丹麦的日德兰半岛一直延伸到英吉利海峡入海口。在瑞典和挪威,这段时期被称为"连根拔起"时代,因为这一时期给山林造成了巨大破坏。从北欧到南欧,村庄逐渐变成了集镇,集镇逐渐变成了城市,因为越来越多的居民涌进社区做生意,享受城市生活带来的便捷。很多老城区开始发展家纺业。由于新城区的人们既没有纺织技术,也缺少纺织设备,老城区为新城区提供了亚麻制品和羊毛制品。因此,旧城区的家纺业发展迅猛。

通过上述方式,欧洲容纳了日益新增的人口。在解决人口增长问题的过程中,区域间的迁徙发挥了重要作用。生活在莱茵河流域的人们常常穿过易北河,前往德意志"东部殖民地"寻找土地,并且已经成为一种惯例。来自低地国家的人,如荷兰、比利时、卢森堡,常常召集起来共同迁往欧洲北部的沼泽地区,改善当地的环境。当时,由于普鲁士国王腓特烈大帝长期推行领土扩张政策,并且

普鲁士国王腓特烈大帝

叶卡捷琳娜大帝

成效显著,普鲁士王国逐渐向东扩张,人口遍布德意志东部地区。俄罗斯帝国女皇叶卡捷琳娜大帝允许瑞士人和德意志人在伏尔加河下游平原地区定居。西班牙帝国也推行了重商主义,试图确立德意志农民和工匠在绵羊牧场中的地位,恢复曾经的繁荣景象。这些举措常常伴随着民众的埋怨。一些人选择离开,返回自己的家乡。尽管如此,移民思想渐渐深入人心,人们的视野因此变得更加开阔,甚至不再将大西洋视为一道屏障。后文将对早期的跨大西洋移民运动进行更全面的讨论。

如果仔细观察18世纪上半叶的欧洲人口增长,会发现人口增长呈现出累积性特点,以及人口以相同速率持续增长的趋势。通过人口统计表衡量国民财富的人对此感到很满意,因为按照这种趋势,实现数世同堂指日可待。但另一些人对此持有不同看法,其考量主要基于人口产生社会影响的第一手资料。各国官员对客观数据展现出的事实感到欣喜。不过,普通百姓看到自己的土地面积逐渐缩小,焦虑感油然而生。18世纪下半叶,一些乡村牧师出身的欧洲作家开始质疑人们鼓励无节制生育的行为。

托马斯·罗伯特·马尔萨斯将几何和算术运用到了人口学领域,从而在经济学领域脱颖而出。然而,他之前的经济学家没有将自己的研究成果综合成数学公式。每个研究者都讲述了自己的体验和观察,但几乎所有西欧国家都自发地对人口问题发出了警告,表明人口问题已经不再无关紧要。在《人民的朋友》一

托马斯·罗伯特·马尔萨斯

第1章 西进的冲动 | 031

米拉博侯爵维克托·德·里奎蒂

文中,法兰西经济学家米拉博侯爵维克托·德·里奎蒂描述了他所在地区的人口分布状况。在德意志北部乡村生活了一辈子的贾斯特斯·默泽尔讽刺不切实际的政治家们的"爱国主义幻想",认为这些人应该为人口剧增超出土地承载力负责。基督教教义是鼓励生育。丹麦牧师奥托·利特肯深谙民间疾苦,一直致力于调和教义与现实之间的矛盾。他认为,虽然情况越来越糟,但无所不能的自然会在事情变得更糟之前,进行干预。1769年,瑞典皇家科学院为一项研究颁发了奖项。该研究旨在探讨年轻人在其他国家商船上工作的原因,并寻求解决这一问题的措施。就这一议题,安德斯·奇德纽斯牧师写了一篇文章,大胆提出了瑞典人口过多的问题,认为国家不能任由人口增长。

其他人，尤其是欧洲各国的政府官员，与安德斯·奇德纽斯牧师持相同观点。这一点可以从欧洲各国官员对管理范围内行政事务所持的保守态度中推断出。如果可能，他们会恢复限制婚姻自由的政策。欧洲各国政府实施了有关移民的新法规，表明政府密切关注贫民及扶贫责任。1770年，席卷欧洲大多数地区的饥荒进一步推动了移民法规的施行。由于小麦和黑麦一直歉收，农民粮食严重短缺。这场空前的饥荒灾难为上一两代人丰衣足食的生活画上了句号。然而，马铃薯给欧洲农民带来了希望，减小了饥荒造成的人口损失。从那时起，欧洲所有农民开始在园地里种植马铃薯，并且将马铃薯做成丰盛菜肴摆上餐桌。一些政府部门高瞻远瞩，意识到人们对马铃薯的依赖可能会导致更大的灾难。因此，政府部门采取了严密的预防措施，恢复实施旧条例，强制要求各地仓库里装满谷物。旧条例实施后，农民的未来有了更多保障。

神圣罗马帝国及其公国最先采取了预防措施。英格兰王国的人口发展与工业发展和领土扩张有着密不可分的联系。因此，农业方面的考量对英格兰王国立法造成的影响相对较小。法兰西王国也有自己的发展道路。在很多方面，法

腓特烈大帝视察马铃薯收成，可见当时欧洲各国对马铃薯的重视程度

阿瑟·扬与他的妻子

国大革命瓦解了民不聊生的旧经济体制。阿瑟·扬的文章支持这一观点。在呈送中央政府的文件中,阿瑟·扬重申:"如果我们的土地和工业都被当地豪强霸占或垄断,我们应该怎样向子孙后代交代?"法兰西国民公会中的一些成员认

为，对国家来说，战争也许不是坏事。这种观点决定了19世纪移民潮产生的基本条件。

随着法国大革命的爆发，眼前的忧心事让人们无暇顾及前面提到的忧虑。所有受法国大革命影响的国家都急需大量人力和食物补给军队。每一位爱国者都为祖国拥有众多年轻劳动力而感到欣慰,为每一亩开耕的土地都获得了丰收而心怀感激。这一空前繁荣的景象使苛刻的观察者改变了自己的看法。一个新纪元拉开了序幕。欧洲各国鼓励人们自给自足。在清除人为障碍后的城市中,新兴的手工制造商云集。人们开始在以前的荒地上种植庄稼。

对大不列颠王国、神圣罗马帝国和欧洲北部的中立国来说,战争除了毁灭生命,还是新家庭组成的基础,并且促进了经济的发展。然而,法兰西的情形大不相同。法兰西政府接连不断地在乡村地区征兵,将很多法兰西人派到战争前线。在战场上,法军损失惨重。法兰西农民几乎断了血脉。在最后一场拿破仑战争中,很多十六岁的法兰西男孩接替了在战争中死去的父亲,加入军队。很长一段时间内,战争造成的人口流失一直没有恢复。因此,在19世纪,法兰西统治者不用担心人口过剩问题,也不会看到大批法兰西人自愿流放到国外的情景。然而,在法兰西的一些邻国,人口问题曾给社会带来了巨大影响,国家却无计可施。幸运的是,这些国家和平安定。一个新的世界即将到来。

第 2 章
殖民地移民

精彩看点

英国的殖民经历——扩大贸易基地——弗吉尼亚殖民地的建立——英格兰移民因烟草定居北美洲——土地授予奖励制度——北美洲北部殖民地确定了未来的发展方向——清教徒的"大迁徙"——英格兰国内政治纠纷不断——新英格兰殖民地——新尼德兰殖民地移民的多元化——土地转让证明——出卖劳力抵偿船资的移民——法兰西胡格诺派教徒的移民史——德意志新教徒移民

第一批英格兰冒险家到达的地方是西属佛罗里达以北一千二百英里①的海岸线。英格兰在其他地方的殖民经历为佛罗里达的殖民提供了经验。譬如,刑事方面的律师熟稔案卷书写,商人懂得如何兜售公司股票,在英格兰南部和西部

西属佛罗里达示意图

---

① 英制长度单位,一英里约合一千六百一十米。

北美印第安人

地区的每个港口,胆识过人的探险家急切等待着任何刺激且能赚钱的机会。然而,迄今为止,英格兰政府还没有制定任何移民政策,以确保北美洲偏远地区种植园中的英格兰劳动力数量与需要开垦的荒地相适应。

早年,在黎凡特和欧洲北部地区做生意的一些公司逐渐发展壮大。后来,虽然很多殖民公司沿袭了以前贸易公司的做法,但以前的贸易公司对雇工不太关心。在国外工作的水手、商务代理商及官员都要依靠当地土著获得生活必需品。一开始,在北美洲,殖民者也试图从印第安人手中获得生活必需品,但很快他们就发现,印第安人"不愿意招待这些假装谦和有礼,暗地里却欺骗自己的人"。① 此外,殖民者经营的商店里只有少量玉米和肉质食品,有时还不能保证

---

① 理查德·哈克路特:《西方种植园论述》,缅因州的历史记录,剑桥,1877年,第2章,第21页。——原注

有货。将大量物资从大不列颠群岛运到北美洲是不现实的。因此,英格兰政府必须扩大新贸易基地。然而,要扩大贸易基地必然牵涉到殖民,并且殖民不能全凭运气。因此,向殖民地输送殖民者成为西方殖民的重中之重。

通过间接的贸易方式,移民随之产生。解决移民问题的方法取决于每个贸易公司的判断和需求。随着时间的推移,作为一个政治实体,殖民政府继续享有贸易公司的权力,继续拥有制定移民政策的特权。因此,英格兰从来没有一项固定且权威的移民方案。北美十三个殖民地宣布独立时,所有白人居民约有二百五十万人①。虽然白人居民被称为"殖民者",但他们及其祖先都不是同

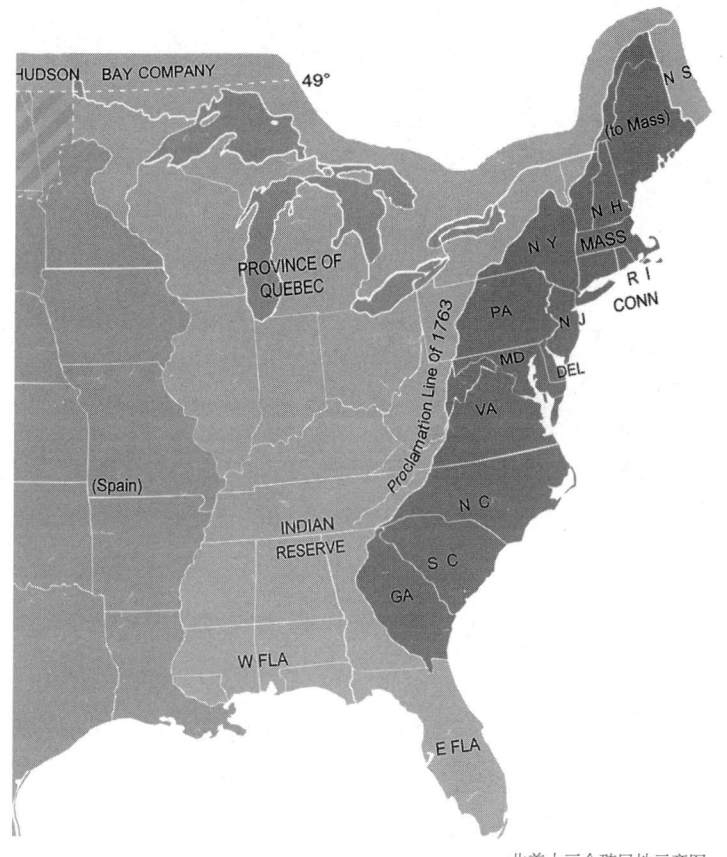

北美十三个殖民地示意图

---

① 《一个世纪的人口增长》,华盛顿,1909年,第9页。——原注

瑞典人

种族人。殖民者中有节俭的家族族长、因违法犯罪被流放到北美洲的囚犯、漂泊的冒险家、军队逃兵、贸易公司员工,以及形形色色的债役劳工。此外,北美十三个殖民地还接纳了两个曾经是敌对国家的人口,即新尼德兰与新瑞典。关于荷兰人和瑞典人怎么到达北美洲的细节众说纷纭,对这段历史的记载也杂乱无章,但一种清晰的移民格局逐渐呈现出来。此次移民不是法律或政策的产物,而是移民经历的产物。由于欧洲人口过剩,一些人迁往北美洲。与此同时,北美洲正好需要大量劳动力。这就是19世纪的北美洲移民缘由。

英格兰如果早五十年建立弗吉尼亚殖民地和新英格兰殖民地,就不会接受更多移民加入新大陆。英格兰女王伊丽莎白一世统治时期的英格兰王国人口过剩。当时,英格兰的乡村小路和城市街头到处是"四肢健全的流浪汉"。穷人数量太多,私人慈善机构无法给予他们更多救济。英格兰王国怎样才能为饥饿的无业游民寻找一条生路呢?为了解决这一问题,英格兰政府试图让英格兰人意识到在大洋彼岸开展事业的重要性。让英格兰过剩的人口移民到新英格兰,让他们成为新英格兰的核心力量,新旧大陆互助互利。

然而,1600年的人口危机过后,作为解决人口过剩补救措施的殖民地计划遭到批评。英格兰王国已经彻底完成从耕地到牧场的转变,从生产粮食到生产

英格兰女王伊丽莎白一世

羊毛的转变。由这些变化掀起的人口风波已经平息下来。《伊丽莎白济贫法》为教区提供了稳定的社会环境,并且经过多次修正,经受住了时间的考验,获得了民众的赞许。此外,大肆宣扬爱尔兰定居计划,将其作为解决人口过剩的良方,引起了人们的愤懑情绪。的确,成千上万个家庭来到爱尔兰岛北部和西部,但由于爱尔兰人对英格兰人怀有敌意,英格兰又近在咫尺,因此,遭到充满敌意的邻居的屠杀后,剩下的英格兰移民历经重重困难,逃回了英格兰原来的教区。原来的教区虽然贫困,但很安全。从爱尔兰岛逃回的移民给其他想移民的英格兰人浇了一盆冷水。在爱尔兰,只有苏格兰人成功定居了下来。18世纪,阿尔斯特成为苏格兰的殖民地,专门培训拓荒者。将来,苏格兰人会跨越大西洋,开始更艰难的开拓之旅。

1607年,在一个带有强烈浪漫主义气息的大背景中,弗吉尼亚殖民地建立。殖民者将发现的每一个印第安部落酋长描述成皇帝,将每一个肮脏混乱的村庄描述成城市。后来,殖民者认为"城市"中已经没有任何值钱的东西可供掠夺,弗吉尼亚的财富只剩森林资源和地下资源。因此,第一批来到北美洲的英格兰殖民者除了一些士兵,还有工匠和矿工。这些人签订的合同条款非常苛刻。1609年,即使英格兰王国颁布了《皇家宪章》,这些人也必须服务七年才有可能分配到土地,并且七年内可能出现各种状况,最后能不能分配到土地还是个未知数。[1]多年后,约翰·史密斯说:"数不清的钱花在了移民北美洲上。"[2]第一次移民过程中发生的灾难无须赘述。短短几年内,英格兰殖民者不再抱有幻想。他们没有开采任何金矿,也没有探索任何前往太平洋的航线,从松林中获得松脂制品的费用耗尽了他们所有的收益。一些投机商投资羊毛制造,但印第安人并没有像投资商人预期的那样,需要英国羊毛。投资公司最初的目标都没有实现。[3]

---

[1] 奥斯古德·赫伯特·利瓦伊:《17世纪的美国殖民地》,纽约,1904年到1907年,第1章,第58页到第59页。——原注
[2] 约翰·史密斯:《旅行和工作》,爱德华·阿尔伯、A.G.布兰德利编,爱丁堡,1910年,第1册,第263页。——原注
[3] 亚历山大·布朗:《美国第一共和国》,波士顿,1898年,第106页。詹姆斯·威廉姆森:《加勒比群岛》,伦敦,1926年,第7页。——原注

约翰·史密斯

然而，伦敦和弗吉尼亚的英格兰人都不承认失败。如果弗吉尼亚的土地不能利用，就改良它。英格兰人认识到，国家资源的实质是人口。为此，英格兰人开创了移民计划的全新局面。约翰·史密斯到达北美洲后，在书信中强调急需木匠、铁匠、泥瓦匠、农夫和"挖树根的人"。[1]1609年，英格兰政府送出的一批移民在航行途中遭遇海难，染上了疟疾，最终只有不到一半的人到达了目的地。虽然这使移民计划蒙上了阴影，但没有让移民者气馁。英格兰移民紧紧抓住新大陆和新大陆上的人，一旦发现有人试图逃走，就会将其抓捕处以枪决、绞刑或碾刑。[2]值得庆幸的是，1616年，第一批来到弗吉尼亚殖民地的幸存者履行了合同

---

[1] 约翰·史密斯：《旅行和工作》，爱德华·阿尔伯、A.G.布兰德利编，爱丁堡，1910年，第2册，第444页。——原注

[2] 亚历山大·布朗：《美国第一共和国》，波士顿，1898年，第97页、第172页。——原注

中的条款,获得了自己的土地,精神面貌焕然一新。①然而,他们中的大多数人仍然认为自己是流亡者,梦想着有一天能衣锦还乡,回到英格兰。②殖民地政府不再拥有强迫移民留下来的合法权力,于是采取了一些比绞刑或碾刑更狡猾的方式,将很多未婚少女运到了北美洲,"有了妻子和孩子作为纽带,种植园主的心能更快地与弗吉尼亚紧密联系在一起"。由此,北美洲完成了从贸易站到殖民地的转变。③

私有财产和家庭生活改变了英格兰移民的心态。然而,让英格兰移民永远留在北美洲的是烟草。弗吉尼亚地区发现了一种价格比黄金更贵的东西,吸引

烟草植株

---

① 查尔斯·M.安德鲁:《美国历史上的殖民时期》,纽黑文市,1934年到1938年,第1章,第123页到第124页。——原注
② 苏珊·M.金斯伯里编:《记录》,弗吉尼亚伦敦公司,华盛顿,1906年到1935年,第1章,第34页,第269页。——原注
③ 苏珊·M.金斯伯里编:《记录》,弗吉尼亚伦敦公司,华盛顿,1906年到1935年,第1章,第566页。——原注

弗吉尼亚殖民地的烟草生产

了很多移民自愿迁居到弗吉尼亚,而不是像以前那样,被强制迁居。[①]1616年到1617年,殖民公司为了扩充财力,采取了"特别种植园"政策,即一些英格兰人如果同意自费招揽并安置数百名移民,就会得到一定数量的土地。四年内,殖民公司授予了五十个人土地,每次安置的人从一百人到四百人不等。[②]在自身财力允许的情况下,殖民公司会资助移民。一些移民被安置在了殖民公司持有的土地上,另一些移民被派到急需人手的"老种植园主"那里,因为"老种植园主"急缺劳动力。为了帮助"老种植园主",1620年,殖民公司颁布了一条新规定,承诺在1625年前,任何来到北美洲的移民都可以在"第一次分割土地"中获得五十英亩土地,在第二次分割土地中获得五十英亩以上的土地。[③]

另外一种资助移民的方式被称为土地授予奖励制度,是17世纪弗吉尼亚移民的标准方式。1625年,随着弗吉尼亚贸易公司解体,除了土地授予制度,其他资助移民的方式都不被认可。因为在实行期间,土地授予制度充分体现了其价

[①] 亚历山大·布朗:《美国第一共和国》,波士顿,1898年,第243页。——原注
[②] 亚历山大·布朗:《美国第一共和国》,波士顿,1898年,第275页到第276页。苏珊·M.金斯伯里编:《记录》,弗吉尼亚伦敦公司,华盛顿,1906年到1935年,第1章,第95页。——原注
[③] 苏珊·M.金斯伯里编:《记录》,弗吉尼亚伦敦公司,华盛顿,1906年到1935年,第1章,第57页。——原注

值,所以很快得以恢复。每个殖民者,无论阶层高低,只要符合条件,都可以凭努力劳动获得土地,因为殖民地虽然有大量土地,但只有人们在土地上创造财富时,土地才具有价值。英格兰王国不再援助北美洲移民,移民者所需的一切都必须依靠新大陆获得。

接下来的十五年中,大量移民涌入弗吉尼亚。弗吉尼亚的人口呈现出持续增长态势。除了来自英格兰和爱尔兰的移民,还有来自百慕大群岛的移民。很快,弗吉尼亚地区开始现出人口过剩的迹象。为了换取运输费用,有胆识的船长载着身无分文的旅客前往弗吉尼亚河畔,将旅客卖给殖民者。随后,种植园主可以向殖民公司提出要求,获得五十英亩土地,继续种植更多烟草。只要市场需要北美洲种植园主的烟草,这一交易模式就会一直具有活力。直到英格兰爆发内战,引发了经济危机,第一次大规模移民浪潮才逐渐消退。

17世纪30年代中期,土地授予制度取得了巨大成功。因此,马里兰殖民地建立后,马上实施了该制度。除了获得宗教利益,巴尔的摩男爵塞西尔·卡尔弗

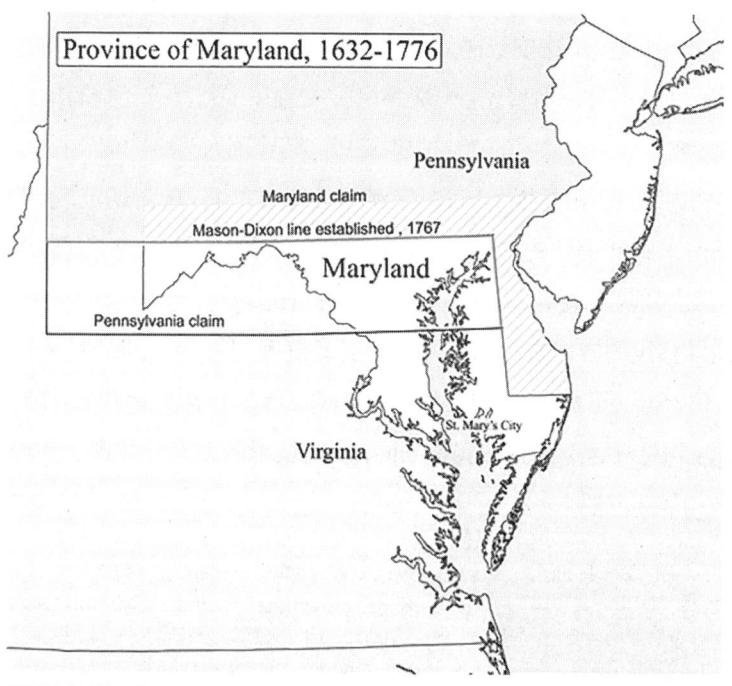

马里兰殖民地示意图

巴尔的摩男爵塞西尔·卡尔弗特

特还希望获得马里兰殖民地的收益。烟草市场经济波动较大,为了获得一份不受烟草市场影响的收益,巴尔的摩男爵塞西尔·卡尔弗特每年从私有土地中收取一英亩土地税。虽然税额不高,但累计起来就是一笔可观的财富。当时,很多人渴望获得北美洲的土地。于是,巴尔的摩男爵塞西尔·卡尔弗特开始处置自己的土地。他将一些土地赠给几个私交甚好的朋友,没有要求朋友按照合同履行条款。但他赠出的土地只是所有土地中的极小部分。普通移民能得到一百英亩土地。他们如果资助自己的同胞过来,就能获得更多土地。[①]为了满足"烟草热

---

① 尤金·欧文·麦考马克:《1624年到1820年马里兰殖民地的白人奴隶》,巴尔的摩,1904年,第11页到第14页。——原注

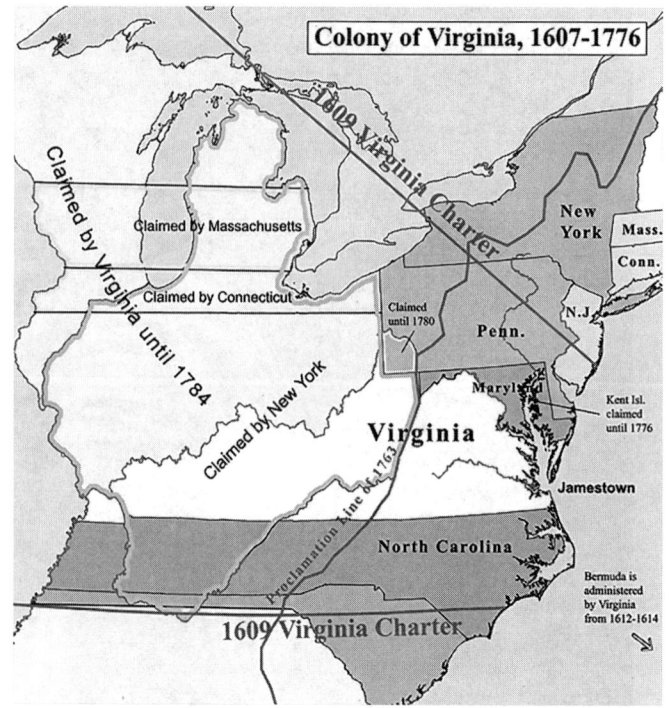

弗吉尼亚殖民地示意图

潮"的需求,英格兰人、爱尔兰人和威尔士人与自己的同胞一起,来到了北美洲,并且获得了土地。很多签了合同的移民违约从弗吉尼亚来到马里兰地区,引起了人们的不满和抗议。[1]1640年,马里兰海岸边的大片荒地已经不复存在,呈现出商业繁荣、人丁兴旺的景象。

北美洲南部殖民地修改移民政策的同时,北部殖民地也确定了未来的发展方向。新英格兰殖民地议会没有被黄金梦误导,而是在鱼类和动物毛皮方面寻找商机。1620年,在北美洲沿海地区过冬的少数移民只能算暂住居民,是临时驻扎而不是定居。即使清教徒移民先驱在马萨诸塞湾上岸,合法拥有马萨诸塞湾,新英格兰殖民地议会也不鼓励更多同样性质的移民来到马萨诸塞湾。清教徒移民对捕鱼站和贸易站不感兴趣。1628年,殖民地陷入金融萧条深渊时,新

---

[1] 尤金·欧文·麦考马克:《1624年到1820年马里兰殖民地的白人奴隶》,巴尔的摩,1904年,第29页。——原注

英格兰殖民地议会将最好的领土割让给了马萨诸塞湾公司。毫无疑问,这正合马萨诸塞湾公司的意。

随之而来的是清教徒的"大迁徙"。马萨诸塞湾公司很容易找到自愿前往北美洲殖民地的公理教会,公理教会也能毫不费力地招募到成员。移民潮迅速席卷了英格兰东部和中部地区。英格兰政府忧心忡忡。在接下来的两个半世纪内,欧洲其他国家的地方官员也为此感到担忧。很快,盛极一时的移民潮愈演愈烈。民谣《新英格兰召唤之歌》传遍了英格兰的大街小巷,导致移民气氛高涨。由于即将离开英格兰,很多人"激动得忘乎所以"。售卖土地的人"数不胜数",债务人企图以宗教为由逃离英格兰。[①]1635年,约翰·温斯罗普经过爱尔兰、苏

约翰·温斯罗普

---

① 《美洲和西印度群岛》,伦敦,1860年到1939年,第1册,第137页、第174页、第180页、第266页。——原注

新英格兰殖民地移民的感恩节

格兰和英格兰北部地区时,发现这些地方的传染病大肆蔓延。在他停留的每个地方,很多咨询者急切地想要找到他。[①]在这种情况下,清教徒移民不需要对新英格兰殖民地做任何宣传。此外,清教徒移民热烈欢迎1633年到1634年来到新英格兰殖民地的移民,并且宣告了感恩节的诞生,感谢在印第安人的帮助下获得的丰收,同时感谢将"优质移民"送到新英格兰殖民地的船。[②]

新英格兰殖民地的政府官员对新移民的品行了如指掌,因为他们对每个移民进行了细致的审查。一开始,新英格兰殖民地政府的政策是从所有来到殖民地的人中,挑选出"优质移民"。新英格兰殖民地的特有作风已经成为一种传统,在移民进程中持续了近三个世纪。马萨诸塞殖民地的官方记录揭示了这一

[①] 约翰·温斯罗普:《1630年到1649年新英格兰的历史》,詹姆斯·萨维奇编,波士顿,1853年,第1册,第206页。——原注
[②] 舒特莱夫·纳撒尼尔·布拉德斯特里特编:《马萨诸塞湾公司总督纪要》,波士顿,1853年到1854年,第1册,第109页、第123页。——原注

传统的由来。一些移民"因为不适合在此居住",被遣送回英格兰。马萨诸塞殖民地的总督有权对移民进行一个月的考察,任何"没有通过考察的移民都不能在此定居"。随着移民人数不断增加,其他人的财产越来越少,正统观念越来越没有说服力。于是,马萨诸塞殖民地颁布了一项严苛的法律,禁止任何人或任何定居点接待新来的移民超过三个星期,除非该移民获得了特殊许可。① 在罗德岛,普罗维登斯和朴次茅斯都颁布了一项法令,规定只有通过当地居民的投票获得居住权或成为居民,才能留在当地。② 纽黑文殖民地政府任命了一个居民委

朴次茅斯

---

① 梅尔维尔·埃格尔斯顿:《新英格兰殖民地的土地制度》,巴尔的摩,1886年,第48页。约翰·温斯罗普:《1630年到1649年新英格兰的历史》,詹姆斯·萨维奇编,波士顿,1853年,第1册,第278页。舒特莱夫·纳撒尼尔·布拉德斯特里特编:《马萨诸塞湾公司总督纪要》,波士顿,1853年到1854年,第1册,第83页、第196页、第228页。——原注
② 约翰·拉塞尔·巴特利特编:《新英格兰罗德岛殖民地和普罗维登斯殖民地的记载》,普罗维登斯,1856年到1865年,第1卷,第28页、第53页。——原注

员会,令其对所有新来的移民进行评判。品行不好的移民不仅不会得到土地,还有可能"遭到鞭打,从殖民地赶出去"。①

英格兰国内政治纠纷不断,前往新英格兰的人越来越多,为新英格兰殖民地注入了生机与活力。每年,大量英格兰家庭带着所有积蓄,乘船来到新英格兰,打开了新英格兰市场的大门。英格兰移民学会拓荒技能前,需要依靠他人提供的食物和住处生活。弗吉尼亚殖民地政府发现,将小麦和玉米运到北美洲北部殖民地利润可观。然而,1640年,移民潮结束。正如约翰·温斯罗普所说,英格兰王国的前景渐渐明朗,"所有人都愿意待在国内,期待迎来一个新世界"②。

当时北美重要的农作物——玉米

---

① C.J.霍德利编:《1638年到1649年纽黑文殖民地记载》,哈特福特,1857年,第25页、第28页到第29页、第35页、第38页、第40页。——原注
② 约翰·温斯罗普:《1630年到1649年新英格兰的历史》,詹姆斯·萨维奇编,波士顿,1853年,第2册,第37页。——原注

北美洲的第一次金融危机爆发，经济萧条，市场萎靡，资金越来越匮乏，很多人无力偿还债务，土地和家畜的价格跌至原来的一半甚至四分之一。绝望的英格兰移民卖掉自己的农场，然后前往其他地方。一些移民回到了英格兰，一些移民去了西印度群岛，但大部分移民去了"北美洲的远西地区"——长岛和荷兰殖民地。①接下来几年中，英格兰国内的政治问题引发了内乱，许多英格兰人再次感到不满和痛苦，试图在大西洋之外的地方寻求一个和平安定的避难所。但新英格兰殖民地不容异己的消息传遍了全世界。因此，英格兰人更倾向于前往一个教权不控制所有生活事务的地方。

　　弗吉尼亚殖民地和马里兰殖民地都因源源不断的新移民受益良多。这两个殖民地并没有像新英格兰殖民地那样，强烈感受到时势的艰难，因为它们的繁荣源于烟草销售。十年来，弗吉尼亚殖民地和马里兰殖民地一直忠于英格兰王室。由于英格兰国内发生动乱，许多英格兰人逃到弗吉尼亚殖民地和马里兰殖民地，寻求和平与安宁。这些英格兰移民就是所谓的"骑士"吗？美国族谱经常宣扬，拥有贵族血统的家族涌进弗吉尼亚殖民地，成为内战前美国贵族的祖先。人们对这些移民进行了批判性研究，掀开了他们的盾徽，还原了大部分人的真实身份。其中，很多移民是商人、农民和乡绅。②1642年到1644年，大量英格兰移民涌入弗吉尼亚殖民地。弗吉尼亚殖民地的人口数量从一万增加到三万八千人，其中，自然增长的人口数量不到一半。③当时保留下来的资料表明，在此期间，弗吉尼亚殖民地的土地被英格兰移民迅速占用。④此外，1651年签订的弗吉尼亚投降协定中明确规定，所有曾为英格兰国王服务并在殖民地得到庇护的人，都应"远离一切危险，免除所有惩罚"。⑤

---

① 约翰·温斯罗普：《1630年到1649年新英格兰的历史》，詹姆斯·萨维奇编，波士顿，1853年，第1册，第399页；第2册，第8页、第21页、第25页、第103页。——原注
② 托马斯·杰斐逊·沃顿贝克：《弗吉尼亚的贵族和平民》，夏洛茨维尔，1910年。——原注
③ 《殖民历史的揭露》，摘自《英国历史与族谱的季度杂志》，第8章，1927年，第3页到第4页。——原注
④ 《北安普敦的土地证》，摘自《弗吉尼亚的历史与传记杂志》，第28章，1920年，第142页到第151页。——原注
⑤ 约翰·布尔克：《弗吉尼亚从建立殖民地之初到现在的历史》，圣彼得斯堡，弗吉尼亚，1805年，第2册，第87页。——原注

一些英格兰移民是自愿来到北美洲定居的，一些是被迫的。现在，已经无法考证新英格兰殖民地是从什么时候开始成了流放罪犯的地方。因此，大多数早期移民的身份已经无从考究。1617年和1618年，英格兰枢密院授权将罪犯流放到弗吉尼亚殖民地。但到底有多少罪犯被流放到了弗吉尼亚殖民地，我们无从知晓。①约翰·史密斯简单记录道："一些罪犯宁愿上吊，也不愿去弗吉尼亚殖民地。"②1620年，根据《伊丽莎白济贫法》，一些英格兰儿童和流浪者被送上了开往新英格兰殖民地的船。③此外，一些未婚少女也被送到了新英格兰殖民地，主要任务是与移民恋爱，改善移民的生活。在一些小教区里，类似的事件"多有记载"。④但接下来的三十年中，没有任何资料提到强迫性移民。1651年，爱尔兰政府下令将参加过伍斯特战役的苏格兰人驱逐到北美洲。1653年，

伍斯特战役

---

① 《弗吉尼亚殖民公司记录》，第1册，第25页。——原注
② 约翰·史密斯：《旅行和工作》，爱德华·阿尔伯、A.G.布兰德利编，爱丁堡，1910年，第1册，第263页。——原注
③ 《美洲和西印度群岛》，1574年到1660年，第30页、第31页、第37页。尤金·欧文·麦考马克：《1624年到1820年马里兰殖民地的白人奴隶》，巴尔的摩，1904年，第9页。——原注
④ 《美洲和西印度群岛》，1574年到1660年，第19页。——原注

伍斯特战役中一名清教徒妇女在隐藏逃亡的保皇派成员

上百名爱尔兰托利党人被流放到弗吉尼亚殖民地。1654年，反对英格兰王国的犯人也被流放到了北美洲殖民地。①一开始，英格兰政府只将一些战俘流放到北美洲殖民地。不久，其他阶层的人由于加剧了社会动荡，也被流放到北美洲。1653年到1656年，英格兰政府下令全面逮捕流浪者、流氓、乞丐、游手好闲的人，以及"粗俗下流且会对社会带来危险"的人，同时与商人协商，将这些人送到了北美洲。②

---

① 《弗吉尼亚近现代史摘录》，1650年到1656年，摘自《弗吉尼亚的历史与传记杂志》，第17卷，1909年，第279页、第360页；第18章，1910年，第49页。——原注
② 《弗吉尼亚近现代史摘录》，1650年到1656年，摘自《弗吉尼亚的历史与传记杂志》，第18卷，第151页。《美洲和西印度群岛》，1574年到1660年，第412页、第447页。——原注

受到迫害的贵格会教徒

  北美洲殖民地接收流放者的标准因流放者的品性和当地对劳动力的需求而异。[1]在新英格兰殖民地，苏格兰士兵受到了欢迎。根据一些家族的族谱记载，苏格兰士兵不仅从事低贱的工作，还娶了清教徒的女儿为妻。但几乎同时，出现了另外一群人，人们对他们的评价并不好。1655年，这些人到达马萨诸塞湾时，被视为"新近涌现的受诅咒的异教徒"。[2]于是，马萨诸塞湾殖民地法院下令，将这些被称为贵格会教徒的人送回了他们来的地方，其中很多人被送到了巴巴多斯。1656年，当贵格会教徒再次出现时，马萨诸塞湾殖民地政府颁布了一项法律，规定对任何载有贵格会教徒的船罚款一百英镑。为了防止贵格会教徒深入内陆地区，马萨诸塞湾殖民地政府必须进一步制定相应的法规。贵格会教徒

---

[1] 《美洲和西印度群岛》，1697年到1698年，国家重要文件，殖民地系列，第16卷，第1页。——原注
[2] 《马萨诸塞州州长和公司纪要》，第3章，第415页。——原注

都会被流放，对法规置若罔闻、蓄意违抗的人会被处以死刑。由于一些贵格会教徒"擅自"留在或返回了马萨诸塞湾殖民地，马萨诸塞湾殖民地政府处死了其中的两个顽固分子。①弗吉尼亚殖民地也认为有必要采取行动。根据记载，弗吉尼亚殖民地采取了一些北部殖民地的措施，而这些措施是出于"清教徒的偏见"。贵格会教徒被勒令离开，违者将遭到鞭笞，处以罚款。1658年6月，马萨诸塞湾殖民地对贵格会教徒进行了一次"大肃清"。②只有在罗德岛，贵格会教徒才是安全的。1658年，罗德岛官员的报告反映了贵格会教徒的自虐倾向："他们开始讨厌这个地方，因为在这里，政府权威没有针对他们。"③

其间，有二十年，新英格兰殖民地的居民基本上处于放任自流的状态。除了日渐排外，新英格兰殖民地的移民政策没有发生任何变化。1660年，斯图亚特

斯图亚特王朝盾徽

---

① 《马萨诸塞州州长和公司纪要》，第3章，第415页；第4章，第1部分，第308页、第385页。——原注
② 康韦·鲁滨孙：《议会和常设法院的记录要点》，摘自《弗吉尼亚的历史与传记杂志》，第8卷，1900年到1901年，第166页。——原注
③ 《罗德岛殖民地记载》，第1章，第377页。——原注

查理二世

王朝的复辟开启了一个新时代。英格兰国王查理二世力图加强对英格兰王国的统治,但没有制定任何政府性的海外殖民计划。复辟后的斯图亚特王朝和以前一样贫穷,将所有投资企业交给国民。1660年到1690年,英格兰的人口发展史不是很清晰,但可以根据三个方面判断:第一,北美洲殖民地保持发展势头;第二,1664年,英格兰征服新尼德兰后的人口特点;第三,新殖民地的开拓。

在增加居民数量方面,新英格兰殖民地很少采取措施。约翰·温斯罗普告诉记者,劳工、工匠及其子女都能找到工作,因为他们随便在伦敦找个远洋船长,就可以得到想要的信息。[①]但马萨诸塞湾殖民地政府并不鼓励移民。1680年,马

---

① 《约翰·温斯罗普文书》,社会历史合集系列五,第7章,1882年,第4部分,第67页到第68页。——原注

萨诸塞湾殖民地总督西蒙·布拉德斯特里特称，近年来，移民到波士顿的人比较少。他还说，自从马萨诸塞湾殖民地人口过剩后，人们倾向于移民到北美洲南部，但只有经验丰富、训练有素的当地人，才能管理好内陆地区。① 与此同时，康涅狄格 殖民地称，每年从英格兰来的移民最多只有一两个。② 1684年，在波士顿，一个爱尔兰人为上百户移民家庭寻找住处。但相关记载表明，当地政府并不鼓励移民在此定居。③ 所有证据都证实了一名英格兰商人的观点。1689年，这名商人将新英格兰人描述为"一个排外的民族"，"十分执着于自己的生活方式"。④

西蒙·布拉德斯特里特

---

① 《美洲和西印度群岛》，1677年到1680年，国家重要文件，殖民地系列，第5卷，第529页。——原注
② 《美洲和西印度群岛》，1677年到1680年，国家重要文件，殖民地系列，第5卷，第577页。——原注
③ 《约翰·温斯罗普文书》，社会历史合集系列五，1882年，第4部分，第450页。——原注
④ 《美洲和西印度群岛》，1689年到1692年，国家重要文件，殖民地系列，第13卷，第40页。——原注

尽管如此，还是有一些人悄无声息、陆陆续续地来到了新英格兰。新英格兰人甚至没有察觉到这一现象。常常有人在新英格兰港口弃船开小差。英荷战争期间，大量商船和舰船上的船员开小差，当地政府拒绝交还逃犯加剧了这一形势。对此，英格兰政府恼怒不已。[1]每年，很多大型渔船船队从英格兰西部港口驶向纽芬兰湾。然而，所有防止船员脱逃的措施都是徒劳的。船长一旦收获了一个季度的捕鱼量，就很乐意留下不需要继续工作的船员。这些船员会搭乘北美洲殖民地渔民的船，前往缅因地区和安角。尽管外国殖民委员会要求每位船长必须将所有船员原数带回英格兰，但船长总能辩解说，失踪的船员逃到森林里找不到了。[2]北美洲殖民地的一位总督称，逃跑的船员一去不返，因为他们会在"新英格兰结婚，将新英格兰当成自己的家"。[3]

早些时候，弗吉尼亚殖民地和马里兰殖民地都接受各种类型的移民。与之前的统治者一样，斯图亚特王朝复辟后，继续将流浪者和罪犯流放到北美洲。弗吉尼亚殖民地不得不接受大量不受欢迎的移民。与此同时，斯图亚特王朝对北美洲殖民地驱逐移民的政策置若罔闻。[4]最让殖民者反感的是，人贩子将儿童和青少年拐骗到北美洲。不过，真正被拐骗来的移民可能并不会声称自己是被拐骗来的移民，因为很多通过出卖劳力偿还船资的移民认为，当合适的机会出现时，称自己是被拐骗来的可能对自己更有利。[5]

弗吉尼亚殖民地和马里兰殖民地相对宽松的移民政策表明，发展烟草业的殖民地对劳动力的需求很大。土地授予制度的实施取得了巨大成功。因此，北美洲出现了商业船长这一特殊职业。商业船长会载着一船劳工到达北美洲，然后和种植园主协商如何处理劳工。种植园主只要向商业船长支付劳工的交通运

---

[1] 《美国历史上的殖民时期》，第4章，第159页、第231页。——原注
[2] 《美洲和西印度群岛》，国家重要文件，殖民地系列，1661年到1668年，第4卷，第559页；1669年到1674年，第7卷，第144页、第257页；1677年到1680年，第491页；1681年到1685年，第6卷，第105页、第294页；1697年到1698年，第554页。——原注
[3] 《美洲和西印度群岛》，国家重要文件，殖民地系列，1681年到1685年，第372页。——原注
[4] 《美洲和西印度群岛》，国家重要文件，殖民地系列，1677年到1680年，第311页。——原注
[5] V.T.哈洛：《巴巴多斯的历史》，1625年到1685年，牛津，1926年，第301页。《美洲和西印度群岛》，1661年到1668年，第220页、第555页；1693年到1696年，国家重要文件，殖民地系列，第14卷，第182页。——原注

输费用,就能按照协议获得应得的土地。然而,与土地相比,种植园主往往更需要劳动力。因此,种植园主得到土地和劳动力后,要么将土地作为投资持有,要么以更高的价格将土地卖给其他人。①这种烦冗的制度虽然催生了一些滥用和欺诈行为,但确实为北美洲殖民地提供了所需的廉价劳动力。很多移民希望有一个统一的交易规则,补充英格兰王国制定的法令章程,让无意犯错的商人免于惩罚。②但除了地方法律,北美洲殖民地没有统一的劳工法。

1664年,新尼德兰殖民地的荷兰总督向英格兰王国投降,不仅将哈得孙河和特拉华地区之间的肥沃土地割让给了英格兰王国,还将几千名移民交由英方管理。荷兰移民后代众多且颇具影响力。与英格兰王国的东印度公司一样,荷兰西印度公司也制定了人口政策。然而,荷兰西印度公司的政策不能让公司雇员或士兵成为独立地主。服务期限过后,荷兰移民大都回到了荷兰。于是,为了开发

荷兰西印度公司

---

① 《美洲和西印度群岛》,1661年到1685年,第430页。尤金·欧文·麦考马克:《1624年到1820年马里兰殖民地的白人奴隶》,巴尔的摩,1904年,第17页、第21页到第23页、第33页到第34页、第46页。——原注
② 《美洲和西印度群岛》,1669年到1674年,第58页。——原注

新阿姆斯特丹

新尼德兰殖民地的农业资源和保护边境地区，荷兰西印度公司制定了一项庄园权制度。这项制度卓有成效，但并没有吸引大量荷兰人前来。该地区增长的人口多为非法入境并在长岛定居的新英格兰人，以及来自哈得孙河流域以东肥沃山谷的居民。同样，繁荣的商业城市新阿姆斯特丹吸引了北美洲北部的商人，以及来自西印度群岛和欧洲大西洋大部分港口的商人。

令人印象深刻的是新尼德兰殖民地移民的多元化，而不是移民数量。新尼德兰殖民地兼并了新瑞典殖民地。虽然新瑞典殖民地的瑞典人和芬兰人总数不超过五百人，但这些移民的先驱在宾夕法尼亚地区定居后，为即将到来的一场空前移民运动铺平了道路。法兰西人也来到了新尼德兰殖民地。其中，一些法兰西人为了享有更自由的生活环境，从加拿大顺流而下。新尼德兰殖民地还有一些来自加勒比海的移民，因为新尼德兰和加勒比海岛的商业联系日益密切。成群结队的葡萄牙犹太人、西班牙商人和苏格兰偷渡者来到新阿姆斯特丹，将这里当作他们的远征基地。一些曾在荷兰工作的挪威人和丹麦人也来到新阿姆斯特丹,此外还有波希米亚人、波兰人、德意志人和意大利人。意大利人多是施托伊弗桑特军队解散后的退伍军人。大量来自不同国家的移民增强了新尼德兰殖民地的种族多样性。此外,许多富裕人家的黑人奴隶、自由黑人和黑白混血儿已经形成一个特殊阶级。新阿姆斯特丹有十八种语言,是其国际化特征最好的早期例证。①

殖民地政府通常鼓励加快殖民化统治。约克公爵詹姆斯·斯图尔特接管新尼德兰殖民地后,选择了一种不同的管理方式——与地方行政机构息息相关的人都希望通过培养忠实的居民威慑外来移民和不友好的居民,一些人甚至怂恿殖民地政府驱逐荷兰人,或将荷兰人分散到北美洲各地,同时取消庄园制度。②然而,约克公爵詹姆斯·斯图尔特效仿英格兰王室的做法,将大量土地作

约克公爵詹姆斯·斯图尔特

① 詹姆斯·福特等:《贫民区与住宅》,剑桥,1936年,第1章,第26页到第27页。——原注
② 《美洲和西印度群岛》,1669年到1674年,第17页、第526页。——原注

为礼物赠送给支持者和朋友,以偿还自己的债务。受赠者几乎都将新持有的土地用来投资,希望通过改善周围环境,使自己的土地升值。在这种情况下,不但受赠者的土地没有升值,而且没有后台的种植园主发现,自己几乎无法买到想要的土地。相应地,由于没有新移民到来,新尼德兰殖民地和纽约地区的人口呈自然增长趋势,人口增长速度缓慢。

然而,在特拉华以东地区,情况大不相同。在那里,约翰·伯克利勋爵和乔治·卡特里特建立了东泽西和西泽西两个行政区。随着时间的推移,东泽西和西泽西落入贵格会教徒手中。新的管理者虽然代表受迫害的教徒的利益,但依然追求最直接的经济收益。东泽西和西泽西地区逐渐被人熟知。与在波士顿和纽黑文建立的公司不一样,新英格兰殖民地建立的公司致力于开发最有前景的地

约翰·伯克利勋爵

约翰·洛克

区。特伦顿、纽瓦克和安博伊建立殖民地后,人口迅速分散到了邻近地区。①想要移民的英格兰贵格会教徒更喜欢这些地区。在拉里坦,一些梦想着建立属于自己殖民地的苏格兰人开始了殖民生活。②大量移民从纽约涌入特拉华地区。因此,特拉华殖民地总督认为,这是对一些人的有力驳斥,因为这些人试图分割哈得孙河沿岸的闲置土地。③

斯图亚特王朝复辟期间建立的新殖民地交由当地种植园主管理,如卡罗来纳殖民地。继弗吉尼亚殖民地和马里兰殖民地之后,卡罗来纳殖民地也采用了土地授予制度。然而,约翰·洛克提出的殖民地管理方案让普通劳工一辈子都是

---

① 《新泽西殖民地的交通和旅行》,摘自《自然科学历史社会新闻杂志》,第16期,1931年,第285页。——原注
② 《伯灵顿的贵格会教徒和早期市民》,摘自《自然科学历史社会新闻杂志》,第13期,1928年,第172页到第173页、第175页。《东泽西的苏格兰人》,摘自《自然科学历史社会新闻杂志》,第15期,1930年,第1页到第39页。《萨默塞特、米德尔塞克斯和蒙默斯郡早期的苏格兰人》,摘自《萨默塞特历史季度杂志》,第6期,1917年,第1页到第23页。——原注
③ 《美洲和西印度群岛》,1685年到1688年,国家日志,殖民地系列,第4期,第327页;1689年到1692年,第201页、第266页;1693年到1696年,第119页。——原注

低人一等的"候选人",从而打破了强制服务期满后,普通劳工可以得到人身自由的希望。招募移民时,种植园主遇到了很多困难。从爱尔兰移民代理那里了解到,对爱尔兰人来说,移居国外仿佛"既新奇又陌生","他们不愿意离开自己冒着炊烟的小屋"①。更何况,爱尔兰国内有很多工作机会。因此,爱尔兰官方称,第一批移居北美洲的人是一群懒惰的无赖。②

卡罗来纳殖民地政府做出一些改革后,一批苏格兰移民和贵格会教徒成功变成殖民地的合法公民。③直到这个时候,种植园主才发现,自己身边有很多人口资源。显然,许多经验丰富的拓荒者非常优秀。因此,卡罗来纳殖民地暂时搁置了引进移民的计划。英属西印度群岛正在上演一场革命。与所有经济崩溃的情况一样,英属西印度群岛社会动荡不安,人们心神不宁,渴望开始新生活。

卡罗来纳殖民地的人口史并不完整,大陆和岛屿之间的联系一直无法得到确认。从某种意义上来说,卡罗来纳殖民地的每个地方都是移民迁往其他地方的一个驿站。失望的大陆移民向南迁到加勒比海,热带地区未能取得成功的大量商人和殖民者穿过大洋返回大陆。早年,卡罗来纳沿岸的很多岛屿有过繁荣时期,令其他殖民地羡慕不已。对这些岛屿来说,获得开发资金和劳动力并不困难。很快,投资者变得越来越富有,劳工也实现了经济独立。④通过引进爱尔兰猪肉和粮食,这些岛屿和爱尔兰之间开始进行商业交易,促进了爱尔兰人的移民活动。1643年,一名基督教信徒参观圣克里斯托弗时,估测圣克里斯托弗已经有两万人口。⑤战争期间,这些岛屿的人口数量增长迅猛,因为保皇党和贵族可以在这里找到一个安全的避难所。英格兰政府定期将战俘送到这些岛屿。于是,人们用"将他送到巴巴多斯"形容他们受到的惩罚。⑥

---

① 《美洲和西印度群岛》,1669年到1674年,第40页。——原注
② 《美洲和西印度群岛》,1669年到1674年,第324页;1675年到1676年,国家日志,殖民地系列,第4期,第240页;1677年到1680年,第360页;1681年到1685年,第131页。——原注
③ 《美洲和西印度群岛》,1675年到1676,年,第238页;1681年到1685年,第338页到第339页、第510页;1685年到1688年,第92页、第233页;1689年到1692年,第331页。——原注
④ V.T.哈洛:《巴巴多斯的历史》,牛津,1926年,第36页、第42页、第44页。詹姆斯·威廉姆森:《加勒比海岛》,伦敦,1926年,第10页、第21页、第38页、第66页到第67页。——原注
⑤ 詹姆斯·威廉姆森:《加勒比海岛》,伦敦,1926年,第183页到第184页。——原注
⑥ V.T.哈洛:《巴巴多斯的历史》,牛津,1926年,第45页。——原注

战争期间，由于卡罗来纳殖民地越来越繁荣，所有殖民者都有可能得到殖民地政府的援助。但在和平时期，卡罗来纳殖民地发展缓慢，殖民地政府必须做出一些调整。对巴巴多斯来说，这一过程非常艰难，因为巴巴多斯在战争期间已经开始种植甘蔗。种植甘蔗的利润十分丰厚。因此，巴巴多斯的每英亩耕地都用来种植甘蔗。培养新的农作物需要不同的耕作方法、不同的土地所有制度，以及不同的劳动组织。很多小农场合并成大种植园，黑人奴隶取代了白人劳工。1643年，黑人奴隶总数为六千四百人。1666年，黑人奴隶总数超过五万人。于是，几乎每个来到巴巴多斯的移民，不管是英格兰人、苏格兰人，还是爱尔兰人，都不得不离开。①其中一些人去了牙买加。虽然要面对一个不确定的未来，

被贩卖到美洲的黑人奴隶

---

① V.T.哈洛：《巴巴多斯的历史》，牛津，1926年，第42页到第44页、第292页、第309页、第338页。詹姆斯·威廉姆森：《加勒比海岛》，伦敦，1926年，第154页。《美洲和西印度群岛》，1661年到1676年，第421页到第422页；1696年到1697年，国家文献索引，殖民地系列，第15期，第392页。——原注

但这些人依然选择了牙买加。还有一些人在荷属和法属岛屿受到了欢迎,但英格兰当局试图阻止他们移民到那里。小地主的境遇每况愈下,越来越绝望。

这就是卡罗来纳殖民地的种植园主开始寻求移民时面临的形势。于是,巴巴多斯人顺应局势的发展,主动表明自己有兴趣为卡罗来纳殖民地输送移民。然而,直到经历了多次失败后,卡罗来纳殖民地的种植园主才将一艘船开到巴巴多斯,并且宣布了获得土地的条件。后来,这艘船一直忙着向卡罗来纳殖民地运送移民,其中不仅有小农场主,还有一些资金充足、经验丰富的人。这些人备受卡罗来纳殖民地的欢迎。年复一年,移民活动持续不断,巴巴多斯发展成为一个专门培养奴隶的大型甘蔗种植园。从巴巴多斯移民到卡罗来纳殖民地的人大多是粗鲁的男性。当时,他们暴躁的性格给社会带来了不安因素。①

英格兰国王查理二世将宾夕法尼亚作为礼物送给了威廉·佩恩。1681年,开始管理宾夕法尼亚前,威廉·佩恩已经有了丰富的殖民经验。他是一个精明的商

查理二世将宾夕法尼亚作为礼物送给威廉·佩恩

① 《美洲和西印度群岛》,1661年到1668年,第153页;1669年到1674年,第86页、第88页、第90页、第92页、第124页、第132页、第278页、第295页;1677年到1680年,第619页。——原注

威廉·佩恩

人，要求征收土地租赁税作为收入来源。但贵格会教徒和其他迁往宾夕法尼亚的人获得土地的心情迫切，土地授予制度根本没有必要实行。移民根据需求得到土地。除了从英格兰来的移民，还有数千人来自其他国家，只是他们没有引起人们的注意。这一切预示着宾夕法尼亚殖民地进入了人口发展的新阶段。宾夕法尼亚殖民地的第一批移民是来自爱尔兰和威尔士的贵格会教徒，以及来自莱茵河上游流域的门诺派教徒。他们拓荒成功，为众多同胞树立了榜样。①

---

① 《宾夕法尼亚早期的土地政策和制度》，摘自《西宾夕法尼亚历史杂志》，第6期，1923年，第151页、第153页到第154页、第156页到第158页。玛西亚·布雷迪：《威廉·佩恩时期的殖民者》，摘自《西宾夕法尼亚历史杂志》，第5期，1922年。罗伯特·普劳德：《北美洲的宾夕法尼亚历史》，费城，1798年，第1章，第191页、第216页、第218页到第220页、第229页、第304页。——原注

1689年，英法战争爆发，宾夕法尼亚殖民地坐收渔翁之利。宾夕法尼亚地处战争大后方，吸引了居住在靠近战争前线的移民。许多人逃离了纽约的奥尔巴尼，因为法军已经兵临城下。纽约殖民地政府发现很难招募新兵，因为大部分农民逃到了其他地方。根据弗吉尼亚殖民地和马里兰殖民地的报道，当地年轻人大都去了宾夕法尼亚殖民地。贵格会政府宣扬的和平与自由或许对移民极具吸引力，但不愿参战并不是移民选择宾夕法尼亚殖民地的唯一原因。战争阻碍了北美洲殖民地和英格兰王国的商业联系，导致很多殖民地的烟草卖不出去，劳工及其子女找不到工作。在移民中，宾夕法尼亚殖民地声誉良好，吸引了大批移民，导致英格兰政府派到北美洲的很多士兵做了逃兵，逃到了贵格会教徒社区。马里兰殖民地不得不派人在西部边境巡逻，逮捕巴尔的摩军舰上的逃兵。[①]

　　宾夕法尼亚殖民地成功吸引了欧洲的有产者和没有土地的移民，这是导致17世纪晚期殖民政策改变的重要因素。1689年到1713年，两场战争阻碍了北美洲殖民地的商业发展，移民逐渐从海洋转向陆地，人口重新分配到居民较少的地区，大后方推进前线由此建立。从那以后，北美洲殖民地的人口需求变得不同，以前卓有成效的方法被更顺应时代的政策取代。

　　土地授予制度已经过时。种植园主为劳工支付完运输费用后，可以向殖民地政府申请获得土地。但相比土地，种植园主对劳动力更感兴趣，因为现在可以利用的土地距种植园非常遥远，交通不便，并且持有土地需要向殖民地政府缴纳高额土地税。烟草市场逐渐活跃，种植园主愿意为劳工支付运费。在这种情况下，有时，殖民者会忘记向殖民地政府申请获得土地。更常见的是，种植园主轻率地将获得的土地卖给商人和官员，商人和官员可以进一步将土地出售给其他人，从而获得丰厚利润。[②]这种交易虽然是合法的，但并没有达到最初实行土地授予制度的目的，即促进土地和资源的快速发展。地产投机商将获得的土

[①]　《美洲和西印度群岛》，1689年到1692年，第201页、第266页；1693年到1696年，第630页、第651页；1696年到1697年，第2页、第11页到第12页、第420页到第421页。——原注

[②]　尤金·欧文·麦考马克：《1624年到1820年马里兰殖民地的白人奴隶》，巴尔的摩，1904年，第17页、第21页到第22页、第46页。《美洲和西印度群岛》，1696年到1697年，第422页。——原注

地用作未来的投资,哄抬土地价格,导致劳动期限已满的劳工、想要离开海洋的水手,或从加勒比海来的农民买不起土地。

马里兰和弗吉尼亚殖民地政府经过调查发现,签发土地转让证明的方式非常草率,并且很多人通过欺诈手段获得了土地。于是,马里兰殖民地和弗吉尼亚殖民地废除了土地授予制度,取而代之的是一种现货销售制度。① 现货销售制度将土地政策和劳工政策分离开来。从那以后,劳动力的状况主要受奴隶制和出卖劳力抵偿船资制的影响。奴隶制在烟草种植地区盛行,带来了第一批黑人奴隶,而出卖劳力抵偿船资是白人特有的移民方式。

出卖劳力抵偿船资的移民和土地授予制度没有什么区别,只是移民者不能额外获得土地。来到北美洲的新移民还是以前那些欧洲国家的人,从事移民生意的船长和商人,以及服务条款都是一样的。唯一的区别是,负担移民船费的人可以获得该移民为他无偿劳动的回报。劳动期满后,后者获得自由,成为有偿劳动者,而且如果积累了足够的资金,还可以购买土地。

每个殖民地都有广阔的荒野亟待开发。由于种种原因,人们渴望迅速获得未开垦的土地。相关协议为边境地区提供了保护,为解决边界争端提供了有效论据,并且促进了皮毛贸易的发展。由于获得自由的劳工和农民的儿子开垦荒地的速度太慢,可能会造成现有优势丧失,因此,18世纪早期,所有殖民地政府开始尝试制定边境殖民计划,给予移民土地和税收方面的特权,并且定期为移民支付运费和提供临时援助。然而,各地的殖民者几乎都不愿冒险前往边境地区。由于英格兰国内的人口过剩问题已经解决,为了引进殖民者制订的殖民计划并没有受到欢迎。因此,北美洲殖民地将注意力转向了其他国家。于是,吸引非英语国家的移民成为新移民政策的一个显著特点。

迄今为止,在北美洲殖民地,很多外国人,甚至包括苏格兰人、威尔士人和爱尔兰人,都普遍不受欢迎。弗吉尼亚公司雇了许多精通贸易的外国人,其中有荷兰人、法兰西人、意大利人、德意志人、波兰人。在弗吉尼亚公司早期的记

---

① 尤金·欧文·麦考马克:《1624年到1820年马里兰殖民地的白人奴隶》,巴的摩,1904年,第22页、第26页。《美洲和西印度群岛》,1681年到1685年,第430页;1696年到1697年,第646页;1697年到1698年,第9页、第389页。——原注

录中,甚至出现了"波斯人约翰·马丁"。①然而,1621年,一群来自比利时的瓦隆人申请进入弗吉尼亚时,弗吉尼亚殖民地虽然同意这些人迁入,但要求他们的总人数不得超过三百人,并且所有人必须皈依英格兰国教。②直到1649年,马里兰殖民地才允许除英格兰人或爱尔兰人以外的移民持有土地。此外,直到1674年,这些人才享有政治权利。③1630年,罗伯特·希斯爵士计划建立卡罗来纳殖民地时制定的政策,是排外现象的典型代表。该政策规定,除特许情况,任何外国人不得进入卡罗来纳殖民地,除非他能提供宗教信仰和品行端正的证

罗伯特·希斯爵士

---

① 《弗吉尼亚公司纪要》,第1册,第251页、第368页、第392页、第466页、第499页、第633页。——原注
② 《美洲和西印度群岛》,1574年到1660年,第26页。——原注
③ 尤金·欧文·麦考马克:《1624年到1820年马里兰殖民地的白人奴隶》,巴尔的摩,1904年,第29页。——原注

胡格诺派标志

明。①17世纪末,随着爱尔兰移民人数的增加,马里兰殖民地暂停了引进劳工计划。1690年,弗吉尼亚殖民地议会下令"任何一条河流运出"的爱尔兰人数不得超过二十人。②

法兰西胡格诺派教徒的移民史充分体现了17世纪北美洲的局势。1660年到1690年,一群胡格诺派教徒得到允许,可以迁入从马萨诸塞到南卡罗来纳的任何一个殖民地。人们认为,胡格诺派教徒会引进葡萄的栽培方法,以及丝绸的生产方式,他们的新教教义也会消除当地人对外国人的偏见。然而,胡格诺派教徒只在南卡罗来纳殖民地取得了成就。他们是最早来到南卡罗来纳的移民,和英格兰人享有同等的经济地位。在其他地方,他们饱受质疑,偶尔会遭受暴力,甚至

---

① 《美洲和西印度群岛》,1574年到1660年,第113页。——原注
② 《美洲和西印度群岛》,1689年到1692年,第368页。——原注

路易十四

被禁止参与贸易活动。这些都严重阻碍了胡格诺派教徒的发展。①战争期间，人们对胡格诺派教徒的敌意加剧，导致胡格诺派教徒被迅速同化。这种同化很快磨灭了高卢人的大部分个性。

受战争影响，在英格兰移民因爱国热情对法兰西移民采取敌对态度时，另一群移民出现了。神圣罗马帝国贵族的移民经历和胡格诺派教徒相似。德意志新教徒的土地被法兰西国王路易十四的军队抢占后，德意志新教徒逃到了英格

---

① 阿瑟·亨利·赫希：《南卡罗来纳州的胡格诺派教徒》，达拉谟，1928年，第2章、第4章、第7章到第9章。《美洲和西印度群岛》，1661年到1668年，第350页；1677年到1680年，第336页、第364页、第428页；1685年到1688年，第179页、第322页、第398页。《公私法案和决议》，波士顿，1869年到1922年，第1章，第90页。——原注

兰，英格兰成为保护新教徒的地方。虽然英格兰安妮女王热烈欢迎德意志新教徒，但待在伦敦并不是一个长久之计。英格兰国务大臣找不到安置德意志新教徒的地方，于是想起了纽约殖民地总督曾抱怨移民纷纷离开纽约，导致当地资源得不到开发。此外，在北美洲，德意志人至少不会碍事。因此，1708年到1709年，英格兰政府派海军舰艇，将数千名德意志新教徒送到纽约，安置在哈得孙河沿岸的定居点，命令他们砍伐树木，为皇家海军提供补给。①

安妮女王

---

① 贸易及种植园委员会：《日报》，1704年到1708年，第26页、第28页、第32页、第35页、第37页、第42页、第58页、第60页、第63页、第65页、第98页、第226页、第230页、第232页、第518页；1708年到1714年，第319页、第443页。《对法兰西人在美洲的行为的总体了解》，摘自《绅士杂志》，伦敦，第25期，1755年，第17页。——原注

德意志新教徒遭受的苦难构成了大西洋民族移民史的壮丽篇章。德意志新教徒的足迹遍布北美洲各地，从哈得孙河到莫霍克河，再从莫霍克河越过群山，顺着萨斯奎汉纳河到宾夕法尼亚边境地区。①在每一个停留的地方，他们都留下了建造的房屋，为后来的人提供了便利。继续前往宾夕法尼亚的德意志新教徒，以及德意志新教徒之前的门诺派教徒，都将宾夕法尼亚视为新"迦南"。此后，家庭和群体关系让一些德意志新教徒留在了纽约，但大部分德意志新教徒在宾夕法尼亚找到了属于自己的乐土。

1713年，《乌得勒支和约》的签订为欧洲带来了和平。欧洲所有国家的殖民地都繁荣发展。大不列颠王国议会对殖民地的工业和贸易给予了新支持，促进了大西洋两岸的发展。商业帝国的建成给每一个殖民地的富余产品提供了市场。新英格兰的鱼被销往地中海和加勒比海地区，英格兰人烟斗里的烟叶来自

签订《乌得勒支和约》

---

① 奥斯卡·库恩斯：《宾夕法尼亚殖民地的德意志殖民者和瑞士殖民者》，纽约，1914年，第49页到第51页、第53页到第54页、第57页。宾夕法尼亚州议会：《会议记录》，费城，1851年到1852年，第3卷，第322页。——原注

北美洲殖民地的烟草种植园，哈得孙河、特拉华河、谢南多厄河和波托马克河流域的富饶地区向西印度群岛的产糖国提供资源。由于新英格兰殖民地的大多数家庭男丁多，并且黑奴为当地种植园提供了足够的劳动力，移民的主要趋势渐渐转向北美洲中部地区。

在很大程度上，北美洲中部地区的移民沿用了以前的移民方式。出卖劳力抵偿船资的移民形式已经规范化。在欧洲的各个港口，招聘公司负责招募年轻人，与殖民地立法机关签订服务合同。[①]在北美洲各殖民地的监督下，移民运动有条不紊地进行着，并且随当前需求和情况进行调整。现在，一一列出当时的移民举措并不利于对移民政策的研究。研究1713年到1742年移民运动的意义在于，评判每个民族对即将到来的移民潮的贡献。

迁往北美洲殖民地的英格兰人越来越少。宗教压迫不再是刺激英格兰人移民的因素，国内工业扩张吸收了农业无法吸纳的剩余劳动力。但英格兰政府仍然将一些商人、代理人和代理商派到北美洲殖民地，从事北美洲产品的进口贸易活动。譬如，英格兰制造商会在北美洲殖民地临时建个作坊。传播福音的基督教会派人前去管理北美洲殖民地的教堂和学校。想要寻找更大发展空间的专业人士将法律和科学带到了北美洲各地。为了生活或冒险，乡绅的儿子将旧家族中的一些家庭成员带到了北美洲殖民地，为积累新的财富奠定了基础。由英格兰人发起的移民潮并没有引起人们的广泛关注。然而，年复一年，英格兰人的移民活动为原来的殖民地注入了新生力量。

1708年，《联合法案》颁布后，苏格兰与英格兰合并成大不列颠王国，苏格兰开始利用大英帝国的身份，开展殖民活动。在18世纪的北美洲殖民地，人们经常见到苏格兰商人、海关官员、牧师和教师的身影。这些移民来自苏格兰低地，他们已经融入北美洲南部殖民地的生活。苏格兰高地的人过着自由自在的生活，对移民不感兴趣。1715年，苏格兰人民起义爆发。苏格兰政府出面镇压这场注定失败的起义时，一群得到赦免的叛乱者逃到了卡罗来纳殖民地的山区，寻

---

① 奇斯曼·亚比亚·赫里克：《宾夕法尼亚的白人奴役》，费城，1921年。该书是对发展最迅速的殖民地所采取的劳工移民制度的总体研究。——原注

找避难所。他们人数不多,没有引起人们的注意。① 对他们来说,适应一个新环境并不困难。在印第安纳地区,他们住在最偏僻的地方,因乐善好施受到欢迎。

与前文提到的两类苏格兰人一样,住在北美洲偏远地区的还有自称爱尔兰人的移民,尽管他们大多带有苏格兰血统。这些苏格兰人曾在北爱尔兰居住了一个世纪之久。在北爱尔兰,他们种田耕作,为英格兰国王纺织衣物,养育大家庭。1716年到1717年,农作物歉收及第一次由棉花恶性竞争引发的恐慌,使大量北爱尔兰人通过移民公司,有组织地逃离了北爱尔兰。其中,牧师们起了重要作用。北爱尔兰移民者中的很多人与新英格兰的牧师有宗教联系,因此,马萨诸塞殖民地和新罕布什尔殖民地政府对这些"外地人"的态度非常温和,并且在他们获得合法居住权的地区成立了六个教会。② 然而,当地的普通人不像殖民地政府那样温和。北爱尔兰人没有受到当地居民的欢迎,当地居民焚烧了伍斯特的长老会教堂。③

一些加入贵格会教派的移民从此命运大不相同。后来,涌入宾夕法尼亚殖民地的北爱尔兰人迅速超过了其他国家的移民数量。由于北爱尔兰特有的土地关系,北爱尔兰移民中会定期出现"土地租赁到期"情况。每当这个时候,大量北爱尔兰移民会选择外迁,从而赋予了移民潮波浪式特征。宾夕法尼亚殖民地一直实行出卖劳力抵偿船资的移民制度。这一制度为当地带来了一群年轻人,从费城、纽卡斯尔和特拉华向贝尔法斯特、伦敦、德里输出亚麻籽的出口贸易推动了移民进程。马里兰、新泽西和宾夕法尼亚一样,拥有同样的优势。因此,这些殖民地成为北爱尔兰人的新定居点。后来,北爱尔兰人的后代开始分布到弗吉尼亚山谷及卡罗来纳偏远地区。④

---

① 约翰·麦基·格拉斯哥:《苏格兰高地殖民者的历史记录》,克利夫兰,1900年,第102页、第105页、第107页到第108页、第176页、第442页。《南卡罗来纳州的资源和人口、制度与产业》,查尔斯顿,1883年,第383页。——原注
② 亨利·琼斯·福特:《美洲地区苏格兰人和爱尔兰人的后裔》,普林斯顿,1915年,第186页到第192页、第229页到第233页、第247页到第248页。——原注
③ 查尔斯·诺尔斯·博尔顿:《阿尔斯特和美洲地区拥有苏格兰和爱尔兰血统的先驱》,波士顿,1910年,第180页到第181页。——原注
④ 希尼·乔治·费希尔:《宾夕法尼亚州的形成》,费城,1896年,第162页到第165页。詹姆斯·特拉斯洛·亚当:《乡土社会》,1690年到1763年,纽约,1927年,第172页。——原注

当时，人们将北爱尔兰人称作"爱尔兰人"，因为人们分不清谁是天主教爱尔兰血统。海运资料显示，越来越多北美洲殖民地的船驶向北爱尔兰南部港口，在卸下鱼、木材和松脂后，大多数船前往西印度群岛，以获得回程货。虽然同去的可能是在北美洲种植园当家庭教师或监工的南爱尔兰青年，但这些青年很少继续前往北美洲。纽芬兰渔场吸引了很多人前往缅因海岸及新英格兰北部内陆地区。但18世纪上半叶，在北美洲内陆殖民地，爱尔兰裔天主教徒依然很少。

与上述情况类似的是，"德意志的"或"荷兰的"一词常用来形容来自神圣罗马帝国和瑞士的移民。群体移民是此次移民潮的典型特征，因为有关政府急于结束德意志南部地区和瑞士之间激烈的宗教争议，从而放宽了移民的限制条件。1720年到1740年，一些持异见的教徒来到宾夕法尼亚、弗吉尼亚、卡罗来纳和佐治亚边境地区，受到了国家资金和殖民地津贴的援助。于是，摩拉维亚教徒、施文克斐尔德派教徒与门诺派教徒纷纷前往北美洲。他们凭借吃苦耐劳的品格，在杰出领导者的带领下，克服了拓荒中的重重困难。更重要的是，他们的成功使北美洲殖民地对其同胞更具吸引力。

就阿尔斯特人而言，他们主要通过出卖劳力抵偿船资，前往北美洲殖民地。荷兰商人和船运经纪人经常通过运送德意志人和瑞士人赚取利润。荷兰商人和经纪人首先关注的是通过与教会签订的通行合同，增大交易的可能性。很快，这种交易获得了一个臭名，因为阿姆斯特丹和鹿特丹与引进劳动力的社区相距太远。因此，广告宣传变得越来越重要。广告宣传任务都交由代理商来做。广告代理商被称为"新大陆"，他们在北美洲的精彩事迹广为流传。广告代理商不顾政府官员和现实主义者的再三警告，一直努力推动移民运动向前发展。

1739年，大不列颠王国和西班牙之间的战争开启了另一个战乱时代。然而，直到1742年，法兰西王国介入战争，北美洲殖民地和北欧之间的商业贸易才真正受到影响。随后，北美洲殖民者的移民活动告一段落。1749年到1753年的和平时期，北美洲没有迎来新移民。七年战争结束后，一场大规模迁徙运动开始了。七年战争和之前的战争一样，标志着一个时代的开始和结束。人口政策随之发生变化，以适应新的时代需要。在战事如火如荼进行的同时，外国人在北美洲殖民地并不受欢迎，尤其是德意志人。德意志人奇特的语言习惯和风俗习惯及对战争结果的漠不关心，激起了殖民地人的爱国主义精神。他们对德意志人展开了报复行动。北美洲殖民地内部的矛盾已经显露出来，殖民地政府不再以资金和土地授予的方式，向移民提供援助。

  与此同时，出卖劳力抵偿船资的制度经历了一个全盛时期。1763年和平时期结束后，大不列颠王国调整了经济政策，社会再次恢复了繁荣景象。在北美洲殖民地，商业、造船业、农业、伐木业、运输业和制造业的扩张需要更多劳动力。很多人立即响应这一需求。在大西洋的船上，工人们挤得水泄不通，迫切希望短期服务后获得高额报酬。[①]此外，北美洲的土地对西方国家开放，吸引了有产家庭前往北美洲从事房地产交易事业。1770年到1773年，新英格兰与大不列颠王国的关系陷入僵局，房地产交易活动却格外活跃。波士顿倾茶事件爆发后，北美洲十三个殖民地的代表希望与大不列颠王国和平解决问题，但大不列颠王国拒绝和解，导致1775年美国独立战争爆发。其中，一些人认为，北美洲殖民地人口的迅速增加对大不列颠王国的安全构成了威胁。他们相信，如果大不列颠王国现在不展现出强硬姿态，那么新英格兰殖民地很快会强大到它无法控制的地步。1776年，美国颁布《独立宣言》。1781年，英军在约克镇战败。动荡不安的社会环境阻碍了移民运动的进一步发展。

---

① 斯坦利·科里·约翰逊：《从英国到北美的移民史：1763—1912》，伦敦，1913年，第1页到第3页。——原注

第 3 章
第一次美国化

精彩看点

爱尔兰人开始蠢蠢欲动——战争为美国增加了新的族群——土地分配制度——工业发展领域出现新问题——欧洲局势决定了早期合法移民的性质和规模——法兰西流亡者——约瑟夫·普里斯特利——英格兰自由党——吸引移民的策略——爱尔兰起义——欧洲农作物歉收加速了移民运动——禁运政策——语言作为显著的身份标识之一——欧洲移民被迫卷入美国的政治运动——荷兰语逐渐消失——民族精神高涨带来的问题

1782年，签订和平条约前，即最后一场战争打响前，大西洋先前破裂的商业关系已经开始重建。当时，虽然大不列颠王国与其殖民地的商贸是非法的，但1775年以来，爱尔兰人开始蠢蠢欲动。苏格兰人预见到，商业迅速发展最终将带来和平局面，于是逐渐向大西洋区域之外扩展自己的势力，输送产品。从苏格兰和爱尔兰北海岸出发的货船，将人口和货物走私到海外。尽管冒着违反当地法律的危险，但偷渡客一旦躲过巡查和大西洋上的巡航艇，贿赂了美国官员，就能顺利登上北美洲。然而，欧洲偷渡客并没有那么幸运，因为在航行路线沿途，英吉利海峡军舰守卫森严。

　　与战前一样，1781年和1782年，来到北美洲的欧洲移民主要是农民、商人和苦力。这些人的移民动机主要是出于经济方面的考量，而不是对新大陆的兴趣。然而，1783年，美国正式宣告独立后，对美国的热忱迅速弥漫整个英格兰，许多自耕农家庭开始移民到肯塔基州、佛蒙特州、纽约州或宾夕法尼亚州。其他英格兰人也受其影响，在1784年到1785年发起了一场大规模移民运动，规模堪比1770年到1773年的移民运动。

　　移民者原本以为，宣扬捍卫人权的爱国者会欣然接受饱受压迫的欧洲人，但他们发现，实际情况并非如此。美国人认为，美国的土地和特权是他们用血汗赢来的，不能随便与后来的移民共享。其他一些因素也使1786年后的移民数量

美国独立战争中的德意志雇佣兵

锐减。1785年,美国颁布西北部土地条例,几乎没有带来实行宽松政策的希望。虎视眈眈的印第安人时刻威胁着伊利湖到俄亥俄州的边境地区。金融危机和破产潮使欧洲进口货物滞销。英格兰议会意识到,移民意味着劳动力减少,于是禁止招募和运输出卖劳力抵偿船资的移民。①

　　战争为美国增加了新的族群。②在美国独立战争中,英格兰政府征集了近三万名雇佣兵。这些士兵大部分来自黑森-卡塞尔和不伦瑞克。美国当权者通过

---

① 《地球画报》,第25期,第3章,第67页。——原注
② 爱德华·J.洛厄尔:《独立战争中大不列颠的黑森人和其他德意志辅助军》,纽约,1884年,第20页到第21页、第285页到第291页。A.B.福斯特:《在美国的德意志军队》,纽约,1927年,第1版,第349页到第356页。——原注

提供土地津贴引诱雇佣军投诚。其中，一些黑森人本来就是被迫入伍，被俘后立即向美军投降，并且获得了土地。其他人要么一直坚守到和平到来，要么随同伴回到欧洲，然后再返回美国。最终，到底有多少人成为美国永久居民仍然有待考究。我们估计，约有一万二千五百人再也没有回到神圣罗马帝国。有证据表明，除了一些死于伤病的人，一些人定居在加拿大，大多数人留在了美国，因为留下来的人在参军时就亲身体验到，美国是一片充满机会的土地。作为不惹是生非的入侵者，他们并没有聚集在一起，而是分散在各地已经成型的德意志人社区中。

《1787年宪法》的颁布引发了一个问题：既拥有土地权又拥有商业管理权的联邦政府能否凌驾于各州之上，通过积极鼓励移民增加人口？一个计划很快得到落实。这表明，类似的猜想可能成为现实。1785年土地条约颁布，联邦政府拨给俄亥俄联合公司大笔津贴。俄亥俄联合公司没有像其他俄亥俄公司一样，吸引沿海各州的移民，而是将目光投向了欧洲。为了省事，俄亥俄联合公司选择法兰西为交易地，希望通过售卖土地换得债券，支持美国革命。乔尔·巴洛曾作

颁布《1787年宪法》

为一名代理人被派到巴黎,成立了一家公司,公司职员都是法兰西人。在俄亥俄州,他买下一块地作为公司本部,并且很快将业务范围推进到目标城市——加里波利斯。①

1789年,当《宪法》开始实施时,为了应对紧急情况,美国议会颁布了一些法令条例,其中包括入籍法和检疫法。入籍法沿用了以前殖民地的做法,②检疫法是关于入境的健康预防措施。③入籍法和检疫法本来可能产生深远影响,但事实并非如此。亚历山大·汉密尔顿当选财政部部长后,起草了关于土地、政府

亚历山大·汉密尔顿

---

① D.J.莱恩:《美国赛欧托公司及其采购》,俄亥俄考古与历史协会,第3版,1890年,第122页到第123页。T.T.勃洛特编:《加里波利斯文选》,俄亥俄考古与历史协会,第2版,1907年,第60页、第62页、第79页。——原注
② 《国会法案及决议案汇编》,第1版,第103页到第104页。——原注
③ 《国会法案及决议案汇编》,第1版,第474页。——原注

信用和制造业的报告，有意或无意地触及了联邦政府的人口政策。这些文件是在联邦党和共和党产生矛盾之前拟定的。后来，移民问题变成了党派问题。透过这些文件，我们能看到亚历山大·汉密尔顿的长远眼光。

土地分配由国库状况决定。除了拥有数百万英亩的公共土地，联邦政府一贫如洗。因此，行事谨慎的亚历山大·汉密尔顿拒绝了通过提供家庭补贴吸引成千上万欧洲人的建议。即使国库充盈，土生土长的美国人也会在几代人后耗光国库。联邦政府最好以一个合适的价格出售土地，补充国库，以保证开拓者有足够的资金度过最初的艰难岁月。直到1862年颁布《宅地法》，联邦政府才重新启用早前的土地政策。

工业发展领域出现了新问题。亚历山大·汉密尔顿关于建立一个独立于欧洲工厂的国家设想引发了一个问题，即如何吸引外国工人投身尚在襁褓中的美国，解决劳动力短缺问题。一些请愿书引起了亚历山大·汉密尔顿的注意。英格兰和爱尔兰的工人诉说了自己的悲惨处境，请求亚历山大·汉密尔顿将他们及家人接到美国。[1]还有一些人提出，要么让美国海军免费护送欧洲工人，要么通过征收烟草的出口税，提供资金资助商船队运送移民。[2]当时，亚历山大·汉密尔顿对这些提议有多重视，我们无从知晓。

一些美国记者的报道让我们得以从另一角度了解了当时的情况。这些记者报道了自己的所见所闻。依靠资助来到美国的工人其实并不具备他们标榜的技能，并且消极怠工。适应新环境后，他们开始自己创业。[3]显然，一些舆论还是有分量的，因为亚历山大·汉密尔顿删除了报告中所有涉及津贴的方案。[4]此后，除了机缘巧合移民到美国的人，美国不再鼓励移民。此外，联邦政府对本土人和外国人一视同仁。

---

[1] 亚历山大·汉密尔顿：《国会图书馆文件》，第8版，第1073页。——原注
[2] 亚历山大·汉密尔顿：《国会图书馆文件》，第6版，第1395页到第1396页。——原注
[3] 这封信也许能在亚历山大·汉密尔顿的《国会图书馆文件》第12版找到，1597年到1599年。——原注
[4] 亚历山大·汉密尔顿：《作品集》，詹姆斯·A.汉密尔顿编，纽约，1851年，第3章，第192页。——原注

乔治·华盛顿

决定早期合法移民性质和规模的是欧洲局势,而不是美国局势。乔治·华盛顿上任后几个月,法兰西王国爆发内乱,西欧长期处在战争中。1793年,大不列颠王国也加入战争。大西洋不再是免费的商业通道。从那以后,一直到1815年,美国政府将重心放在中立政策、经济制裁提议、强行征用和战争上。在这种情况下,移民的流动取决于通过战争赚取的财富,而不是未开发地提供的机会。

境况窘迫的政治难民、逃避征兵的男性、躲避屠杀和征税的农民及自耕农，争先恐后地漂洋过海，以为任何改变都会比目前的境遇好。移民队伍鱼龙混杂。与之前的移民相比，这一时期移民的民族构成和社会地位大不相同。相关调查显示，几乎每五年，移民的群体和规模就会发生很大变化。

法国大革命爆发后，五十万流亡者，包括贵族、神职人员和保守党人，在荷兰和德意志莱茵河沿岸寻找避难之地，在法兰西边界外徘徊，坚信巴黎暴乱很快会平息下来，只要欧洲大陆君主势力有所抬头，暴民们就会闻风而动。然而，法国大革命如火如荼地进行着。二十五年来，暴民组成的部队使欧洲一直处在兵荒马乱中。流亡者被迫继续流亡，寻找可以守护家人和财产的净土。在长年流亡途中，一些出身卑微的流亡者加入了移民队伍。这些人曾经一度当上了统治者，但由于政治风云变幻，现在深陷被推向断头台的危险中。

法国大革命标志性事件——攻陷巴士底狱

古弗尼尔·莫里斯

　　1789年夏,法国大革命开始之初,许多人想去美国。人们纷纷向古弗尼尔·莫里斯咨询相关信息和寻求建议。当时,古弗尼尔·莫里斯是美国土地所有者在巴黎的代理人,自愿为想去美国的人出谋划策。①两艘载满移民的船远洋航行,在俄亥俄河岸建立了城镇,即加里波利斯。这些移民的经历鼓舞了欧洲人,为移民潮扫除了各种障碍。②据说,当时有五十万法兰西人想跟随拓荒者前往美国西部,美国殖民化即将开启新纪元。但所有希望很快化为泡影,因为加里波利斯的殖民计划失败了。在美国,殖民失败往往是管理失误导致的。由于没有确立合法地位,殖民者经常落入骗子手中。在俄亥俄州,由于黄热病肆虐,加上高强度的劳动,以及和印第安人之间的战争,只有六百名巴黎人活了下来。③当时,任何补救措施都无法消解殖民失败带来的消极情绪。

---

① 古弗尼尔·莫里斯:《日记和信》,安妮·C.莫里斯编,伦敦,1889年,第1版,第19页、第260页到第261页、第324页、第342页。——原注
② T.T.勃洛特编:《加里波利斯文选》,俄亥俄考古与历史协会,第2版,1907年,第60页、第62页。——原注
③ 威廉·H.史密斯编:《圣克莱尔文件》,1882年,第2版,第190页到第191页、第195页、第206页到第207页。詹姆斯·B.麦克马斯特:《美国人民历史》,纽约,1883年到1913年,第2版,第147页到第151页。——原注

此后，来到美国的法兰西人一般是出于个人或家庭原因。大部分法兰西难民习惯了上流社会的生活，并且拥有一些积蓄，因此，他们不需要立刻找工作。绝大多数法兰西人涌向了费城。后来，费城成了政府所在地。很多艺术家寻找费城的美景，用笔描绘费城丰富多彩的生活，如贵妇为移民提供资助，伯爵教笨手笨脚的贵格会青年剑术和跳舞。大部分法兰西移民没有从事任何职业，怀乡之情将他们聚集在一起，通过生机勃勃的社交生活复制了一个小型凡尔赛。[①]路易·菲利普一世，即后来的"公民国王"，在位于第五街的住宅里上朝。在美国暂

路易·菲利普一世

[①] J.F.沃特森编：《宾夕法尼亚州和费城编年史》，费城，1870年，第1版，第181页到第182页。威廉·苏利万：《关于公众人物和公众事件的常见信》，波士顿，1834年，第126页。萨穆尔·布瑞克：《回忆录》，费城，1877年，第196页。——原注

查尔斯·莫里斯·德·塔列朗－佩里戈尔

住期间，查尔斯·莫里斯·德·塔列朗－佩里戈尔更加了解人情世故。让·安泰尔姆·布里亚－萨瓦兰是著名的美食家，在旅馆里体验了几个月后，决定倾其一生提高自己的厨艺。

然而，来到美国的法兰西人并不是全部出生于巴黎或凡尔赛。法国大革命激起了西印度群岛的强烈反响。法兰西在海地的殖民地爆发了黑人起义。黑人烧杀抢夺，迫使白人逃到海岸，强行征用商船，或随便登上一艘船到任何他们觉得安全的地方。仅仅几天时间，法兰西逃亡者到达了查尔斯顿、诺福克、巴尔的摩、费城和纽约等地。由于手头窘迫，加上对刚经历的事心有余悸，他们显得狼狈不堪。当地的私人慈善机构无法帮助这么多人,于是社会各界采取了一些救济措施。除了各州和城市的捐款,美国国会也划拨了两万美元,所有捐款共计二十五万美元。①

美国人欣喜地发现,法兰西移民很快适应了新生活。在费城,法兰西移民是最快乐的居民。他们走亲访友,在街头跳舞。过去,法兰西男性往往以传统方式追求贵格会少女。现在,他们的求爱方式变得更加浪漫。但在轻松氛围的掩盖下,形势悄悄发生了变化。随着法兰西绥靖政策的实施,一些法兰西人返回了西印度群岛。另一些人在美国沿海城市开辟土地、开设蔬菜农场,以满足不断增长的城市需求。还有一些人分散在美国内陆地区,成为外科医生或牙医。②

法国大革命间接为美国带来了一批新英格兰移民。18世纪90年代,从英格兰来的移民很快同化成美国人。在社交和知识方面,美国和大不列颠王国的联系更紧密了。刚开始,美国官员和公民对海峡彼岸发生的一切充满同情。但欧洲革命很快发生逆转,许多英格兰人不再认同革命。英格兰自由党被打上"雅各宾派"的烙印,英格兰官员和百姓对自由党煽动叛乱的言论十分警惕。早在1791年,"伯明翰骚乱"就反映出舆论具有反动性质。在这场骚乱中,普通百姓的家遭到洗劫,居民被赶到街头。

在"伯明翰骚乱"中,约瑟夫·普里斯特利是最大的受害者。他九死一生,侥幸逃脱。约瑟夫·普里斯特利是一位神职人员、哲学家、科学家和自由党。一开始,他将自己的遭遇怪罪于无知民众。但不久,他发现很多体面的邻居都躲避他、批评他,这让他产生了和朋友一起移民的想法。他相信,朋友的陪伴能帮助他渡过难关。他和朋友们精心策划在萨斯奎哈纳河海岸的宾夕法尼亚买一块土地。1794年,约瑟夫·普里斯特利起航前往新大陆。在纽约和费城,他受到了热

---

① 莫罗·德·圣梅里:《远航美国》,1793年到1798年,纽黑文市,191年,第55页、第66页、第89页、第285页到第286页、第294页。伊萨克·维尔德:《穿越北美》,伦敦,1799年,第2版,第462页、第668页。——原注
② 罗切夫科特·利昂库尔:《旅程》,第1版,第45页、第50页、第54页、第582页、第584页;第2版,第250页。伊萨克·维尔德:《穿越北美》,伦敦,1800年,第4次修订,第132页到第133页。J.F.沃特森编:《宾夕法尼亚州和费城编年史》,费城,1870年,第2版,第41页到第42页。——原注

情招待。相比之下，殖民地的生活非常阴郁。和他一起来的英格兰人都是知识分子和学究派先锋。他们上百次的拓荒尝试表明，他们不适合拓荒。他们认为领头人和少数亲信冷漠、自以为是、高高在上，导致士气低落，很多人心怀不满。约瑟夫·普里斯特利等人开拓的殖民地发展并不好。不过，约瑟夫·普里斯特利在五十五英里外的诺森伯兰找到了安家之地。随后，他受邀前往费城担任教授，彻底放弃了殖民计划。①

约瑟夫·普里斯特利

① J.T.鲁特：《约瑟夫·普里斯特利的生平和书信往来》，伦敦，1832年，第2版，第228页、第239页、第244页、第300页。杜马·马隆：《托马斯·库珀的公共生活》，1783年到1839年，纽黑文，1926年，第80页到第81页。罗切夫科特·利昂库尔：《旅程》，第1版，第74页、第76页。安妮·霍尔特：《约瑟夫·普里斯特利的一生》，伦敦，1931年，第144页到第188页。——原注

英格兰自由党曾寄希望于北美洲的林业，但希望破灭了。然而，移民活动仍然在以个体或集体为单位展开。纽约商人詹姆斯·德劳利想在远离边境的地方建一个避难所。在他的鼓励下，许多家庭在韦斯切斯特县附近的斯巴达建了新家园。①事实上，不同经济状况的农民正在不断涌入美国濒临大西洋中部各州。他们从前往西部的美国人手中购买了改良地。许多购买者属于自由主义者，既是宗教狂热主义者，又是政治激进主义者。

与此同时，日益增强的民族优越感、宗教热情及日益严重的经济危机导致局势动荡不安。英格兰的城乡乃至威尔士边境都经历了动乱。18世纪，威尔士从以往的沉沦中苏醒。威尔士人怀念往日的辉煌，开始恢复过去的传统和语言。卫理公会教徒和浸礼会教徒沉浸在宗教热情中。这些宗教人士谴责公共圈地，指责南威尔士峡谷工业化导致了经济危机。英格兰政府开始镇压骚乱，对威尔士煽动者施加了压力。牧师和神职人员被指控为煽动者，甚至哼唱《自由之歌》都会带来牢狱之灾。②为了应对这一局势，英格兰政府还要求普尔特尼家族——纽约西部的主要地产拥有者和身处伦敦的美国牧师协助组织大规模移民。但由于没有得力的鼓励措施，并且移民规模太过庞大，移民计划以失败告终。③不过，一些人发现，合作移民是可行的。尤蒂卡及其乡村地区、宾夕法尼亚的坎布里亚山区和俄亥俄的帕迪河成为新移民的定居地，并且持续吸引着来自威尔士的家庭。在接下来的几十年中，大批欧洲年轻人前往美国西部，建立了新的教会和社区。④

17世纪，法兰西人、英格兰人和威尔士人虽然没有参与大规模移民，也没有

---

① J.T.沙夫：《韦斯切斯特公司历史》，纽约，1886年，第2章，第338页。——原注
② C. G.萨默斯：《约翰·斯坦福牧师回忆录》，纽约，1835年，第349页。J.T.格里菲斯：《摩根·约翰·里斯牧师》，兰斯福德，1899年，第11页。《威尔士和边境县情况》中有关托马斯·埃文斯的叙述，第10期，1907年到1908年，第321页。——原注
③ "威廉·琼斯生平一览"，《威尔斯人记》伦敦，第2版，1796年，第247页到第251页。——原注
④ B.W.柴德洛：《帕迪兰的历史概览》，俄亥俄州巴特勒公司出版，汉密尔顿，1876年，第1页、第4页到第5页。伊萨克·斯马克：《俄亥俄州利金会威尔士殖民地历史》，纽瓦克，年代不详，第4页、第12页。M.M.拜戈：《尤蒂卡的先驱》，尤蒂卡，1877年，第133页到第135页。J.T.格里菲斯：《摩根·约翰·里斯牧师》，兰斯福德，1899年，第60页到第61页、第63页、第65页。E.W.琼斯：《奥奈达的早期威尔士定居者》，奥奈达历史协会，1889年到1892年，第5版，第61页、第63页。——原注

个体迁徙的经验，但骨子里有移民天性。美国土地市场的状况助长了欧洲人的移民倾向。尽管联邦政府在边境地区拥有广阔土地，但印第安人问题和相关政策的不确定性让买主丧失了信心。一些拥有百万英亩土地的州想在西部发展起来前，尽早售出土地。为了出售土地成立的公司、合作企业和个人房地产之间的关系盘根错节，比一个现代化的控股公司更复杂。大片土地被卖给了如北美土地公司和宾夕法尼亚土地公司等类似的集团。还有一些土地被卖给了有能力支付定金或信誉良好的人，如约翰·尼克尔森、罗伯特·莫里斯、威廉·布里格姆等。新的土地所有者的做法很简单。他们将土地以略高于成本和管理费的价格卖给移民。移民持有广袤的土地，以期将来升值。移民认为，即使有生之年没有赚到钱，他们的子女也能继承丰厚遗产。

罗伯特·莫里斯

纽约

  为了吸引更多移民，开发商决定充分利用欧洲人口资源。已经购买纽约西部大片土地的普尔特尼庄园派一名海外代理商招募德意志农民，因为之前有很多德意志农民移民到了宾夕法尼亚和南方部分地区。然而，代理商没有深入德意志，只在汉堡大肆宣传。很快，纽约港口官员制止代理商这么做。当德意志家庭抵达纽约边境后，普尔特尼庄园公司管理人员可能后悔纽约港没有早一点制止代理商的行为。德意志移民不愿意工作，对美国艰苦的环境很不满。不久，在雄心勃勃的领导者的带领下，他们开始潜逃，前往加拿大寻找机会。经历了这次事件后，普尔特尼庄园商开始将注意力转向美国本土移民身上。后来的开发商记住了这次教训。[1]在投机圈，罗伯特·莫里斯颇具盛名。他坚信，只有像美国拓荒者一样足智多谋，才能成功开拓新土地。[2]

  几乎在同一时期，费城的资本家也有过一次相似的经历。居住在费城的法

---

[1] 罗切夫科特·利昂库尔：《旅程》，第1版，第130页。P.D.埃文斯：《普尔特尼采购》，纽约历史协会，1922年第3期，第90页。——原注

[2] 罗伯特·莫里斯：《私人信函》，国会图书馆，第1版，第253页到第254页。——原注

法兰西国王路易十六被送上断头台

兰西难民表示，愿意在萨斯奎哈纳河岸永久定居。但他们依然是法兰西国王路易十六的忠实拥护者，密切关注着路易十六的生活。据说，他们想建立一个社区，可供法兰西国王路易十六退位后重新掌权。也许由于这个原因，他们将殖民地称作庇护所。但法兰西国王路易十六从来没有到过费城，因为他早就上了断头台。此外，相比开垦森林、耕作土地、种植庄稼，很多法兰西人更愿意在当地

酒馆和赛马场上度过欢乐时光。短短几年，费城富丽堂皇的房子就被闲置在一旁，有些甚至还没有完工。二十五年后，费城的"庇护所"沦为一片玉米地。①

---

① 路易·W.莫里：《法兰西难民及其庇护所的故事》，1917年，第20页、第47页、第55页、第57页、第60页。J.W.英厄姆：《宾夕法尼亚庇护所简史》，宾夕法尼亚州，1916年，第20页、第65页。W.H.埃格勒：《宾夕法尼亚州插图史》，宾夕法尼亚州，1880年，第424页到第426页。D.凡比洛夫：《北美最新状态》，柏林，1797年，第1章，第67页。——原注

纽约北部卡斯特兰德有一个法兰西人聚居区。在那里，布里格姆公司开了一个分公司。在偏远边境的河流和丛林中，人们的生活比普通乡村生活更艰苦。尽管卡斯特兰德的开拓者看起来比费城的法兰西人意志坚定，但最后的结果都一样。移民者陆续回到纽约或巴黎，抑或消失在荒野深处。①边境地区条件艰苦，只有吃苦耐劳、坚忍不拔的人才能经受住考验。

相比之下，集体移民到宾夕法尼亚西北部克瑞斯的英格兰人获得了成功。费城的威廉·诺克斯是一名赞助商。约翰·基廷是威廉·诺克斯的得力助手。他们组织的移民都是英格兰贵格会教徒。②在正确的指引下，英格兰贵格会移民成为有经验的伐木工。如果其他人也像英格兰贵格会移民一样，当时的英格兰移民可能会像众人期望的那样，将英格兰的制度、习俗和人都移到美国。然而，英格兰贵格会教徒在美国丛山中的英式小镇鲜有人知。除了俄亥俄东部一个与其相似的社区可能沿用了这种移民模式之外，这座小镇的影响范围十分有限。

与此同时，由于没有外国人，地主只有眼睁睁地看着辽阔的荒野落在勤劳的移民手中。移民马车队从新英格兰出发，前往纽约西部的"杰纳西国"。宾夕法尼亚的德意志人和附近的新泽西人纷纷涌向萨斯奎哈纳河附近新建的城市。苏格兰-爱尔兰人和居住在谢南多厄河谷的德意志人奔向周围的丘陵地区。投机者在景气心理的驱使下，售卖自己的土地，并且声称，如果从一万英亩土地中赚到一小笔财富，那么十万英亩土地足以让他们发财。1795年，美国发生的一系列事件增强了投机者的信念。在北美印第安战争中，安东尼·韦恩战胜了北美洲西北海岸的印第安人，平息了边疆动乱。美国与西班牙殖民地签署的《平克尼条约》免除了渡河费，开辟了从墨西哥湾海岸进入北美洲内陆地区的道路。但肥沃的杰纳西河谷已经全部得到开发。因此，开发商不得不将目光转向佐治亚州、卡

---

① F.B.霍夫：《纽约州路易县历史》，奥尔巴尼，1860年，第34页到第73页、第78页、第104页。——原注
② M.A.里森：《麦基恩县、埃尔克县和佛利斯特县历史》，芝加哥，1890年，第443页。《埃尔克县、卡梅伦县和波特县历史》，芝加哥，1890年，第227页。R.B.斯通：《麦基恩——州长之县》，纽约，1926年，第33页。J.W.英厄姆：《宾夕法尼亚庇护所简史》，宾夕法尼亚州，1916年，第925页到第926页。——原注

安东尼·韦恩

罗来纳州和肯塔基州等较为贫瘠的地区。在争夺土地的过程中,土地价格飙涨,远超实际价值。①

乔治·华盛顿曾是一名商人,参与过一些风险投资。1796年春,投机买卖十分兴盛。乔治·华盛顿认定这是"出市"的好时机。其他人纷纷效仿乔治·华盛顿,卖掉了手中的所有股份。18世纪,市场节奏放缓,每天看似风平浪静,没有任何崩溃的预兆,但灾难最终降临,其毁灭性堪比现代的"黑色星期五"。由于名声不实,信誉不足,股票市场崩溃,②没有人出手救市。商行和相关银行本来可

---

① 罗伯特·莫里斯:《私人信函》,国会图书馆,第1版,第12页、第15页、第18页、第81页、第133页到第134页、第232页。——原注
② 罗切夫科特·利昂库尔:《旅程》,第1版,第284页到第285页。——原注

以挽救股市，但商行和银行的商船全部掌握在法兰西人手中。① 破产的人中包括很多杰出人物，如著名投机商罗伯特·莫里斯最后因负债累累锒铛入狱。② 除了美国本土人，外国移民也感受到了这次经济危机的严重性。内部停止运转意味着工人的工作机会越来越少。法兰西国内切断了粮食市场，以应对美国的商业掠夺。美国的农业挣不到钱。尽管缺乏相关资料，但欧洲大陆报社发表的有关"被欺骗的移民"的报道及英国报纸中对美国低迷局势的描述，充分证明了当时移民数量的减少。

随着英格兰移民数量的减少，爱尔兰移民数量相对上升。18世纪90年代，爱尔兰的环境总体令人满意。但战争导致了爱尔兰人对亚麻制品的需求，爱尔兰与英格兰之间的贸易限制被取消，从而扩大了爱尔兰的粮食生产，为人们提供了工作机会。英格兰出现的问题反而给爱尔兰的统一带来了希望，因为爱尔兰人一心渴望建立一个独立的爱尔兰王国。1798年，爱尔兰起义全面爆发。尽管对爱尔兰人的镇压促成了英国议会的立法统一，但剥夺了爱尔兰北部及南部成千上万爱国者的人权。在逃跑过程中，这些人明白自己逃不过绞刑。

实际上，胜利者的报复心并没有那么强烈。除了绞死主要的混乱制造者，其他起义者被驱逐出境。大多数美国人同情这次运动，因为他们想起了自己为争取独立做出的努力。不过，美国驻伦敦大使鲁弗斯·金一听到传闻，就立即报告美国外交部，称美国人不希望看到"狂野的爱尔兰人"，爱尔兰人不能进入美国。③ 后来，这些话让他付出了代价，他失去了纽约州州长的职位。④ 爱尔兰人没有被驱逐到美国，但最终还是去了美国。爱尔兰人经由纽芬兰和法兰西，伪装成牧师和女人，越过边境，前往美国。仅仅几个月，美国沿海城市就出现了很多爱尔兰人聚居地。爱尔兰移民精通政治，在托马斯·杰斐逊领导的民主党与联邦党的斗争中，支持民主党。

① J.T.鲁特：《约瑟夫·普里斯特利的生平和书信往来》，伦敦，1832年，第2版，第371页、第373页。——原注
② J.F.沃特森编：《宾夕法尼亚州和费城编年史》，费城，1870年，第2版，第257页。——原注
③ 鲁弗斯·金：《生平和书信往来》，纽约，1894年到1900年，第2卷，第635页到第647页。——原注
④ 《三叶草》，纽约，1816年5月4日。——原注

鲁弗斯·金

由于身陷困境，联邦党总是处于被动地位。现在，联邦党的对手有了盟友。爱尔兰人的鼓动能力堪比专业煽动者。① 在一系列法律之下，联邦党人的防御体系形成。法律明确要求落实限制移民的政策。1795年，美国国会对1790年通过的自由党法案进行了修订，将移民入籍期限增加到五年。② 但这一变化并没有成为一个党派问题。联邦党人支持修订法案，因为他们担心欧洲革命将推动政治难民的移民运动。共和党人也支持修订，因为他们担心欧洲革命会使贵族流失。美国公民由于担心欧洲革命会压制自由党，也支持修订法案。1798年，联邦党制定了一项法律。根据新法，一名外国人必须等待十四年才能入籍，并且必须在最终文件下达五年前做出意向声明。③ 与此同时，依据英格兰的入境法规，美国国

---

① W.G.布莱耶：《美国新闻业历史中的主要流派》，波士顿，1927年，第127页到128页。——原注
② 《美国国会法案及决议案汇编》，第1卷，第103页到第104页、第414页。——原注
③ 《美国国会法案及决议案汇编》，第1卷，第566页。——原注

会制定了适用于所有外国人的入籍法，授予总统驱逐任何不受欢迎的外国人的权力。煽动罪法案适用于美国人和外国人，目的是控制言论自由。①

从某些方面来看，尽管这项立法是有意义的，但对移民进程没有起到任何积极影响。移民暂时减少，甚至趋于停止。与此同时，爱尔兰处在"平静"状态，爱尔兰政府对人民进行严密监控。对英格兰自由党的迫害也到了尽头。德意志和瑞士通过禁止离境法律，保留了劳动力。现在，法兰西政府控制着荷兰和北海的所有港口，通过严格的护照验证程序成功遏制了移民涌入。②随着时间的推移，美国限制性法令彻底浇灭了欧洲人想要移民到美国的热情。但这种状况很快得到好转。1801年3月，托马斯·杰斐逊及其政党上台执政，撤销了外国人

托马斯·杰斐逊

---

① 《美国国会法案及决议案汇编》，第1卷，第570页到第571页、第596页到第597页。——原注
② 《贝尔的每周通信》，伦敦，1802年1月10日。——原注

入籍法和煽动叛乱法。新的入籍法将入籍年限恢复到五年，[1]美国又变成了数千人未来的避风港。随着新世纪的到来，欧洲的战火迎来了和平曙光。1802年，英国和美国签订了《亚眠条约》，但对军舰和商船的海军监视在1801年已经松懈下来。结果，1801年夏，发生了一场大规模的移民运动。[2]

几年内，欧洲小麦、黑麦和马铃薯等农作物的歉收加速了移民运动。1801年，欧洲农作物总体歉收，导致英国的局势日益严峻，欧洲大陆也处在动荡不安中。英国政府为了规范买卖，采取了有力措施，再次激发了人们移居国外的热情。由于掳掠商船的行为已经得到制止，海上局势趋于稳定。因此，船舱充裕，船价合理。1801年秋天到来前，新移民涌入纽约和费城。这些移民为雇主提供了充足的劳动力，并且极力以低价购买美国人出售的土地。

1802年春，《亚眠条约》的签署带来了和平局势，但损害了美国农民和运货商的利益，因为如果一个阶层失去了获得利益的出口市场，另一个阶层也会因此失去作为中间商的优势地位。结果，由于经济停滞，移民劳动力过剩，直到大批人口迁往新俄亥俄州，以及1803年收购路易斯安那，人口流入到密西西比河宜居的定居点后，这一情况才有所好转。除了有资产的欧洲人，普通人举步维艰。

几个季度以来，英国和欧洲其他国家的大丰收缓解了和平时期的工业萧条境况，[3]但和平局面并没有维持多久。1803年春，欧洲国家再次陷入战争旋涡。海军招募士兵，工厂和军队接纳失业人员。当时，欧洲已经没有剩余劳动力。尽管移民流动仍然稳定，但大多数移民是美国政府不想留下的人，如忠诚度存疑的爱尔兰人，以及由于信仰和性情等原因没有资格入伍的德意志宗教人士。

连续数年，移民趋势保持稳定，直到欧洲禁止中立国的船通过，严密的法兰西军事网封锁了欧洲大陆和大西洋的所有航线。从爱尔兰进入北美洲还有可

---

[1] 《美国国会法案及决议案汇编》，第2卷，第153页到第155页。——原注
[2] 《鲍尔森的美国每日广告报》，费城，1801年6月16日、1801年7月3日、1801年7月21日、1801年8月24日。乔治·兰伯特：《北美加拿大和美国之旅》，第3期，伦敦，1816年，第147页。C.W.詹森：《美国的陌生人》，伦敦，1807年，第452页。——原注
[3] 《贝尔的每周通信》，伦敦，1802年7月11日、1802年10月3日。——原注

能。但1807年12月,托马斯·杰斐逊的禁运政策封锁了美国各港口的商船,最后一条路线也关闭了。1809年春,大西洋所有海上活动及其客运交易完全停止。

　　禁运政策废除后,开心的是北爱尔兰的农民,而不是欧洲人。托马斯·杰斐逊本来希望欧洲的经济危机爆发后,所有限制性法令和指令都能被废止。然而,其他交战国都为自己国家的劳动力找到了出路,但北爱尔兰人及其邻居只能依靠宾夕法尼亚的亚麻籽。一旦供应不足,种植亚麻籽的人没有储备,北爱尔兰人就会陷入困境。1808年春,宾夕法尼亚人播下亚麻种子。这些种子来自荷兰,质量不佳,夏天到来前全部枯萎了。宾夕法尼亚人如果想种植其他农作物已经太晚。接踵而来的是寒冷的冬季。纺纱工没有亚麻,织布工没有纱线,染工和漂白工没有工作,金融机构疲软。①当美国港口开放的消息传来时,北爱尔兰人开始蠢蠢欲动。

　　爱尔兰国内的情况也是如此。由于经济危机,移居国外的人数增加。1809年,爱尔兰国内掀起了一场盛大的移民浪潮,一直持续到1812年英美战争。这场战争再次终结了英美之间的商业往来。但两个原因导致了此次移民没有达到预想的规模。1803年,英国颁布法令,对货船的承重增加了新的限制,提高了航海的成本。②英国议会尽管以人道主义的名义行事,但主要目的是限制人们离境。此外,英国巡洋舰在公海上的活动也起到了一定的威慑作用。英国政府强征劳动力,增加了海军兵力。美国船遭到停运,美国籍公民被抓,想要前往美国的爱尔兰人也不能逃脱同样的命运。

　　移民讲述了抵达费城或纽约港口时的悲惨故事。妇女们诉说丈夫从她们身边被掳走,留下自己带着一群小孩,应对陌生国家的严酷环境。一些谨慎的移民尽管之前从都柏林官员手中拿到了准许离境的证明,但发现如果海军强征他们补充兵力,离境证明没有任何保护效力。其中最有名的事件是,在圣乔治浅滩,"贝利萨留斯"号船上的六十二名乘客被遣送回国。执行任务时,水手们高喊:

---

① 《贝尔法斯特月刊》,1809年第2期,第75页、第155页、第254页、第405页、第485页。C.W.梅森:《爱尔兰的统计记录和地方调查》,都柏林,1814年到1819年,第1卷,第272页到第273页。——原注

② 《地球画报》,第43期,第3章,第56页。——原注

"快点过来！你们不应该去该死的美国。总有一天，我们会扇美国人一巴掌。你们不应该站在美国跟我们作对……我们不会再让那么多移民跑到美国去了。到船上来！"①

1812年英美战争时期，移民运动再次中断。虽然直到1812年6月，美国才对英国宣战，但当时，只有一艘满载德意志乘客的船抵达美国。根据船上一个移民的讲述，航行途中，他乘坐的船遭到英美军舰及私掠船接二连三的袭击。②随后两年，几个爱尔兰人可能溜进了美国，但大部分人没有选择冒险，而是静静等待和平的到来。英美战争爆发时，美国的爱尔兰人仍然被视为外国人，因此度过了一段艰难岁月。爱尔兰移民支持美国向英国宣战，好战的激情堪比西部的"鹰派"，甚至迅速组织了爱尔兰兵团，试图参加英美战争，但没有得到美国政府批准。③相反，美国政府采取了常规的预防措施，要求所有对立国的移民一律进行登记，并且对入籍情况进行了严格审查。事实证明，其他移民的境遇也没有好到哪里去，因为美国政府没有区分英格兰人、苏格兰人和爱尔兰人，将他们全部视为英格兰臣民。④

独立战争爆发时，美国的状况相对孤立。战争期间，形势进一步恶化。1783到1793年，政局不稳，欧洲长达十九年的动荡依然在持续，美国在欧洲事务中纠缠了三年。与这些事件相比，移民问题根本不值一提。美国社会已经习惯不断从国外输入人口，是时候适应一个所有公民都是美国本土人的新环境了。

美国历史的基本事实之一是，1815年后，美国国家主义开始盛行。之前，美国国家主义并不存在。这种趋势体现在文学、经济政策和国际政策方面。尽管历史学家经常将国家主义的发展归因于第二次英美战争，但一场没有得到全体民众支持，并且激起了各阶层矛盾的战争不可能成为国家主义兴起的原因。相反，有人认为，虽然英美之间互相敌对，结局却出乎意料地圆满，同时加速了原

---

① 《三叶草》，纽约，1811年7月6日。——原注
② 阿德雷德·弗里斯：《宾夕法尼亚历史及传记杂志》，1922年第46期，第312页到第333页。——原注
③ 《三叶草》，纽约，1812年9月14日。《爱尔兰报刊和野史月刊》，都柏林，1812年，第95页、第530页到第531页。——原注
④ 《三叶草》，纽约，1812年10月24日。——原注

购买路易斯安那

本已经存在且不可避免的趋势。现在,英美战争期间的儿童已经成年,他们的观点和表现必然会发生改变。购买路易斯安那让美国人对美洲大陆更有信心。此外,移民数量的减少一方面促进了美国的稳步发展,另一方面加速了身份明显的非英国群体的美国化进程。

在所有身份标识中,最明显的标识是语言。1790年到1815年,英国移民发展良好。早在战争爆发前,虽然宾夕法尼亚州格温尼德和布林莫尔的移民沿用了这些地名,但他们发现,这些地名的发音越来越费劲。1750年后,威尔士布道册中再也见不到这些土语了。随着一代代移民的繁衍生息,在胡格诺派社区,法语迅速消失。瑞士语侥幸保留了下来,因为在特拉华河沿岸,瑞士王室派来的牧师仍然坚守在路德教堂内。但美国独立战争终结了瑞士牧师的传教活动,路德教堂会众开始使用英语,其行政管理也被新教圣公会吞并。[1]

---

[1] 《博克斯郡的路德教徒》。A.B.本森、拿伯·贺汀:《1638年到1938年在美国的瑞典人》,纽黑文,1938年,第52页到54页、第58页。——原注

英美战争爆发前,荷兰语和德语似乎已经在美国社会扎根。英语与荷兰语和德语展开竞争。尽管曼哈顿的荷兰籍纽约人已经完全融入大城市的商业生活,但一个世纪前,在新荷兰的其他地方,英格兰人的殖民活动几乎对当地的社会习俗没有产生任何影响。在长岛西部地区、新泽西北部及从哈得孙河流域到奥尔巴尼首府,荷兰人及荷兰统治时期在纽约州和新泽西州的大庄园主过着平静的生活。人们在集市、教堂和家里都使用荷兰语。

移民身不由己地卷入了美国的政治运动。但无论是反对英语化,还是出于爱国情怀推广英语化,或是默许,都无法回避革命带来的新秩序。东河和北河的商业迅速发展,沿岸的仓库和码头连成一线。对岸的荷兰人社区不可避免地受到了影响。哈得孙河向北发展,成为一条巨大的商业动脉,两岸沉睡的村庄感知到了新的机遇,纷纷觉醒。荷兰人不再自给自足。老商人努力掌握陌生的英语单词,年轻人更容易掌握新语言。英语逐渐成为贸易语言。

然而,每周六天的工作日中,很多人一直使用英语,因此不愿意在周日宗教仪式中还使用英语。在这件事上,移民们纠结了一段时间。1775年,在纽约市,荷兰归正教会主管部门拒绝使用英语,认为使用何种语言属于地方内政。但这件事加速了英语的推广进程。教堂会众的记录及少数回忆录记录了关于语言的争议。地方做出的变通为最终解决争端铺平了道路。一开始,牧师每月用英语进行一次布道,后来改成每星期一次。英语的使用率逐渐提高。后来,荷兰语只用于某些德高望重的长老全部出席的特殊场合。同时,《圣经》、圣歌及教理问答都有了英文版本,从而取代了旧版本。儿童生活在全新的基督教氛围中。1815年,除了偏远的乡村地区,其他地方都开始使用英语。①

还有一件值得注意的事,即荷兰语在荷兰家庭中逐渐失去了地位。在一些地方,停止使用荷兰语后很长一段时间,许多荷兰家庭依然使用荷兰语。19世纪

---

① H.A.斯托滕伯格:《牡蛎湾荷兰会众文献史》,纽约,1902年,第39页。亨利·昂德顿克:《首次改革牙买加荷兰教会历史》,牙买加,1884年,第75页。B.C.泰勒:《改革荷兰教会的卑尔根教会编年史》,第3版,纽约,1857年,第26页、第130页、第168页、第305页。《美国改革教会的帕拉斯教会历史》,纽约,1902年,第71页。G.S.罗伯茨:《古斯克内克塔迪》,斯克内克塔迪,1904年,第88页到第89页。北美的改革新教荷兰教会会议:《法令及记录》,纽约,1859年,第1章,第257页。——原注

中叶,这种情况在很多地区盛行。有人证实,甚至到1900年,仍然有人使用荷兰语,[①]虽然说荷兰语的人可能是荷兰移民的后裔,但从1815年起,无论在社交场合还是在知识分子群体中,语言再也无法阻碍移民全面融入美国。

德语的命运因主要群体所处的环境表现出差异,讲德语的人口数量曾是德意志总人口的三倍。遗留在阿尔斯特的封建领主后代和纽约州的莫霍克人受到了与荷兰人一样的影响,并且经历了同样的语言转变。1800年,路德教的纽约州

莫霍克人

[①] 拉尔夫·勒夫:《纽约帕尔茨历史》,阿尔巴尼,1930年,第59页。丹尼尔·范·温克尔:《古老的卑尔根——历史和回忆》,泽西城,1902年,第318页到第319页。B.M.布林克:《苏格提斯的早期历史》,金斯顿,1902年,第119页。G.L.范德比尔特:《弗拉特布什的社会历史》,纽约,1881年,第54页到第55页。《芬兰语的传承》,《古阿尔斯特》,金斯顿市,1914年,第10章,第111页到第114页。——原注

理事会在一项提案中记载道，英语应该成为审议和记录语言。这为英语化运动提供了官方支持。①美国西部和南部的德意志殖民地审时度势，比宾夕法尼亚州和马里兰州同胞更快地接受了新体系和新语言。为了防止年轻人投奔当时广受欢迎的边疆教派，德意志教徒和牧师只好紧跟形势。②

强烈反对美国化的是特拉华州和萨斯奎汉纳州之间平原地区的教会。这些教会中的大量成员是在德意志出生且接受过德意志式教育的人。他们居住的乡村教区与德意志乡村一样，有着浓厚的日耳曼风格。除了这些教区，他们对美国其他地区所知甚少。他们控制着宾夕法尼亚的新教理事会，但新教理事会反过来控制了德意志教民。1804年，新教理事会面临费城的上诉前，语言问题首次浮出水面。过去几年，"英国派"将自己的意愿强加给教会，但他们的要求没有得到满足。新教理事会拒绝了他们，声明教民应该从自身出发解决问题。1805年，新教理事会出现内讧，自诩为"德意志"的教会是否可以"用德语以外的语言进行朝拜和传教"？这表明，德意志人是否可以使用双语成为当务之急。为了内部和平，新教理事会应该做出决断。③最终，新教理事会通过一项决议，规定"宾夕法尼亚州及其邻州现有的路德教会必须保留一个讲德语的教会，没有任何规定允许其教会会议和业务使用德语之外的另一种语言"。④这项争议波及费城的选区。接下来的十年，很多人心怀不满，掀起了骚乱和流血事件，其中可能包括非宗教因素。法庭裁决过程缓慢。最终，德意志和英国教民对语言的使用进行了合理划分。⑤

这项举措在城市是可行的，因为城市只有一个教会，但并不适用于乡镇。新教理事会解决费城的问题几年后，马里兰州又出现了麻烦。1812年，新教理

---

① J.尼科姆：《福音传道会——路德会在纽约举行的长老会议》，纽约，1888年，第33页。——原注
② G.D.伯恩海姆：《德意志殖民地及南卡罗来纳州路德教会的历史》，费城，1872年，第359页、第365页、第384页、第406页、第409页、第420页、第432页。C.W.凯塞尔、W.J.芬克、W.J.汉克尔：《弗吉尼亚州和东田纳西州路德教会的历史》，斯特拉斯堡，1930年，第23页。——原注
③ A.施皮斯等编：《宾夕法尼亚州和邻近州福音路德教会的纪实历史》，费城，1898年，第342页、第344页、第352页。《德意志福音派路德会议下的新教杂志》，费城，第1期，1811年到1812年，第106页。——原注
④ A.施皮斯等：《美国文献史》，第353页。——原注
⑤ J.F.沃特森编：《宾夕法尼亚州和费城编年史》，费城，1870年，第2版，第313页。——原注

戈特蒂尔夫·海因里希·厄恩斯特·米伦伯格

事会会议推荐了一种所有地方教会都适用的方法，即除非大多数会众投票赞成且经教堂议会批准，否则不得使用英语，甚至不得将英语作为一门"辅助语言"。①教会上层由一些年长人士和保守派人士组成，他们都不同意使用英语。在兰开斯特，德高望重的戈特蒂尔夫·海因里希·厄恩斯特·米伦伯格写道："苍天作证，只要我一息尚存，就会抵制英语……"②一些教会实施了新政策，但在宾夕法尼亚州大部分讲德语的乡镇地区，德语仍然占上风。在整体趋势向英语化发展的时候，旧语言的胜利有助于保留20世纪在美国东部城市和工业区之外的美国农村移民特色。

---

① A.施皮斯等：《美国文献史》，第438页。《新教杂志》，第2期，1812年到1813年，第8页。——原注
② G.J.克罗特尔编：《圣三一福音路德教会纪念卷》，宾夕法尼亚州，1861年，第87页。——原注

除了语言问题，不同信仰的人们面临民族精神高涨带来的问题。美国独立战争结束后，一个接一个宗派通过组建全国性组织，宣称自己已经独立于欧洲宗主国。①一场抵抗欧洲牧师唯理论的运动由此展开。教众强调基本教义，简化仪式和礼拜过程。短短几年内，出现了前沿教派，教众经常举办野营集会，其领导者也不是训练有素的人。来自欧洲和在欧洲受过教育的牧师曾经受到追捧，现在却遭到人们的冷落和质疑。早在1784年，卫理公会就通过投票决定不接收"欧洲传教士"，除非是由查尔斯·卫斯理推荐，并且有大主教弗朗西斯·阿斯伯里的书面批准。②1806年，改革后的荷兰教会对此事进行了立法，教会的宗教法院禁止外国人进行布道，除非得到该教所在地区教会委员会的一致同意。③1784年，宾夕法尼亚的路德教会还在讨论如何从德意志吸引更多牧师，1812年开始建议拒绝接受任何欧洲传教士，除非欧洲传教士完成三年的试用期。1819年，新教理事会规定，只有得到德高望重之人推荐的人，才能获得传教资格。④

但长老会采取了最具决定性的措施。1798年，联合教会通过一项规定，要求所有外国牧师向长老会提交证明，并且参加口头测试。测试内容是关于教条方面的。测试合格后，拿到永久许可证前，外国牧师还要经历一年的试用期。与此同时，美国国会通过了著名的《侨民法》，其中的新规定为其赢得了"牧师大会的侨民法"声誉。但其他类似的规定都被废止。弗吉尼亚州和肯塔基州反对国会的决定，1799年，纽约长老会也谴责这项法令，认为它"没有实施的必要，违背《宪法》，没有人情味，自相矛盾"。美国国会的权威受到了挑战，因为两个州议会做了国会认为不适合做的事，即将这项规定报告给长老会，征求长老会的意见。大部分人认为，在当时的条件下，这项规定不仅符合《宪法》，还是可取的。因此，这项规定成为一条永久性法规。⑤

---

① E.F.汉弗莱：《美国民族主义和宗教》，1774年到1789年，波士顿，1924年。——原注
② 卫理公会：《会议纪要》，纽约，1840年，第1卷，第21页。——原注
③ 改革新教荷兰教会会议：《法令及记录》，第1卷，第360页。——原注
④ A.施皮斯等：《美国文献史》，第195页、第444页、第539页。——原注
⑤ 美国长老会大会：《1798年法令及记录》，1799年，第8页到第9页、第16页到第18页。——原注

教会中日益高涨的国家主义以另一种方式表现了出来。虽然边境地区接受了没有受过正规培训且难以确保教义正统性的牧师，但一些比较老的社区并不信任外国人，要求建立一种机构，以美国方式培养美国青年。要想实现这个目标，必须循序渐进，因为教育资质需要慢慢积累。经过一段时间后，这一目标成为现实。1800年到1830年，许多高级中学、院校和大学相继成立。这些学校是第一次美国化的产物。

据说，1790年到1815年，美国的移民人数不足二十五万。尽管官方认可这一数据，但这一数据缺少证据。[①]对同一时期的不完整数据进行深入研究，得出的结果证实了这一数据。也许，当时移民到美国的实际人口数量比统计的多，但由于其中许多人是来自法兰西、爱尔兰和西印度群岛的临时难民，因此，有真正移民意向的人数和估计的差不多。在情感上，这些移民已经和欧洲断了联系。在一个备受战争折磨的世界中，不可能存在正常的人际交往。很多人由于各种理由，试图忘记自己决意放弃的生活。在一个国家意识日益增强的国家，外国人的到来非但没有阻断国家意识的进程，反倒推动了这一进程。

---

① 美国统计局：《入境特别报道》，华盛顿，1872年，第5期。——原注

第4章
新起点

精彩看点

移民运动新起点——推动移民进程的因素——和平的社会环境为欧洲人提供了了解美国的机会——重建欧洲内陆交通网——制止英国人移民美国——美国的剩余劳动力迅速减少——"无夏之年"——芭芭拉·冯·克鲁代纳——无家可归者幻想破灭——橄榄和葡萄协会——建立民族定居点——美国政府的移民政策——大批移民涌向加拿大——美国的经济崩溃——劳工中介破产

  1815年可以说是最引人瞩目的一年。历经二十五年的战争、混乱和恐惧之后，新纪元的到来重新燃起了人们的希望。一个科西嘉岛人以法兰西帝国的名义，拿起武器，血洗欧洲大陆，最后成为地中海一座岛屿的囚徒。维也纳的安定势力和绥靖势力正在重建破碎的政治结构。随着和平得到保障，工商业绘制了广阔的发展蓝图。拿破仑·波拿巴从厄尔巴岛凯旋到滑铁卢战役惨败，百日王朝的插曲给欧洲蒙上了一层阴影。但1815年仲夏，一切重新焕发生机。对欧洲人来说，这是一个新的开始。

  不过，二十五年的商业动荡局势无法立刻回归正常。1815年，很少有运木船抵达爱尔兰，因为在加拿大，伐木业没有市场。此外，宾夕法尼亚的亚麻籽也很少出口。①在利物浦，装满英国货物的商船急着前往美国，不愿载满乘客。②直到1815年6月滑铁卢战役结束后，低地国家，包括荷兰、比利时和卢森堡，才试图重建以前的贸易帝国。因此，1815年夏天悄无声息地过去了，没有发生大规模的西欧移民运动。但纽芬兰就像一块强劲的磁铁，早在1814年就凭借捕鱼业和武装民船业的繁荣，吸引了七千多名爱尔兰人。三千名爱尔兰人抵达圣约翰后，发

---

① W.F.亚当斯：《1815年到饥荒年的爱尔兰及爱尔兰移民》，纽黑文，1932年，第72页。——原注
② W.F.亚当斯：《1815年到饥荒年的爱尔兰及爱尔兰移民》，纽黑文，1932年，第70页到第71页。——原注

现和平其实意味着压抑。面对爱尔兰移民的窘境,英国政府只好伸出援手,发出警告。①

1815年秋,到达美国的移民越来越多。美国商人很快买光了进口商的存货。因此,贸易代理商蜂拥来到英国商业中心,订购了更多商品。1815年9月到1815年12月,商船船长满载旅客回到美国。这些乘客的数量之多令人惊讶。英国农民、苏格兰高地人和德意志契约劳工来到纽约与费城,染病的水手弃船离开,船员意志消沉,当地官员沮丧无策。②法兰西工人和难民逃离了政局不稳的法兰西帝国,爱尔兰农民迫不及待地登上停靠在北爱尔兰港口的第一批美国商船。尽管移民数量有所增加,但1815年抵达美国的移民依然不足五千人。

1816年,移民运动得到了其他力量的推动。1815年,英格兰和爱尔兰农民预料到,国内产品的需求量会减少,于是提议英国议会通过一项新《谷物法》,以应对国际竞争。③但任何立法都无法规避高租金、劳动力缺乏、边缘地耕作对农业系统的影响。此外,工人从战时产业部门遣散,回到了自己所在的教区,导致济贫税开始上涨。拥有长期租约权的租户竭力履行自己的义务,拥有租赁权的业主发现自己几乎没有利用价值。1816年春,英国的农业前景空前灰暗。④

战争期间,欧洲各国的土地法期限不同以往,农业扩张方式更温和,有效阻止了农村地区的经济崩溃。欧洲面临的主要问题是工业萧条。以前,在瑞士和德意志南部一些地区,法兰西人和法兰西军队购买家庭小作坊和乡村工厂生产的产品。但现在,法兰西政府力求通过贸易保护主义提高对邻国的关税壁垒,从而实现民族复苏。欧洲各国政府试图通过相似的方式维持因战争推动而兴起的

---

① 查尔斯·佩德利:《纽芬兰早期到1860年的历史》,伦敦,1863年,第289页、第304页到第305页。W.F.亚当斯:《1815年到饥荒年的爱尔兰及爱尔兰移民》,纽黑文,1932年,第71页、第109页到第110页。——原注
② 《尼尔斯周刊》,第8期,1815年,第245页、第320页;第9期,1815年到1816年,第150页、第258页、第299页。——原注
③ 《地球画报》,第55期,第3章,第26页。——原注
④ 约瑟夫·皮克林:《是否要移民》。《一位英国农民的自述》,伦敦,1830年,第1页。《农民杂志》,爱丁堡,1816年,第17期,第257页、第381页;1817年,第18期,第119页;1821年,第22期,第144页。——原注

本地产业。在没有贸易的国家，人们无事可做，精神沮丧，甚至之前逃到这里的人也预见到灾难即将来临。欧洲工人中的移民想法盛行。①

持续了二十多年的欧洲冲突引发的不安情绪是推动移民进程的另一个因素。士兵跟随军队从一个国家前往另一个国家，看到了新的景象和不断改变的生活环境。与此形成鲜明对比的是枯燥乏味的本地乡村生活。海的另一边为士兵们提供了新奇而有趣的冒险。和平条约的签订激起了越来越多人的移民欲望。条约第十七条规定，六年内，想要移居他国的人无须缴纳财产转移税。②莱茵河沿岸的许多国家执行了条约规定，成千上万人离开祖国，前往美国。③这项条约将大规模移民缩短到了几年内。但在正常条件下，达到如此庞大的移民数量需要好多年。

和平的社会环境为欧洲人提供了了解美国的机会。随着商业关系的新建，人际关系也逐渐复苏。不曾联系的朋友和亲戚邀请亲友前往海外殖民地，并且垫付了船费，盛情难却。宾夕法尼亚州的德意志人到莱茵河沿岸和美因河周边地区讲述美国的美好前景。有关肯塔基州和印第安纳州葡萄园成功案例的报道激起了瑞士人的斗志。④在欧洲各地村庄，美国肥沃的土地、充足的劳动力和自由的氛围是人们热议的话题。

重建欧洲内陆交通网的进程缓慢。滑铁卢战役结束一年后，法军撤回法兰西。军队拥堵在路上，所有运输工具全部用来运送军队物资和供给。但1816年，在巴塞尔和荷兰港口，一个客运公司派定期往返的船负责移民事项。⑤与此同时，第一艘轮船从鹿特丹溯河而上，到达了科隆。这一事件标志着新航海时代的

---

① 《洛桑公报》，1816年6月28日。罗伯特·佐里科夫：《1817年瑞士东部：圣加仑和阿彭策尔州》，圣加仑，1818年，第189页。——原注
② G.F.马腾斯：《法兰西与奥地利及其盟国签署的和平条约》，《新条约合集》，哥廷根，1817年到1842年，第2卷，第9页。——原注
③ 梅森·D.勒尼德：《德意志国家档案馆关于美国历史的手稿材料指南》，华盛顿，1912年，第49页。——原注
④ 《时代周刊》，伦敦，1817年3月24日。《北美新瑞士》，《瑞士月刊》，苏黎世，1816年，第1期，第30页到第32页、第45页到第48页。H.C.E.冯·佳格恩：《我的政治地位》，斯图加特，1823年到1845年，第3章，第146页。——原注
⑤ 尤金·菲利普维：《德意志移民和移民政策》，莱比锡，1892年，第109页到第110页。——原注

到来。①但当时的航海设施还不完备。1816年的移民潮即将到来。莱茵河上游的造船厂需要尽快制造平底船,以应对交通运输问题。②

迄今为止,只有英国采取了旨在影响移民数量和进程的政策。战争期间,有关加拿大的事件表明,边境地区的人不够忠诚。显然,如果移民被吸引到具有战略位置的城镇定居,那么缺乏忠诚度的情况是可以避免的。为此,英国政府决定进行一些新的尝试。1815年春,英国政府以牺牲政府利益为代价,向加拿大输送了几批苏格兰人。③滑铁卢战役后,殖民地政府制定的永久性补贴政策于1816年被废除。④因此,移民定居计划戛然而止。

与此同时,英国官员借助几乎已经被人遗忘的1803年法令,试图制止英国人移民美国。这项法令规定,英国船每两吨载运可携带一名乘客,但外国船每五吨载运才能携带一名乘客。⑤1815年12月,在爱尔兰港口,美国驻伦敦大使约翰·昆西·亚当斯听到美国船长抱怨即将生效的限制条件。⑥约翰·昆西·亚当斯确信,该限制条令的真正目的是明确移民美国的人数。他向英国外交部指出,这种歧视违反了1815年7月3日制定的《商业条约》。⑦谈判持续了几个月。英国外交大臣卡斯尔雷子爵罗伯特·斯图尔特犹豫是否要将乘客归为商品。然而,1816年4月27日的一项命令规定,英格兰和苏格兰港口的美国船与英国船拥有相同限额。1816年7月1日,英国议会确认了这项规定。此前,爱尔兰港口的美国船一直处在不利地位。但法令生效时,离境季已经过去。⑧

---

① 克里斯蒂安·埃凯尔:《19世纪的莱茵河航行》,《国家和社会科学研究》,莱比锡,1900年,第18期,第五章。——原注
② 《洛桑公报》,1816年5月24日。——原注
③ 海伦·考恩:《1783年到1837年英属北美英国移民》,多伦多,1928年,第66页到第74页。——原注
④ A.R.M.洛厄:《1812年到1820年加拿大移民和定居》,《加拿大历史》,1922年,第3期,第45页。——原注
⑤ 《地球画报》,第43期,第3章,第56页。——原注
⑥ 约翰·昆西·亚当斯:《文章》,纽约,1913年到1917年,第5卷,第562页;第6卷,第54页。——原注
⑦ W.M.马洛伊:《1778年到1909年美国与其他大国缔结的条约、公约、国际法令、议定书和协定》,华盛顿,1910年,第1卷,第624页到第627页。——原注
⑧ 约翰·昆西·亚当斯:《文章》,纽约,1913年到1917年,第6卷,第54页到第105页。《地球画报》,第56期,第3章,第114页。——原注

约翰·昆西·亚当斯

然而，从1816年早春到晚秋，航行在大西洋的船一直满载乘客。从利物浦到纽约的费用高达十英镑，除了燃料和水，什么都不提供。①只有富有的人才能支付这笔费用，或者像法兰西难民一样的人，因为他们移民美国并不是完全出于经济原因。报纸对美国移民的高素质表示赞扬，尤其注意到了移民中的许多法兰西人。②大众倾向于将法兰西移民看作拿破仑·波拿巴时期的流亡者，或者波旁王朝复辟后逃出来的军官和政治家。事实上，法兰西移民中的许多人并不关

---

① 《贵族对移民的指示》，波士顿，1819年，第55页。——原注
② 《尼尔斯周刊》，1816年，第10期，第352页、第431页；1816年到1817年，第208页。——原注

心政治，他们都是技工，因工业发展前景不确定而对未来充满恐惧。至于来自阿尔萨斯说法语的农民，他们移民的原因与莱茵河对岸的德意志人相似。①

除了法兰西人，欧洲大陆对美国西进运动影响甚微。载着瑞士人和符腾堡人的几艘船在费城登陆。这些人中如果有亲戚在美国，或者本人是出卖劳力抵偿船资的移民，就很容易被宾夕法尼亚的雇主和农场主招工。②1816年夏，移民潮达到高峰。1816年整个秋天，移民不断涌入美国。希泽克雅·奈尔斯满腔热情地预言，1816年的移民总数将达到五万人。③后来几年中，希泽克雅·奈尔斯经过冷静思考，认为在1816年的迁徙季，移民人口达到两万人。这一数字无疑更接近实际情况。④

起初，美国的就业机会很多，因为战争期间，许多东部城市，尤其是纽约，在房屋、仓库、码头、商店和办公室建造方面落后于其他地方。承包商需要泥瓦匠、石匠、木匠、木工和搬运工，并且承诺向工人预支一定薪水。也许正是由于有工作保障，很多美国人愿意提供预付船费。了解这些情况后，许多移民不惜拿出手中仅有的积蓄，作为船费。⑤其中，许多工人来自爱尔兰。⑥事实上，当时的爱尔兰移民主要聚集在美国沿海地区。⑦但随着新移民数量的增加，承包商发现自己无法雇用所有新移民。纽约到处是找不到工作的工人。这些人不得不向境遇稍好的同胞求助。⑧为了应对这一情况，爱尔兰社区的领导人组成了三叶草友好协会，为爱尔兰移民提供临时帮助，并且通过函件和报纸鼓励新移民去

---

① 《船业广告商和交易所公报》，1816年8月17日。《伦敦纪事报》，1815年10月10日。《尼尔斯周刊》，第9期，第151页、第258页；第10期，第92页、第316页、第384页。《三叶草》，纽约，1815年12月30日。J.S.里弗斯：《拿破仑时期的流亡者》，巴尔的摩，1905年，第9页到第10页。——原注
② 《尼尔斯周刊》，第10期，第334页、第401页、第412页。——原注
③ 《尼尔斯周刊》，第11期，第115页。——原注
④ 《尼尔斯周刊》，1821年，第20期，第192页。——原注
⑤ 《1815年至今纽约商贸评论》，纽约，1820年，第29页。约翰·帕尔默：《1817年发行的北美和下加拿大的旅行杂志》，伦敦，1818年，第26页、第34页。《尼尔斯周刊》，第8期，第234页；第9期，第171页。《卡里克早报》，都柏林，1818年6月24日。《美国，为独立而战》，莱比锡，1818年8月，20号；1819年3月23日，23号。——原注
⑥ 约翰·梅利什：《游历美国》，贝尔法斯特，1818年，第622页。约翰·布里斯特：《美国及其资源》，伦敦，1818年，第387页。——原注
⑦ W.F.亚当斯：《1815年到饥荒年的爱尔兰及爱尔兰移民》，纽黑文，1932年，第87页。——原注
⑧ W.F.亚当斯：《1815年到饥荒年的爱尔兰及爱尔兰移民》，纽黑文，1932年，第89页。——原注

卡斯尔雷子爵罗伯特·斯图尔特

美国内地寻找就业机会。很多爱尔兰移民去了"三叶草友好协会"推荐的地方。1816年秋，虽然仍然有大量移民涌入美国，但美国的剩余劳动力迅速减少。①

与此同时，为了摆脱困境，英国外交大臣卡斯尔雷子爵罗伯特·斯图尔特提议将英国移民转移到加拿大的无人居住区。然而，找不到工作的移民大力谴责卡斯尔雷子爵罗伯特·斯图尔特的提议。1816年年底前，卡斯尔雷子爵罗伯特·斯图尔特得到授权，给愿意从纽约到其他地方谋生的英国人每人十美元。②接下来的几个月中，一千六百三十名滞留难民得到了援助。③英国的报纸和期刊

---

① 《三叶草》，纽约，1816年8月3日、8月17日。该协会发表的提议是《对打算在美国永久居住的欧洲移民的暗示》，伦敦，1817年。——原注
② 外交部致詹姆斯·布坎南的信，1816年12月4日。——原注
③ 外交部致詹姆斯·布坎南的信，1817年11月5日。——原注

对这一事件大做文章,评说移民的危害。返回祖国的移民证实了卡斯尔雷子爵罗伯特·斯图尔特的话。1817年春,美国的潜在移民数量大幅减少。[①]

然而,事实并非如此,因为新的情况不断出现。1816年秋天到来前,公众的注意力已经从移民的危害性转移到了自然灾害上。作为一个"无夏之年",1816年长久留在了大西洋两岸人们的记忆中。1816年9月月底,约翰·昆西·亚当斯在伦敦写道:"1816年,没有哪一晚或哪一天没有火灾蔓延。"[②]整个西方世界,从中部欧洲山脉到北美内陆大峡谷,所有农民都在竭力对抗严寒、霜冻、暴雨和洪水。除了战争遗留问题,到处是新的磨难和愤懑之声。

苏格兰的极端天气打破了人们的所有希想。1816年的冬天来得很早,1817年春天也没有带来多少改变。整个1816年夏天,冻雨和冰雹袭击了美国低地城市,山上白雪皑皑。农民出门采摘干瘪的谷物,却发现男孩们在田野上滑雪橇。[③]爱尔兰报纸也报道天气湿冷、多云。1815年,虽然市场里农产品供应过剩,但现在,农民的存货很少。由于沼泽太过潮湿,农民们无法给房子补上草皮。[④]欧洲的情况与美国极为相似,雨水和寒冷天气导致自然灾难加重,破坏了莱茵河堤坝,导致其支流河谷水位升高。农场被水淹没,家畜和建筑被洪水冲走。1816年8月月初,天气转晴时,一场猛烈的暴风雨袭来,将果树和林木连根拔起,动物成群死去,大量溪流涨水。[⑤]虽然瑞士逃过一劫,但地震和雪崩让瑞士人损失惨重。[⑥]

"无夏之年"的庄稼几乎颗粒无收。一方面,由于英格兰和苏格兰的粮仓并

[①] 《伦敦纪事报》,1816年9月19日到20日、1816年10月1日到2日、1816年10月19日到20日、1817年4月19日到21日、1817年7月19日到21日、1817年8月7日到8日。——原注

[②] 约翰·昆西·亚当斯:《著作》,纽约,1913年到1917年,第5卷,第89页。——原注

[③] 《农民杂志》,1816年,第17期,第483页到第484页、第491页、第495页、第500页;1817年,第18期,第121页。——原注

[④] F.巴克:《都柏林科克街康复医院及热病医院的医疗报告》,都柏林,1818年,第4页、第44页。威廉·哈蒂:《1817年、1818年和1819年爱尔兰传染病流行的原因、进展、病情和死亡率的历史写照》,都柏林,1820年,第113页、第115页。——原注

[⑤] 《汇报》,奥格斯堡,1816年7月14日、1816年7月25日、1816年8月12日。J.U.比希勒:《从圣加仑陆地和海上航行到北美和西印度群岛》,圣加仑,1820年,第10页。威廉·桑德考伦:《1816年到1817年特别考虑莱茵河下游的条件》,1927年,第5页。——原注

[⑥] 《洛桑公报》,1817年,3月28日。——原注

没有完全耗尽，另一方面，由于人们指望从美国进口大量粮食，因此，英格兰和苏格兰的粮食价格持续走低。在爱尔兰，马铃薯产量不足，燕麦作物歉收，人们只能通过政府救济和私人慈善机构度过饥荒的冬天。①事实证明，莱茵河沿岸的德意志居民和瑞士居民并没有那么幸运。在波罗的海港口，虽然政府当局和粮食商大量采购粮食，各国政府也禁止出口当地粮食，但并没有阻止粮食价格上涨。战争最后几年耗尽了人们的粮食储备，大风和天气因素使从波罗的海经北海到荷兰港的船迟迟无法到达。1816年初冬，河流和运河冻结。1817年的春天迎来了新的降雨。直到1817年7月，1816年秋天订购的大量食物才抵达莱茵河上游。但当时早季作物丰收，饥荒危机已经得到缓解。②

1817年春冬之间正是饥荒之月。1827年，进入训练营的士兵的体格似乎暴露了"无夏之年"的艰难困苦。路上的饿殍屡见不鲜，许多人因发烧失去生命，成千上万人靠"施食处"的救济才得以存活下来。乡村道路上挤满漫无目的闲逛的农民。他们在村里的集市上露宿，围着房屋向一些人乞求帮助。③社会动荡为煽动者提供了机会。几乎每个社区都出现了农民先知。他们预言苦难将继续下去，同时为来世永享幸福布道忏悔。④

农民先知中出现了一个与众不同的传道者——芭芭拉·冯·克鲁代纳。芭芭拉·冯·克鲁代纳是一个了不起的女人。她说自己认识皇帝和国王，还承诺在地球上建一个天堂。她手下有四十人及众多追随者。芭芭拉·冯·克鲁代纳带领这些人从一个教区走到另一个教区，从一个行政区走到另一个行政区，向饥饿的人们分发食物，唤起人们对遥远的富庶土地的向往之情。在北美洲，统治者以仁爱治国，那里是西欧人的避风港。有些人怀疑芭芭拉·冯·克鲁代纳是一名俄国

---

① 《农民杂志》，1817年，第17期，第428页。——原注
② 《汇报》，1816年11月13日、1817年1月14日、1817年2月11日、1817年11月29日。《德意志季刊》，斯图加特，1843年，第4号，第224页、第226页到第227页。《紧急年代》，1816年，第17期。——原注
③ 罗伯特·佐里科夫：《1817年瑞士东部：圣加仑和阿彭策尔州》，圣加仑，1818年，第9页到第11页、第20页、第48页。《内卡报》，1828年3月1日。——原注
④ 《汇报》，1816年2月22日、1816年4月6日、1816年10月26日、1816年11月30日、1817年2月24日、1817年10月22日、1818年2月13日。《洛桑公报》，1817年5月13日、1817年5月27日。——原注

间谍,试图吸引更多人到高加索地区定居。于是,在没有任何征兆的情况下,瑞士军方突然夜访芭芭拉·冯·克鲁代纳的营地,将她和她的追随者们遣送到边境,并且命令当地人返回家园。①芭芭拉·冯·克鲁代纳虽然没有受到骚扰,但从此失去了拥护者,很快失去了影响力,再也没有发动有组织的大规模移民。

然而,芭芭拉·冯·克鲁代纳引起的骚动对人口迁徙产生了一定影响。1817年夏,七百多名门诺派教徒通过陆路,开始了从符腾堡到南部俄罗斯平原的漫

芭芭拉·冯·克鲁代纳

---

① 《文化水平较高的阶层晨报》,斯图加特,1817年7月16日、1817年7月19日、1817年8月11日。《汇报》,1816年7月6日、1817年7月12日、1817年8月15日。——原注

沙皇亚历山大一世

长迁徙。沙皇亚历山大一世沿用了俄罗斯帝国的传统政策，除了给予移民土地和物资，还给予移民军事豁免权。[①]虽然是沙皇的代理人收容了移民，但芭芭拉·冯·克鲁代纳对东方"应许之地"的设想无疑促使移民下定了决心。

在一个对物质的考量超过宗教和神秘主义的圈子里，外交大使都很忙碌。在1816年到1817年的冬季，荷兰航运公司的代表们散布消息说，从鹿特丹和阿姆斯特丹经过大西洋运输货物免费。[②]在与潜在移民的直接对话中，荷兰航运公司的代表们明确表示，将采取出卖劳力抵偿船资的移民方式。但大众报道抓

---

① C.H.史密斯：《俄罗斯门诺派的到来》，伯尔尼，1927年，第2章。——原注
② 《外交事务》，普鲁士档案馆，柏林，第3卷，第5276号。——原注

住消息的前半部分做文章，促使成千上万家庭赶赴荷兰。1817年3月，很多欧洲人开始了迁徙。显然，来往于莱茵河的船无法容纳大量移民。很快，河两岸的道路上就挤满了衣衫褴褛、不知所措的移民。这些移民常常在泊位填满之前赶到船边。①然而，赶到船边后，他们发现，船运代理商只接受最健壮、最熟练的人出卖劳力抵偿船资，并且条件十分苛刻。只要有可能，就会有人愿意用珍藏的金块支付船费，但人满为患时，船费高涨，价钱高得离谱，即使是金块也不行。最终，任何价格都买不到船上的一席之地。

由于羞于回到已经离开的地方，移民们或挤进阿姆斯特丹的公寓，或流落街头。②尽管阿姆斯特丹以善待外地人闻名，但据估计，私人慈善机构无法救助被困的三万名潜在移民。阿姆斯特丹当局匆忙在城墙外搭起临时棚屋，以便在更多船到达前，为贫困家庭提供住宿。③许多人被迫离开了阿姆斯特丹。一项皇家法令阻止后来的一些移民进入荷兰，仅允许少数拥有当地担保人的移民进入。担保人需要保证移民的初期生活。④

大多数无家可归的人幻想破灭，并且身无分文，只好放下自尊，徒步回家。归途可谓充满艰辛。尽管返乡的移民行李很少，但有很多孩子，因此疲惫不堪。很多人怀里抱着婴儿，手里牵着衣衫褴褛、步履很慢的孩子。晚上，行路人露宿在村子旁，向村民求援。与此同时，当地警察对行路人非常粗鲁。行路人排着散乱的队伍继续前进时，遇到了从莱茵河上游来的另一队人。这队人中的很多人已经对负面报道感到灰心，于是折转了方向。最终，返回家乡后的移民给当地政府带来了难题。这些不幸的人穷困潦倒，无家可归。找到新工作前，他们只能依靠公共救助度日。⑤

---

① 《汇报》，1817年3月7日、1817年4月17日、1817年5月9日、1817年5月29日。《伦敦纪事报》，1817年6月5日到6日、1817年6月14日到16日。《洛桑公报》，1817年4月4日。——原注
② 《外交事务》，普鲁士档案馆，柏林，第2卷，第5276号、第6667号。——原注
③ 《洛桑公报》，1817年7月18日。《汇报》，1817年6月11日。《伦敦纪事报》，1817年6月14日到16日。——原注
④ 《汇报》，1817年6月10日。《洛桑公报》，1817年6月13日。——原注
⑤ 《洛桑公报》，1817年6月15日、1817年6月18日。《汇报》，1817年5月27日、1817年6月11日、1817年7月2日。《外交事务》，普鲁士档案馆，柏林，第2卷，第3747号、第5276号。——原注

虽然英国国内的移民意愿十分强烈,但没有发生类似的混乱局面。海港离城市不远,移民能得到完整且具体的消息。尽管贫困笼罩着整个英国,但外迁主要发生在英格兰,因为英格兰的自耕农拥有足够的钱支付路费。①无论威尔士人、苏格兰人和爱尔兰人多么渴望离开,最后都碰了壁,因为虽然港口有许多载货船,但路费依然很高。人们普遍认为,出现这一情况是由于英国乘客法令的限制。事实证明,这个观点是正确的。1817年春,英国政府修订了法令。随后,前往圣劳伦斯和加拿大沿海地区的路费有所降低。②大量移民开始涌入英属北美殖民地。其中,许多移民刚到加拿大新斯科舍和新不伦瑞克,就立刻乘船前往美国。

《船级社》的记者希泽克雅·奈尔斯对同行做出的惊人估计感到疑惑,因此,他试图通过研究日报上的航运清单获得可靠数据。1817年9月月底,他估计这一年的移民数量将有三万人,其中两万人来自不列颠群岛,八千人来自德意志,两千人来自法兰西。③1818年1月,报道显示,约有一万五千人分别抵达纽约和费城。④这一事实似乎证实了希泽克雅·奈尔斯最初的估计,因为在联邦政府统计准确数据的最初几年里,纽约和费城的移民通常占移民总数的一半左右。

短短一年之内,美国增加了三万多名居民。由于经济形势的变化,前几个季度虽然移民数量少,但移民经历的困难比现在大。1812年的边境战争消除了印第安人的威胁,1815年恢复和平,人口再次向美国西部迁徙。刚开始,人口流动缓慢,后来不断加速,约1817年进入高峰期。美国东部的农民们急于迁徙到山区以外的新定居点,于是将土地和股票低价出售给有支付能力的移民。⑤很快,

---

① 《周刊》,1817年,第12期,第185页;第13期,第59页。《农民杂志》,1817年,第17期,第111页;1818年,第18期,第222页。——原注
② 《卡里克早报》,1818年3月5日。W.F.亚当斯:《1815年到饥荒年的爱尔兰及爱尔兰移民》,纽黑文,1932年,第79页、第88页到第89页、第92页到第94页。——原注
③ 《尼尔斯周报》,第13期,第35页。——原注
④ 《尼尔斯周报》,第13期,第314页、第360页。——原注
⑤ 约翰·奈特:《英国人在美国写给英国朋友的原始和近期信函的重要摘录》,曼彻斯特,1818年,第41页。詹姆斯·弗林特:《来自美国的信》,爱丁堡,1822年,第54页。H.B.费伦:《美国概览》,伦敦,1818年,第198页。约翰·帕尔默:《1817年发行的北美和下加拿大的旅行杂志》,伦敦,1818年,第15页。——原注

在一些较大的农场,前往西部的新移民发现了工作机会,成为铁匠、木匠或石匠。①不过,大多数进入俄亥俄州的新移民希望拥有自己的农场。

新移民的经历再次说明了一个基本道理,即拓荒是一条只有少数人才能走通的道路。翻山越岭的路途比移民们预料的更漫长、更艰难。花在路途上的费用占迁徙总费用的大部分。许多人被困在沿途的城市和村庄里。即使最终到达目的地,移民们也会发现,最肥沃的土地早已被投机商占领。如果继续向偏远地区跋涉,前景并不光明。②由于面临诸多困难,移民们渐渐发现,有必要集体定居。既然他们能够通过共同资源和集体努力得到想要的土地,同时取得经验、排遣孤独,那么为什么不联合起来呢?

美国的一些地方已经开了先例。1816年年底,为了改变恶劣的环境及其他人对未来的不乐观态度,几个能干的法兰西移民与一些善良的美国市民一起,向美国国会申请出售镇区土地。由于条件优厚,许多人称其为"恩惠"。请愿者说,法兰西人能为美国农业做出巨大贡献,因为他们知道如何种植葡萄树和橄榄树。美国人如果学会这门技术,可以让美国摆脱必须从地中海进口葡萄酒和橄榄油的现状。这说明现有土地政策需要做出改变。美国国会深受触动。因此,1817年,通过借贷,美国将阿拉巴马的汤比格比河流域的四块镇区土地卖给了一个临时成立的组织——橄榄和葡萄协会。③

橄榄和葡萄协会立即招募了一些法兰西人。其中,许多人没有在葡萄园和橄榄林工作的经验,也没有资金。橄榄和葡萄协会招募的第一批法兰西人被派往南方,通过拓荒建立城镇。这些法兰西人发现,阿拉巴马还处在原始状态,一部分印第安人依然生活在割让地,之前的调查并不全面,边界线也不明确。直

---

① 弗朗西斯·霍尔:《在加拿大和美国旅行》,伦敦,1818年,第11页。约翰·帕尔默:《1817年发行的北美和下加拿大的旅行杂志》,伦敦,1818年,第103页。H.B.费伦:《美国概览》,伦敦,1818年,第228页。《卡里克早报》,1818年6月24日。——原注
② 约翰·奈特:《英国人在美国写给英国朋友的原始和近期信函的重要摘录》,曼彻斯特,1818年,第12页、第37页。W.T.哈里斯:《1817年、1818年和1819年游历美国见闻》,伦敦,1821年,第123页、143页。——原注
③ 《国会年刊》,华盛顿,1834年到1856年,第30期,第十四届国会第一次国会附录,第1313页到第1314页。P.J.特里特:《1785年到1820年国家土地系统》,纽约,1910年,第309页。葡萄会和橄榄会成员在第十八届国会第二次会议上列出,《众议院执行文件》,第87号。——原注

到艾格尔维尔镇建成后,拓荒者才知道,他们虽然可以使用土地,但并没有所有权。被迫搬走后,他们无法重燃最初的热情。尽管如此,另一个村庄还是出现了,并且划定了农场之间的界限,吸引了越来越多的冒险家。接下来的十年里,约二百名移民努力履行自己的义务。①

早在法兰西移民失败前,美裔法兰西人已经开始重点关注另一项宏伟计划。在美裔法兰西人当中,大多数有钱人并不满足于做碌碌无为的葡萄酒商或果园工。亚拉巴马州以外不仅有定居机会,还有冒险和发财机会。一些敢于冒险的人提议,在得克萨斯平原上建一个名为"尚·德澳诗莱"的军人殖民地。一些移民领导者抛弃了自己的同伴,得克萨斯成了剩下的移民的寄托。②1817年12月,第一支探险队起航。1818年春,在加尔维斯顿,一支法军指挥官拉勒芒将军和大规模援兵加入探险队。但由于印第安人和墨西哥人的干扰,加上恶劣的气候和飓风天气,最终,这项雄心勃勃的移民计划彻底泡汤。幸存者依靠传奇海盗让·拉斐特提供的援助,以及在法兰西国内获得的慈善捐款,存活了下来。③

由于冒险以失败告终,同一时期更切实际的移民计划也饱受质疑。许多谣言开始流传。一些人认为,这是为反抗西属拉丁美洲殖民地进行的一次军事征伐。另一些人私下讨论,认为美国政府试图巩固得克萨斯地区尚存争议的所有权。大多数人认为,领导者通过操纵亚拉巴马州的土地转让权,获得了巨大利益,并且利用土地转让所得资助拿破仑·波拿巴时代的退伍军人④。如果最后一个观点是正确的,那么亚拉巴马州的定居者就公然违反了之前签订的协议。任何向美国国会提出类似请愿的团体,都会受到质疑,其计划也会受到严格审查。

爱尔兰人首先意识到了这一情况。法兰西人的提议一公布,爱尔兰杂志

---

① P.J.特里特:《1785年到1820年国家土地系统》,纽约,1910年,第309页到第315页。里夫斯:《拿破仑逃亡者》,第35页到第36页、第38页、第42页。《美国历史、政治和文学报纸》,费城,第4期,第239页、第335页;第5期,第130页、第241页、第277页到第284页。——原注
② L.F.赫德里特:《得克萨斯州地理与历史年表》,巴黎,1819年,第15页到第16页。——原注
③ 《美国历史、政治和文学报纸》,费城,第6期,第237页、第333页、第367页。——原注
④ 《环球箴言报》,巴黎,1818年9月29日。《伦敦记事报》,1818年10月10日到12日。《尼尔斯周刊》,1818年到1819年,第15期。——原注

《三叶草》的编辑就质问道："为什么不能以同样的方式建立爱尔兰殖民地呢？"①1818年夏，这位编辑重复了自己的问题，并且讥讽反对自己的人。一些人认为，建立紧凑的民族定居点是一项不明智的政策。这位编辑问道，两三千个手无寸铁的家庭能"冲出森林，推翻得到数百万公民拥护的政府吗"？他声称，爱尔兰人不会对美国构成威胁，因为他们早已亲美。②1817年12月，美国国会召开会议时，收到了来自纽约、费城和巴尔的摩等地爱尔兰协会的请愿书。③爱尔兰人要求美国国会撤销现有的土地条例，接受长期信贷，同时将伊利诺伊的一个城镇分给爱尔兰人居住。他们认为，这一行动既帮助了身无分文的移民，又加快了伊利诺伊周边地区的发展。

1818年2月，在大会上，美国众议院公用土地委员会针对爱尔兰人的请愿做了报告，反映了势不可挡的公众情绪。众议院驳回了请愿，并且指出，一旦爱尔兰人开了先例，其他民族就会争相效仿，这样一来，外籍人口将得到特权，本国公民会受到排斥。④但众议院接受了报告后，骚动便平息了。在这一高度民族化时期，社论表现出保护美国人民鲜明个性和国家工业的坚定决心。⑤

在争取特权的人当中，有一个英格兰人，他正在酝酿一项雄心勃勃的计划。这个人叫莫里斯·伯克贝克，是一名富有的英国农民，曾利用新型农业科学获得了高额利润。现在，他对美国的未来持悲观态度。由于他与很多美国人相识，甚至华盛顿总统都是他的笔友之一，他自然会注意到美国新地区的潜力⑥。通常情况下，对习惯了乡绅社会的人来说，拓荒有着显著缺点，如需要制定一项特定方案。莫里斯·伯克贝克及其朋友们打算居住在一片未经开发的土地上，从而吸引更多英国人来此定居。第一批到达伊利诺伊的人都是有钱人，随身带有仆人。

---

① 《三叶草》，纽约，1817年1月25日。——原注
② 《三叶草》，纽约，1817年7月5日。——原注
③ 《尼尔斯周刊》，1818年，第16期，第211页到第215页。——原注
④ 第十五届国会第一次会议，《众议院执行文件》，第119号。《国会年刊》，第31期，第十五届国会第一次会议，第1013页到第1014页、第1053页到第1054页。——原注
⑤ 《尼尔斯周刊》，第14期，第393页。《国家情报局》，华盛顿，1818年8月20日。莫里斯·伯克贝克：《伊利诺伊州的来信》，费城，1818年，第149页到第150页。——原注
⑥ C.W.阿尔沃德：《州长爱德华·科尔斯》，斯普林菲尔德，1920年，第3卷，第366页到第367页。——原注

这些仆人最终也会成为主人，然后将其他人吸引过来。几年后，英国式生活将在美国重现。①

1817年，莫里斯·伯克贝克及其家人，以及他的朋友乔治·弗劳尔移民到美国。爱德华·科尔斯时任伊利诺伊州州长。之前，莫里斯·伯克贝克已经见过爱德华·科尔斯。也许正是由于这个原因，莫里斯·伯克贝克将草原上的乡村作为最理想的定居点。然而，因为爱德华·科尔斯希望莫里斯·伯克贝克等人能获得美国国会的特别立法，所以实际定居点还没有敲定。如果获得几个城镇的延期付款，莫里斯·伯克贝克等人就可以将手中的大量资金用来运送移民和改善自己的生活②。托马斯·杰斐逊和詹姆斯·麦迪逊虽然承诺会利用自己在国会中的

詹姆斯·麦迪逊

---

① 莫里斯·伯克贝克，《从弗吉尼亚海岸到伊利诺伊州境内的美国旅行记录》，都柏林，1818年，第5章到第7章。——原注
② 莫里斯·伯克贝克，《伊利诺伊州的来信》，费城，1818年，第77页、第147页到第149页。C.W.阿尔沃德：《州长爱德华·科尔斯》，斯普林菲尔德，1920年，第3卷，第140页、第371页。——原注

第4章 新起点 | 135

影响力，但无法阻挡时代的潮流①。在印第安纳和普林斯顿，莫里斯·伯克贝克和乔治·弗劳尔度过了1817年冬天。但1818年春，他们意识到请愿可能得不到美国国会的批准，于是修改了计划，并且积极将计划付诸实践。

在沃巴什河以西的草原上，莫里斯·伯克贝克和乔治·弗劳尔用大部分资金购买了一万六千英亩公用土地，建起了阿尔比恩镇。②由于没有剩余资金引进新移民，开展宣传活动势在必行。面对这项任务，莫里斯·伯克贝克做好了充分准备。就像以前的J.赫克托·圣约翰·德·克雷夫科尔和十年后的戈特弗里德·杜登一样，莫里斯·伯克贝克饱蘸笔墨，颂扬拓荒者的日常生活。请愿结果出来前，他已经写了一本叫《美国旅行笔记》的小册子。与此同时，他的《伊利诺伊州的来信》也问世了。两本书占据了一定市场。三年时间里，两本书分别出版了十一个版本和七个版本。书中的浪漫描述激励大批移民前往美国西部地区。③

另外两个外国团体也对建立民族定居点表现出极大兴趣。相比其他民族，德意志人和瑞士人有着更久远的移民传统。但在以往的移民活动中，宗教一直是移民的主要动机。1817年，移民疯狂涌向莱茵河地区。由于没有宗教团体和领导者提供援助，大多数移民饥肠辘辘，绝望而归。此外，每个家庭面临的经济困境完全属于个人问题。任何有关移民管理或组织的问题都必须由上级处理。

观察者们对1817年夏天的混乱局势记忆犹新。但当时，瑞士行政区的代表仍然举行了年度会议。阿彭策尔行政区代表深受移民运动的影响，敦促政府执行其规定。然而，移民问题只涉及瑞士的一部分地区。因此，议会决定根据这些地区的需求和收入，只在几个行政区实施规定。也许是对失利方做出让步，大家一致同意，只要有一个行政区提出要求，政府就必须对外国势力施加影响。④因

---

① 乔治·弗劳尔：《伊利诺伊州爱德华兹县定居点的历史》，芝加哥，1882年，第78页。C.W.阿尔沃德：《州长爱德华·科尔斯》，斯普林菲尔德，1920年，第3卷，第317页。——原注
② J.E.伊格尔哈特：《1817年到印第安纳的英国人及当地印第安人》，《历史杂志》，1919年，第15期，第93页、第104页、第117页。——原注
③ J.E.伊格尔哈特：《1817年到印第安纳的英国人及当地印第安人》，《历史杂志》，1919年，第15期，第103到第104页。——原注
④ 《环球箴言报》，1817年8月3日。《文化水平较高的阶层晨报》，斯图加特，1818年8月29日。——原注

此，主动权又回到了每一个行政区手中，为瑞士移民前往新弗莱堡开辟了道路。但巴西人早就采用了这种方式，一定程度上影响了瑞士的移民进程。

　　瑞士采取移民行动前，汉斯·克里斯托夫·厄恩斯特·冯·加格恩早已在德意志联邦会议上提出过类似建议。作为荷兰代表，荷兰港口难民的悲惨境遇激起了汉斯·克里斯托夫·厄恩斯特·冯·加格恩的人道主义精神。他建议任命一个委员会审议移民问题。然而，与瑞士的情况一样，由于只有某些地区面临移民问题，汉斯·克里斯托夫·厄恩斯特·冯·加格恩的建议没有得到采纳。[5]汉斯·克里斯托夫·厄恩斯特·冯·加格恩毫不气馁，认为如果欧洲无法组织移民运动，那么美国应该做出努力。因此，他派妹夫冯·费尔斯滕沃特男爵出访美国，观察德意志人在美国的情况，同时与美国政府谈判，帮助德意志移民获得土地。[6]1818年夏，在华盛顿，冯·费尔斯滕沃特男爵面见了美国国务卿约翰·昆西·亚当斯。

　　显然，约翰·昆西·亚当斯1818年6月4日的信是对此次谈话的总结，也是美国首次对移民政策发出的正式声明。当时，美国国会已经表明态度，约翰·昆西·亚当斯也做出了明确声明。约翰·昆西·亚当斯说，美国不邀请任何人来，也不会阻挡勇于跨越大西洋的人，欧洲移民不会因来自异国他乡受到刁难，也不会享受特殊待遇，外国人和本地人都面临同样的机会，他们的成功取决于自身的努力和运气。[7]

　　1818年，来到美国的三万移民与美国政府的移民政策没有任何关系，[8]并且移民数量比1817年少。新移民需要专业人士的指导或实际援助。1817年发生的事是对鲁莽者的警告，并且欧洲各国出台了相关规定。因此，如果没有足够的

---

[5] 《环球箴言报》，1817年7月13日。汉斯·克里斯托夫·厄恩斯特·冯·加格恩：《我的政治地位》，第4章，第296页。《德意志联邦议院》，《19世纪编年史》，阿尔托纳，1817年，第14章，第110页。——原注
[6] 《费城记事和国家记录》，1819年，第1章，第317页。——原注
[7] 《尼尔斯周刊》，1820年，第18期，第157页到第158页。——原注
[8] 马修·凯里：《政治经济学文集》，费城，1822年，第451页到第452页。《尼尔斯周刊》，1819年到1820年，第17期，第36页。——原注

资金，人们根本不可能移民美国。①法兰西人的政治大逃亡已经结束。由于法兰西政府宣布对流亡者采取宽容政策，一些被流放的拿破仑党人开始返回国内。尽管不列颠群岛的运输费一直居高不下，但在都柏林，许多泊位都被远在美国的移民预订了。因此，运输公司无法让所有订了船票的人登船。②总的来说，1818年的移民由比较富裕的小农和技术精湛的技工组成，其中大多数人继续向美国西部迁徙。③

然而，在移民过程中，技术精湛的英国工人遇到了阻碍，因为英国政府担心英国的工业霸权会受到威胁，试图阻止国内的工业技术及经验流失。④此外，英国政府禁止向加拿大出口机械模型，任何有意移民的人都必须出示当地教区签发的证明，证明他不是"制造商"或"工匠"⑤。不过，上有政策，下有对策。许多英国人先乘船前往加拿大，然后过境抵达美国。英吉利海峡附近的警戒度较低。因此，一些人先穿过英吉利海峡，再从法兰西港口乘船前往美国。想要通过欺骗手段移民的人发现，市场上出售的证明竟然低至五先令。⑥通过各种方法，如大多数人不知道的法律漏洞，一些英国纺织工来到费城。在费城，织布机的声音回响在郊区的街道上，从未停歇⑦。1818年夏末，美国人开始抱怨大量移民涌入导致的人口过多和失业问题。⑧

---

① 《汇报》，1817年8月30日。——原注
② 《卡里克早报》，1812年5月5日、1812年5月12日。约翰·梅利什：《游历美国》，第11章。——原注
③ 《尼尔斯周刊》，第14期，第408页；第15期。《卡里克早报》，1818年5月12日。——原注
④ 《地球画报》，第5期，第1章，第27页。《地球画报》，第27期，第2章，第13页。《地球画报》，第25期，第3章，第67页。——原注
⑤ 《对打算在美国永久居留的欧洲移民的暗示》，利物浦，1817年，第34页。罗伯特·霍迪克：《美国移民指南》，伦敦，1818年，第40页。——原注
⑥ 《乔治·曼娜斯的来信》，1817年11月7日，外交部。《移民到北美西部国家的目录》，伦敦，1819年，第39页到第40页。——原注
⑦ 约翰·奈特：《英国人在美国写给英国朋友的原始和近期信函的重要摘录》，曼彻斯特，1818年，第22页。E.F.弗里德利：《费城及其制造商》，费城，1859年，第233页、第252页、第300页。——原注
⑧ 约翰·奈特：《英国人在美国写给英国朋友的原始和近期信函的重要摘录》，曼彻斯特，1818年，第21页。——原注

一般工种的工人没有遭遇这些困难。1818年,建筑业和航运业发展迅猛,但英国东部的农民仍然依赖欧洲市场赚取微薄利润。承包商需要工人,农民也需要工作。①从事劳力交易的人发现,到达美国的新移民很快能找到工作,于是更加努力地从事劳力交易。②由于从爱尔兰港口起航的船每个季度可以进行两次以上的航行,因此,在应对劳动力需求方面,这些船的船长比欧洲的竞争对手更具优势。③1818年早春到秋天,在爱尔兰各地,移民中介积极招募雇工,甚至深入了爱尔兰南方各地,尽管那里没有像阿尔斯特和爱尔兰北方那样久远的移民传统。雇主们认为,随着美国西部的开放,如果有人逃跑,自己的损失就会越来越大。因此,雇工签订的劳动合同越来越苛刻。当时,美国的人口买卖和其他劳动关系一样,具有奴隶制性质,因此遭到了社会的严厉批评。很多雇工声称自己受到了虐待。于是,1818年,宾夕法尼亚州的立法机构在冬季会议上通过了一项法律,试图有效保护雇工权利。④

1818年,大批移民涌向加拿大。⑤公共资金不再为移民提供交通补贴,美国政府也不再为移民免费提供交通工具或粮食补给,但每个新移民可以申请一块适合其耕作方式的土地。⑥许多小农场主发现,上加拿大是理想之地,因为上加拿大的政府官员和平民百姓都使用英语。五大湖区的士兵和退伍军人也随移民一起前往上加拿大。他们得到承诺会享有优惠政策和特别待遇。现在,他们只要有时间,就会回到家乡,带着家人参加一场开荒战役。大多数去加拿大沿海地区的普通雇工陆续沿海岸线前往美国各城市。来到魁北克或蒙特利尔的人中,约有三分之一前往美国,其他人被各种就业机会吸引,留了下来。

希望更多人移民到加拿大的地主和官员必须想一个对策,因为越来越多人

---

① 《尼尔斯周刊》,第14期,第310页;第15期,第110页到第112页、第139页。《卡里克早报》,1818年6月24日。——原注
② 《卡里克早报》,1818年4月5日。W.F.亚当斯:《1815年到饥荒年的爱尔兰及爱尔兰移民》,纽黑文,1932年,第113页。——原注
③ 《卡里克早报》,1819年2月18日。——原注
④ 《1820年宾夕法尼亚州的法律》,第4803页。——原注
⑤ A.R.M.洛厄:《1812年到1820年加拿大移民和定居》,《加拿大历史》,1922年,第3期,第46页。——原注
⑥ 《伦敦纪事报》提供了有关加拿大和解条款的信息。——原注

相信，莫里斯·伯克贝克将在伊利诺伊大草原上创造一个新英格兰①。在这项计划实施的第一年，约有四百名移民加入莫里斯·伯克贝克的队伍。观察者发现，在智力和财力方面，这些人相比一般移民占有优势。②然而，当伊利诺伊定居点名声大噪，莫里斯·伯克贝克的著作引起欧洲各国的关注时，不幸的事发生了。莫里斯·伯克贝克与其主要合伙人乔治·弗劳尔产生了分歧。随后，两人各自为自己的追随者建了一座村庄。许多后来的移民不喜欢分裂的感觉，更喜欢沃巴什河岸边的印第安纳。尽管一些移民投奔了在"英国大草原"安家的熟人和亲戚，但伊利诺伊大草原上的定居点不再是影响移民的重要因素。③

这一事件并不完全是由内讧引起的。莫里斯·伯克贝克声势浩大的宣传树大招风，招致了一些人的反感。首先对莫里斯·伯克贝克发起攻击的人颇具文采，其作品很有说服力。1817年，旅居美国的威廉·科贝特将长岛的农场当作自己的故乡。在长岛，他是《政治纪事周刊》的编辑。④针对英国移民纷纷前往美国西部定居的现象，威廉·科贝特发表了异议，重点评述了前往伊利诺伊定居的风险。1819年，他出版的《在美国的一年生活》的附录讲述了创业的艰辛，描绘了肆虐西部的热病，并且指责莫里斯·伯克贝克为了个人利益给人们带来的痛苦。⑤莫里斯·伯克贝克也写了一本言辞激愤的小册子，以回应威廉·科贝特。他指控威廉·科贝特是美国东部土地投机商的走狗，土地投机商为了自身利益阻止移民西迁。⑥这一指控并不完全属实，也不全是无中生有，因为不久，这样一群投机商确实出现了。

---

① 《1819年的美国》，曼彻斯特，1819年，第7页。埃涅阿斯·麦肯齐：《美国历史地理和描述性观点》，纽卡斯尔，1819年，第299页。《移民公报和殖民定居者的通用指南》，伦敦，1841年12月18日，第9号。——原注
② 《尼尔斯周刊》，第15期，第33页。《国民通讯员报》，1818年9月15日。《移民到北美西部国家的目录》，第172页。乔治·弗劳尔：《英国殖民历史》，第94页。——原注
③ C.W.阿尔沃德：《州长爱德华·科尔斯》，斯普林菲尔德，1920年，第3卷，第372页。乔治·弗劳尔：《伊利诺伊州爱德华兹县定居点的历史》。J.E.伊格尔哈特：《英国人的到来》，第108页。——原注
④ 《美国社会与礼仪观》，纽约，1821年，第191页。——原注
⑤ 威廉·科伯特：《在美国的一年生活》，伦敦，1822年，第300页到第344页。——原注
⑥ 莫里斯·伯克贝克：《来自伊利诺伊的补充函件摘录；向英国移民的致辞，以及对威廉·科伯特的回复》，伦敦，1819年。——原注

威廉·科贝特

　　1819年，C.B.约翰逊编辑出版的《来自宾夕法尼亚州英格兰殖民地的信》也提到了西部热病的危害。C.B.约翰逊是谁无从考究。事实上，是否真有这样一个人还存在疑问。英国移民协会建议英国移民不要去美国西部，而是去萨斯奎汉纳河谷，因为萨斯奎汉纳河谷更宜居且交通便利。从书中明显可以看出，C.B.约翰逊也支持这一建议，甚至编书的缘由有可能就在于此。①宾夕法尼亚蒙特罗斯的罗伯特·H.罗斯是萨斯奎汉纳河谷的所有者。在宾夕法尼亚和纽约的边界上，他至少拥有十万英亩土地。②然而，人丁不旺的土地毫无价值，要想增加人口，就必须阻挡移民西迁。C.B.约翰逊的书被广泛传阅。纽约的著名人士或出于无私，或与罗伯特·H.罗斯有协议，纷纷建议新来的移民立即前往萨斯奎

---

① C.B.约翰逊：《来自宾夕法尼亚州英格兰殖民地的信》，伦敦，1819年，第4章到第5章，第39页、第116页到第128页。——原注
② 威廉·W.埃格勒：《宾夕法尼亚联邦的图解历史》，哈里斯堡，1876年，第1100页。——原注

汉纳河谷。①此外，在强烈谴责莫里斯·伯克贝克的草原殖民的同时，威廉·科贝特谨慎地赞许了宾夕法尼亚的移民事业。最初几年，罗伯特·H.罗斯的计划收效甚微。虽然有几个家庭在萨斯奎汉纳河谷开辟了农场，并且发家致富了，但罗伯特·H.罗斯最终还是去做其他投机买卖了。

移民们建立定居地的想法根深蒂固，甚至在美国政府不分配奖励性土地的情况下，这一想法也依然存在。1819年，汉诺威的斐迪南·厄恩斯特来到美国，出资将二三十户家庭安顿在了伊利诺伊的万达利亚附近。不过，由于一些移民死于边境热病，斐迪南·厄恩斯特不得不放弃移民计划，安心过着普通拓荒农民的生活。②另一项移民计划虽然没有实施，但具有历史意义。这项计划最先兴起于吉森大学城的学生中。由于受到1819年卡尔司巴德敕令的打击，一些年轻的自由主义者提出在美国建立一个社区，然后大展宏图，扩大自己的影响力。由于这项计划的领导者与美国政府的政治立场相左，招致美国政府的反对后，自由主义者们逃跑了。这项移民计划只是自由主义的副产品，自然会不了了之。但建立德意志社区的想法并没有被人们抛诸脑后。1834年，最初的发起者之一保罗·福伦以更大规模复兴了社区，开启了德意志移民史上最重要的篇章。③

虽然这些移民计划没有得到美国本土人的支持，但美国本土人对外国移民的总体态度还算友好，尽管算不上热情。1818年，詹姆斯·弗林特谈到在街上看到的大量移民时说："我从心底里向他们致以最美好的祝愿。"④由于逐渐认识到移民带来的交通安全和卫生问题，在1818年到1819年的国会会议上，美国国会制定了第一部将移民作为全国性问题的联邦法规，并且没有人对此提出异议。由于英国议会制定了有关船运空间和监管的规定，来自不列颠群岛的抱怨

---

① 伊曼纽尔·豪威特：《1819年夏秋美国巡回演讲期间的书信选集》，诺丁汉，1820年，第51页、第53页到54页。F.C.约翰逊：《怀俄明谷的先锋医师》，第1771页到第1825页。——原注
② 斐迪南·厄恩斯特：《关于1819年北美洲内陆旅行的评论》，希尔德斯海姆，1820年，第110页。牛顿·贝特曼、保罗·塞尔比：《伊利诺伊历史百科全书和费耶特县历史》，芝加哥，1910年，第2卷，第621页到第622页。——原注
③ 赫尔曼·豪普特：《计划建立德美共和国的基础》，《德国评论》，斯图加特，1907年，第32期，第3号，第117页到第118页。——原注
④ 詹姆斯·弗林特：《来自美国的信》，爱丁堡，1822年，第40页。——原注

声比来自欧洲大陆的少。但美国、荷兰、法兰西和德意志都没有颁布管理欧洲大陆交通运输的法律。来自德意志的新移民讲述了自己亲眼看到或亲身经历的饥饿、虐待、疾病和死亡。①即使不是出于人道主义的考虑,美国国会也完全有必要组建一个调查委员会,控制瘟疫的蔓延。通过调查,该委员会发现情况确实不乐观,于是制定了一部法案,试图在尽可能不改变乘客习惯和船运惯例的前提下,改善糟糕的船运状况。②对美国国会议员来说,这些建议似乎是合理的。如果出现反移民倾向,美国国会就必须适时采取措施监控移民流向。在制定相关法规前,1819年3月4日出台的法律只是一项调控性措施,而不是一项强制性措施。由于认识到根本问题在于船上过度拥挤,美国国会禁止每托运五吨货物就搭载两人以上的跨大西洋船进入美国港口。海关官员必须记录所有船上的乘客数量,违者将受到重罚。③其实,相关规定出台后,并没有立即实施,直到1819年9月1日才开始生效。与此同时,联邦监管和官方移民数据统计开始实行。

  1818年的新移民很容易被接纳,这预示着1819年会达到与1818年一样的移民规模,甚至可能超出已有规模。1818年冬,移民经纪人满怀憧憬,积极宣传美国的繁荣景象,为来年春天即将到来的船招募雇工。旅馆需求预计会很旺盛,移民中介也为移民提供了足够多的船。一切都为大西洋上最大的人口迁移做好了准备。④但随之而来的是商业突然崩溃,繁荣局面走到尽头。在美国西部,房地产市场估值过高,当地银行无法承受沉重负担,问题首先从这里产生。恐慌情绪向美国东部蔓延,摧毁了一个又一个金融机构,工厂接连倒闭。美国农民得知欧洲不再需要农产品,不得不以超低价出售农产品。船舶托运人也看不到任何希望。商业炒作称,美国的西班牙裔聚居地有很多机会,但现在,这种炒作一一破灭。约翰·昆西·亚当斯担心情况会越来越糟。他在1819年4月24日的日记中写道:"和平繁荣之际,我们却面临一场危机。这场危机将动摇联邦政府的地位。"⑤

---

① 《美国概览》,伦敦,1818年,第342页到第344页。——原注
② 《国会年刊》,第33期,第十五届国会第二次会议,第414页到第415页。——原注
③ 《美国法规》,第3章,第488页到第489页。——原注
④ W.F.亚当斯:《1815到饥荒年的爱尔兰及爱尔兰移民》,纽黑文,1932年,第103页。——原注
⑤ 约翰·昆西·亚当斯:《回忆录》,费城,1874年到1877年,第4章,第349页。——原注

因为美国经济崩溃的消息很晚才传到欧洲,所以没有影响1819年春季和初夏的移民活动。与之前的移民一样,欧洲的机械师、农民、雇工满怀希望地起航。但到达美国后,一切都出乎他们的意料,他们的梦想破灭了。有积蓄的移民可以自给自足,但大多数新移民没有进入美国内陆地区,而是在港口逗留,一边担心着未来,一边消耗着资金,为离开祖国懊悔不已。移民们仍然继续登陆美国。报纸称,1819年6月和7月,甚至到9月,移民人数已经达到甚至超过1818年的繁荣时期。① 机械师除了拥有一身技术,没有任何资源,因此处境十分窘迫。1816年,费城及其附近的棉纺厂有二千三百二十五名工人,但1819年10月2日,雇工只剩一百四十九人。② 1820年,联邦人口普查机构收集数据时,对这场波及范围广泛的经济危机做了精简评论:"1816年,经济蓬勃发展。但现在,对土地所有者来说,土地毫无用处。""业务规模小,还亏本。""经济萧条,日益衰落。""在现实的压力下不得不喊停。""1819年停止经营。""需求衰减,制造业主要进行易货交易。"③ 这些言简意赅的评论表明,新移民的机会越来越少,到达美国后不得不与本土失业人员竞争。即使最熟练的工匠也不能挑三拣四,不管是在城里锯木头,还是在高速公路上砸石头,有什么工作做什么工作。即便如此,许多人依然无事可做,四处游荡。

1819年夏天过去后,新移民源源不断涌入美国,对慈善事业的需求也越来越强烈。1819年7月31日,希泽克雅·奈尔斯写道:"以前,看到移民发展迅速,我们会感到无比高兴。但现在,这种情况令人感到痛苦,因为我们的国民也需要工作。"④ 纽约市试着采取适当行动。一项州法律要求每艘船的船长向市长办公室上报乘客名单,并授权市政官员自行向每个可能成为政府救济者的外国人征收最多三百美元的保证金。⑤ 市政官员尽力执行这一规定,但收效甚微。夜

---

① 《尼尔斯周刊》,1819年,第16期,第286页、第295页、第298页、第319页、第336页、第368页、第419页;第17期,第36页、第63页。——原注
② 《宾夕法尼亚报》,1829年,44期,第168页。——原注
③ 《美国国家报告——金融》,华盛顿,1858年,第4卷,第28到第223页。——原注
④ 《尼尔斯周刊》,第16期,第378页。——原注
⑤ 《纽约州法律在立法机关第三十六届会议上修订并通过》,奥尔巴尼,1813年,第2章,第440页到第442页。——原注

晚，移民们会在一些不起眼的码头登陆，或者转移到海岸边不受监管的船上，抑或在离城市不远的地方下船，然后步行前往城市。①纽约市市长称："夏季，经常会碰到大批外国人。他们在离东部几英里的地方上岸，拖着行李，走向城市。其中许多人疲惫不堪。我们不能眼睁睁地看着他们死在路上，于是将他们带到了救济院。"②

对一些移民来说，时代的困顿出其不意地改变了他们的命运③。受经济崩溃影响最大的投机者莫过于劳工中介，他们招募的雇工等着登上停靠在费城和巴尔的摩港口的船。由于没有买主，劳工中介每过一天就要多花一笔养活雇工的钱。于是，他们将雇工送到了美国西部和南部地区，希望在路上直接卖掉雇工。还有一些劳工中介根本没有钱留住雇工，只能放任自流。离开劳工中介的雇工们虽然命运悲惨，但至少不受别人控制，更自由一些。遭受这次打击后，劳工交易再也没有恢复。劳工中介——破产。这次教训十分惨痛，后来没有人再敢尝试。

1819年，一些移民只在美国停留了几天或几个星期，因为他们回国的愿望太强烈，只要有一点可能，就会立即离开美国。移民们倍感痛苦，却束手无策。大批幻想破灭的外国人涌向领事馆，请求领事馆送自己回到故土，回到真正的乐土。④英国驻巴尔的摩大使听了移民们的悲惨故事，看到移民们的处境，觉得"待在办公室是一件痛苦的事情"。⑤1819年夏末，描述这些情况的信被送到欧洲。起初，人们还感到怀疑，但难民回国后，人们开始相信这一切。1819年春印刷的英国报纸没有报道移民在国外的情况，现在却开始大肆报道并认为移民返回国内在情理之中。⑥

在五年和平时期，美国经历了繁荣与萧条，希望与绝望。但这一时期为美国后来的发展带来了一些积极影响。移民政策逐步形成，移民监管法得以制定。此

---

① 《第二份年度报告》，纽约，1820年，第57页。——原注
② 《第二份年度报告》，纽约，1820年，第58页。——原注
③ 路德维希·加尔：《我移民到美国》，特里尔，1822年，第2卷，第110页。——原注
④ 《威廉·道森的来信》，1819年6月1日、1819年9月1日。《乔治·曼娜斯的来信》，1819年2月4日。《吉尔伯特·罗伯逊的来信》，1819年7月1日。——原注
⑤ 《威廉·道森的来信》，1819年9月1日。——原注
⑥ 《伦敦纪事报》，1819年9月9日到10日。——原注

外，美国接纳了约十万名新移民。这些移民需要经历很多事情，学会很多东西，最终向欧洲证明，美国的生活充满希望。然而，就当时的情况而言，这次移民冒险似乎失败了。新的开始是一个错误的开始，美国几年前曾享有任何国家都无法比拟的声望，现在却不再受欢迎。欧洲人开始移民到其他国家，美国西部陷入长达十年的孤立状态。

第 5 章
落寞的美国

精彩看点

美国人态度的转变——沙皇亚历山大一世的大胆尝试——欧洲人将目标转移到俄罗斯帝国——定居波兰的德意志移民——分配土地——道德的重要性——巴西成为新的移民目标——英国政府试图控制移民浪潮——政府援助开始加强——移民数据体现移民运动的特征——1824年的冬季洪灾

困苦时期的经历对美国人与移民之间的相互态度产生了一定影响。美国人不再欢迎新移民，外国人也很快意识到了美国人态度的转变。1819年7月，路德维希·加尔满怀希望地登陆纽约，却听到路人称他和同伴为"该死的移民"。这让他心灰意冷。①另一个刚抵达美国的外国人去一位商人那里递交介绍信时，得知商人希望美国政府彻底禁止移民活动。②还有一个移民认为，美国人"极其蔑视移民……认为移民是被自己国家驱逐的人，是来到美国谋生的可怜虫"。③

　　美国人歧视外籍移民，外籍移民对美国也很失望。移民们认为，美国除了荒野，几乎一无所有。曾经宣传的好机会只不过是欺骗不明真相的人的诱饵，当地人粗俗狂暴，政府无能低效，邮件抢劫案、谋杀案及纵火事件屡见不鲜，匪徒总是能逍遥法外。闻所未闻的风暴蹂躏着美国的城市和田野，热病从草原沼泽和港口附近开始蔓延。④一位思乡情切的移民在宾夕法尼亚的一座桥上写道：

---

① 路德维希·加尔：《我移民到美国》，特里尔，1822年，第2卷，第6页。——原注
② 路德维希·加尔：《我移民到美国》，特里尔，1822年，第2卷，第12页。——原注
③ 伊曼纽尔·豪威特：《1819年夏秋美国巡回演讲期间的书信选集》，诺丁汉，1820年，第217页。——原注
④ 《文化水平较高的阶层晨报》，斯图加特，1827年1月4日。G.H.范·朗斯多夫：《对巴西的评论》，海德堡，1821年，第19页到第21页。——原注

"英格兰,即使你有各种缺点,我也仍然爱你!"这句话触动了漂泊者的心弦,他们早已厌倦继续西行。①在这片破败的土地上,文明的欧洲人什么时候才能有归属感?一位业余诗人在诗中回答道:

> 当玉米地自发地
> 从树林和沼泽地里冒出,
> 而移民能吃到
> 蛇和青蛙就很满足。②

无论多么痛苦,移民和不情愿接纳他们的美国人都不得不面对现实。1819年12月,纽约扶贫协会在报告中指出,外国无业游民是造成纽约贫困的一个重要原因。"我们不能逼他们回国,不能眼看着他们在我们国家饿死,也不能用武力将他们赶到荒野中。"③为了应对紧急情况,美国政府建立了最简陋的慈善机构——施食处。1820年春夏,只有很少一部分外国工人来到美国。在纽约等地,很多在艰苦、贫困和偏见中幸存下来的移民逐渐找到了工作。但美国人对移民的偏见并没有很快消失。随后几年发生的政治事件坚定了人们的信念,即美国走上了康庄之道。1823年的门罗主义明显体现了北美大陆的独立精神。

19世纪20年代的大部分时间里,来到美国的外国移民逐渐减少,但并不是因为欧洲缺乏潜在移民。尽管移民减少了,但移民潮仍在继续。当时,世界其他地方对移民的吸引力更强。战争结束后,俄罗斯帝国比美国更受移民青睐,并且这种青睐持续了近十年时间。在欧洲事务中,俄罗斯帝国发挥了长达二十五年的重要作用。正是俄罗斯帝国将各民族从暴政的枷锁中解救了出来。莫斯科远征虽然失败了,但标志着拿破仑·波拿巴的帝国开始衰落。与此同时,俄罗斯帝国发起了神圣同盟④。人们认为神圣同盟做出了一个庄严承诺,即任何国家和君

---

① 约翰·皮尔逊:《1821年美国旅行笔记》,伦敦,1822年,第12页。——原注
② 《纽约及其周边国家简介》,纽约,1819年,第27页到第30页。——原注
③ 纽约市扶贫协会管理人员《第二次年度报告》,纽约,1820年,第24页。——原注
④ 1815年到1816年,由俄、普、奥三国君主订立。——原注

拿破仑·波拿巴

主都不会再为了自己的军事野心,让妇女们的丈夫和儿子惨遭杀戮。在战火纷飞的年代,圣人们曾经说:"救赎来自东方。"事实确实如此。①

在俄罗斯帝国,新的黎明即将来临。沙皇亚历山大一世对新世界的秩序充满兴趣,但他明白不能对国家的现状视而不见。他决心实现国家现代化,又不满

---

① 《汇报》,奥格斯堡,1818年1月19日。威廉·黑森:《1798年到1834年末莱茵黑森的发展》,美因兹,1835年,第117页。——原注

沙皇彼得一世

足于仅仅使宫廷和贵族阶级西方化。于是，他计划采用大西洋沿岸国家的先进模式，发展经济生活。沙皇彼得一世曾在荷兰的造船厂工作，并且将当地技工的先进技术和方法引进了俄罗斯帝国。然而，派大批商人、医生和农民到国外学习先进技术是行不通的。沙皇亚历山大一世反其道而行，在国内建立了外国人聚居地。俄罗斯人可以在日常交往中向外国人学习。早在18世纪，沙皇叶卡捷琳娜大帝就在俄罗斯境内实施了同样的政策，但现在，这项政策更普遍。①不过，沙皇亚历山大一世的首次尝试是为了保护国家边界。在沿高加索山脉延伸的地

① 戈特利布·鲍尔：《德意志移居者在伏尔加河的历史》，萨拉托夫，1908年，第7页到第8页、第10页到第16页、第19页、第21页。索兰吉·布丹：《俄罗斯战前时期的德国》，《周刊》，巴黎，1917年，第231页。——原注

区，俄罗斯帝国只行使名义上的统治权。当俄罗斯帝国全神贯注于西方战争时，鞑靼人和波斯人一度入侵了高加索山脉的延伸地区。通常情况下，对移民来说，俄罗斯帝国的移民政策毫无吸引力。沙皇想留住移民绝非易事。但除了实际性措施，移民代理人还可以采取其他方式。1820年到1830年，德意志南部和瑞士邻近地区，尤其是符腾堡，掀起了"敬虔主义"①浪潮，这一浪潮在人民群众中自发产生。为了躲避含有异教教条的教义问答书和祈祷书，很多人想到了移民。沙皇实行宗教信仰自由政策和土地特许权政策，并且外国人很容易进入俄罗斯。因此，1816年，一批人从符腾堡出发，前往俄罗斯。②1817年4月，一支由十四辆马车组成的移民队伍从乌尔姆出发，1817年8月抵达了俄罗斯。不幸的是，经过多瑙河下游卫生条件较差的地带时，两千多名移民死亡。因此，俄罗斯帝国政府将剩下的人长期隔离起来。在隔离区，许多移民家庭等得厌烦了，于是脱离大部队，单独前往俄罗斯南部的德意志人聚居地。其他人在敖德萨过冬。但与1817

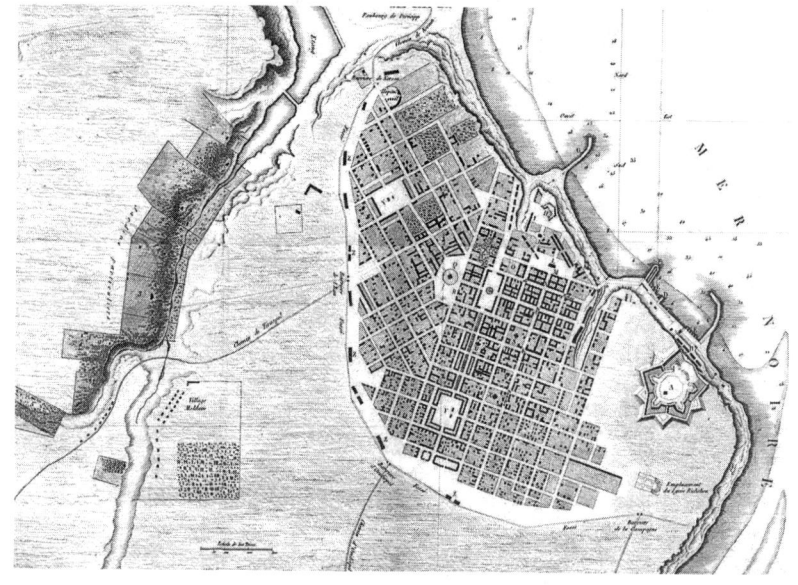

敖德萨示意图

---

① "敬虔主义"是17世纪德意志路德教的一个宗派。——原注
② 《洛桑公报》，1817年4月18日。《全球所有国家有关德国的存档（法兰克福）》，1847年，第1版，第204页。——原注

第5章 落寞的美国 | 153

第比利斯

年相比，1818年夏天的情况没有太大改善。启程的一千五百个家庭中，只有五百个家庭到达了第比利斯。由于向外移民的成功率太低，1819年，俄罗斯帝国政府对驻符腾堡的大使做出指示，不再为前往高加索地区的移民签发护照。①

现在，欧洲人将目标转移到了俄罗斯的另一片土地上。这里不仅更容易进入，当地人还过着欧洲式的生活，而不是亚洲式的生活。因此，与高加索地区一样，德意志移民成为俄罗斯边境的主力军。

为了摧毁波兰人的民族精神，维也纳会议没有将波兰并入其邻国，而是将波兰的广阔领地组建成了一个新的波兰王国，由俄罗斯帝国的沙皇亚历山大一世统治。然而，仅过了十五年，在一场充满血腥与掠夺的革命中，俄罗斯帝国的

---

① 《俄罗斯政府关于反对的政策》，《波罗的海月信》，里加，1911年，第18页、第20页、第22页。《高加索的德意志殖民地》，《世界邮政》，莱比锡，1883年，第44页到第46页。——原注

移民尝试就结束了。在主张自由的国家中,这场革命让俄罗斯帝国声名狼藉。但1815年,沙皇亚历山大一世推崇的改革符合治国的最高理想。他主张全面改善波兰的农业发展,刺激工业发展。

为了实现发展目标,俄罗斯帝国政府再次派使者前往欧洲西部人口密集的地区,招募农民和熟练技工。尽管早在1816年就有人提出了试行建议,但直到1820年、1823年和1824年颁布赦令后,整个计划才得以实施。负责文件传达的代理向人们解释移民能享有的优厚条件,即得到土地、免除兵役和免税数年。[1]当人们对美国抱有的幻想化为泡影时,一个条件优渥的国家向他们敞开了大

俄罗斯帝国的双头鹰盾徽

---

[1] 《俄罗斯—德意志国内经济因素》,柏林,1913年,第37页。《国家社会科学研究》,莱比锡,1912年,第160期,第11页;罗莎·卢森堡:《波兰的印度河活动发展》,莱比锡,1898年,第3页到第4页。——原注

门。波兰有未开垦的土地，有丰富的矿产资源，还有广阔的商业契机，并且无须舟车劳顿横跨大西洋，就可以享受这一切。

沙皇的移民政策通过烦琐的行政命令，得到了实施。事实证明，在经验不足的情况下，这些方法很有实用性。由于捷报频传，其他移民纷纷效仿之前的移民。约1824年，波兰的移民运动达到顶峰。当时，由于缺乏海外移民的统计数据，人们只能靠推测衡量一个地区移民运动的数据。根据最早或最可靠的估计，1818年到1828年，定居波兰的德意志移民达二十五万人，波兰平均每年接纳两万五千名移民。与此同时，定居美国的德意志移民年均人数不到一千人。① 得益于沙皇移民政策的实行，波兰农业取得了惊人发展。波兰地方政府和许多土地所有者通过优惠政策吸引移民。② 不过，一些人只给了移民空头支票，加上农业条件比预想中更严峻，许多移民放弃了耕作。但这些移民没有返回家乡，而是来到小工业村庄。③ 俄罗斯帝国通过关税壁垒关闭了西欧的工厂，给波兰的新兴工业提供了市场。一开始，波兰只有几百个工厂，后来，成千上万个工厂不断涌现。萨克森和普鲁士的纺织工和工匠抓住机会来到波兰，④ 在沙漠上建立了村庄，也就是后来的罗兹、兹盖日、托马索等城市。在19世纪的纺织史上，这些城市威名赫赫。⑤

波兰发生的一系列事件并没有重燃欧洲农民对美国的兴趣。当时，出现了一个新的竞争对手——巴西。鉴于第一次有组织的殖民化尝试以失败告终，巴西的受欢迎程度令人吃惊。1818年，瑞士面临困境，国内乞丐成群，勤劳的农民变得穷困潦倒。因此，葡萄牙执政官建议几个地方政府将数百个家庭送到巴西。然而，只有弗莱堡人对此表示赞同。借助王室给予的恩惠和特权，新弗莱堡将在距里约热内卢不远的地方建立起来。⑥ 1819年6月和7月，两千多名来自弗

---

① 《国内要素》，第38页。《德意志殖民地历史》，莱比锡，1887年到1888年，第79页。——原注
② 阿道夫·希特勒：《波兰王国的德意志人》，柏林，1919年，第3页。希嘉德·罗森塔尔：《从萨克森移民》，斯图加特，1931年，第63页。——原注
③ E.H.布施：《历史和统计记录》，莱比锡，1867年，第209页。——原注
④ 《国内要素》，第38页。《波兰王国》，莱比锡，1864年，第74页到第75页。——原注
⑤ 《国内要素》，第39页。——原注
⑥ 《洛桑宪报》，1818年11月20日、1818年11月27日。——原注

里约热内卢

莱堡及其邻近各地的移民在莱茵河畔登船。① 在荷兰，由于运送移民的船出现混乱延误了时间，人们只能暂住在临时搭建的棚屋里。最后登船时，许多人正在遭受热病的折磨。② 一些航海家只记录了旅途的恐怖，如一筹莫展的船长沿海岸线寻找港口，周围生活陌生奇异，以及接收移民的不当计划。③ 另一些人虽然察觉到了此次移民计划的缺点，但依然称赞巴西统治者的真诚招待和巴西人的热情好客，并且相信短期内一切都会好起来。④

然而，事实并非如此。分配土地前的六个月里，很多移民挤进巴西的村庄或

---

① 《洛桑宪报》，1819年7月23日、1819年8月7日。《文化水平较高的阶层晨报》，斯图加特，1819年6月19日。——原注
② 《洛桑宪报》，1819年8月17日、1819年8月31日、1819年9月3日。——原注
③ 《文化水平较高的阶层晨报》，斯图加特，1820年7月14日、1820年10月16日。——原注
④ 《文化水平较高的阶层晨报》，斯图加特，1820年4月1日、1820年6月28日、1820年6月29日。——原注

第 5 章 落寞的美国 | 157

人口密集的城市中，数百人死于雨季的流行病。因此，1821年9月离开瑞士的两千二百人中，只有八百人幸存了下来。①此外，巴西政府的补贴极其微薄，根本无法帮助由于时间延误耗尽路费的移民。移民们与巴西人的关系日渐恶化，宗教信仰的差异无异于火上浇油。巴西的定居点开始解体。手中还有积蓄的移民开始另谋生路，一些人为富有的种植园主打工，大多数人向瑞士的慈善机构求助。伯尔尼和弗莱堡当局意识到了自己背负的特殊责任，于是与伦敦和巴黎的瑞士富人一起筹集救济金。瑞士各地的教堂组织了募捐活动，牧师们也多次强调道德的重要性，即离开祖国是一种罪恶。许多人认为，这场灾难将扼杀所有移民美洲的计划。②

然而，其他因素推翻了这一预测。发现南美洲大陆后，欧洲有史以来第一次对南美洲抱有强烈兴趣。为了争取独立，南美洲人进行的持久斗争具有深远历史意义，因为两千多万人不仅从沉重的枷锁中解脱了出来，还开辟了一片人间天堂。南美洲肥沃的土壤盛产热带水果，气候温和怡人，景色美不胜收，矿产和森林资源丰富。③南美洲可以和欧洲交换产品，各取所需。④在新兴国家中，巴西拔得了头筹。革命和流血事件破坏了西班牙以前的殖民地，但巴西从葡萄牙人手中获得独立的同时，避免了灾难的发生。发展巴西只需要勤劳的工人，于是吸引欧洲工人成为巴西制定国家政策的一个重要考量。

德意志人和瑞士人虽然在新弗莱堡损失惨重，但依然是最受欢迎的移民先驱。⑤因此，巴西政府选择了职业雇佣军上校格奥尔格·冯·舍费尔组织新的移民运动。格奥尔格·冯·舍费尔先后参与了土耳其、波希米亚和俄罗斯组织的军

---

① 《洛桑宪报》，1812年5月1日、1812年11月13日。《文化水平较高的阶层晨报》，斯图加特，1821年10月20日。——原注
② 《洛桑宪报》，1821年8月28日、1821年9月18日、1821年10月30日、1821年9月9日、1821年12月7日、1822年1月18日、1822年8月16日。《汇报》，1821年11月20日。《文化水平较高的阶层晨报》，斯图加特，1821年12月18日、1822年4月20日。——原注
③ 《普鲁士国家汇报》，柏林，1824年2月10日。《文化水平较高的阶层晨报》，斯图加特，1824年6月26日。《美国统计》，法兰克福，1828年，第3页。——原注
④ 詹姆斯·克莱亨：《农业不景气之州》，爱丁堡，1822年，第137页。《汇报》，1827年1月25日、1827年8月16日、1827年12月14日。——原注
⑤ 兰格斯多夫·海因里希·冯：《关于巴西的评论》，第6页。——原注

事行动,后来加入了巴西军队。他出众的外表、表现出的忠诚及优秀的交际能力消除了德意志农民对巴西新移民事业的偏见。1822年,格奥尔格·冯·舍费尔以领事的身份,携电报前往欧洲各法院,在汉堡定居下来。①

得益于格奥尔格·冯·舍费尔的努力,巴西成了一个家喻户晓的国家。一首叫《巴西离这儿不远》的歌在大西洋的船上传唱。很快,儿童也在街头边拉手风琴边哼唱这首歌。②事实上,格奥尔格·冯·舍费尔并没有给前来找他的人提供什么帮助。除了愿意在巴西军队服役的精力充沛的年轻人,如果其他没钱的人想免费乘船,格奥尔格·冯·舍费尔一定会将其拒之门外。因此,很多年轻人迅速响应号召参军。格奥尔格·冯·舍费尔没收了参军青年的护照,以防他们改变主意。他的副官开始训练新入伍的士兵。格奥尔格·冯·舍费尔亲切接待了一些有现款的询问者,向他们讲述了有关巴西的故事,并且说服他们自掏腰包前往南美洲。③

格奥尔格·冯·舍费尔的征兵活动激怒了德意志政府。许多德意志年轻人还没有服兵役,就受到引诱离开了祖国。一些贫穷的家庭聚集在格奥尔格·冯·舍费尔的办公室,希望前往南美洲,最后却在极度痛苦中返回了家乡。在汉堡,格奥尔格·冯·舍费尔的出现吸引了许多冒险家和罪犯。④1824年年底,由于政府官员们的冷漠,格奥尔格·冯·舍费尔搬到不来梅居住。他在不来梅的巴西领事馆办公室工作了几年。在移民运动中,尽管格奥尔格·冯·舍费尔表现得很积极,但19世纪20年代中期,移居巴西的德意志人不到四五千人。前往美国的欧洲人也寥寥无几。但格奥尔格·冯·舍费尔的努力引起了潜在移民的关注。多年来,这些人一直等待着,直到巴西或好或坏的前景明朗起来。

---

① 《晚报》,杜雷斯顿,1828年3月5日。《社会》,1826年6月2日。《汇报》,1823年12月3日。——原注
② 《晚报》,杜雷斯顿,1825年10月11日。《科隆报》,1852年9月26日。《股东》,1826年6月2日。——原注
③ 卡尔·什里奇霍斯特:《因为它是里约热内卢》,汉诺威,1829年,第17页到第18页。朱利厄斯·曼斯菲尔德:《1826年,我的巴西之行》,马格德堡,1828年,第11页到第12页。——原注
④ 《股东》,1826年6月3日。朱利厄斯·曼斯菲尔德:《1826年,我的巴西之行》,马格德堡,1828年,第18页到第19页。——原注

正如人们看到的那样，俄罗斯帝国和南美洲的移民活动吸引了欧洲移民。英国人也受到了此次移民潮的影响。一群苏格兰人率先对来自波兰的邀请做出了回应。但事实证明，这一移民计划进展并不顺利。在人们痛苦的呼号下，英国政府牺牲自己的利益，将波兰的苏格兰移民接回国内。① 巴西也引起了人们的关注，但有组织的移民运动受到欧洲各国政府的阻碍。虽然许多欧洲人离开了祖国，但主要是一些不安分的职业军人。他们在欧洲找不到工作，只能应征加入南美国家的军营。

英国政府试图控制移民浪潮。就像俄罗斯帝国和巴西想要分流欧洲大陆的移民潮一样，英国也在努力阻止英格兰人、苏格兰人和爱尔兰人流向美国。一件意想不到的事情缓解了英国的移民浪潮。在爱尔兰悲剧史中，1822年的饥荒与1847年的灾难相比，显得微不足道。然而，1822年的悲剧是一个警告信号，警示爱尔兰人，马铃薯的命运决定着爱尔兰的荣辱兴衰。尽管亚麻工业可能会兴盛，但如果没有马铃薯，爱尔兰人就会缺少食物。窘迫的境况和经济压力不仅威胁着贫穷的农民，还威胁着统治阶级摇摇欲坠的金字塔，而金字塔依赖农民支付的租金矗立。②

1821年，爱尔兰各地收成不佳。1822年春，爱尔兰农民生活困苦，不得不向慷慨的英格兰人求助。英格兰人响应了号召，并且因1822年夏天爱尔兰马铃薯大丰收，一场灾难得以避免。③ 但在爱尔兰很多地方，地主和佃户之间一直存在敌意，困境让他们之间的敌意越来越深。在一些地区，民政当局无能为力，涉及土地的暴行开始屡见不鲜。④

1823年，为了应对危机和进行移民试验，英国殖民地办事处制订了一项移民管制和协助计划。该办事处有建立军事定居点的经验。彼得·鲁滨孙得到授权招募五百名移民，同时用公费将移民送到加拿大。他将招募范围限定在科克

---

① 《加里克早报》，都柏林，1817年7月17日、1817年12月15日。——原注
② 《都柏林早报》，1813年7月5日、1813年10月1日、1822年1月1日、1822年7月26日、1822年8月26日、1822年10月7日。——原注
③ 《自由人报》，都柏林，1822年4月26日。《农民杂志》，爱丁堡，1822年，第23期，第364页。威廉·斯图奇：《爱尔兰的不满》，伦敦，1826年，第30页。——原注
④ 约翰·威金斯：《关于爱尔兰地主的记录》，伦敦，1824年，第8页。——原注

英国殖民地办事处

郡的一个地方，那里曾经发生过严重骚乱。地主和牧师合作挑选家庭，说服被选中的家庭消除移民偏见。1823年7月，当移民队伍从科克郡出发时，爱尔兰公众给予这些移民热情支持。船边挤满吵嚷着要上船的人。① 在加拿大，虽然爱尔兰拓荒者受到了苏格兰和英格兰移民的冷漠对待，但此次移民试验给爱尔兰穷人留下了深刻印象，唤起了他们强烈的移民愿望。② 因此，1825年，另一支规模更大、由彼得·鲁滨孙指挥的移民队伍起航。在五万名申请者中，只有两千人被选中。③ 事实证明，很多成功申请前往加拿大的爱尔兰人并不适应边疆生活，其中大部分人在穿越了大西洋后，偷偷溜到了美国。④

这次移民结果虽然并不理想，但开创了一个先例，即政府援助开始加强。自

---

① 《彼得·鲁滨孙的信》，1823年6月9日、1823年6月12日、1823年6月14日，1823年7月6日、1823年7月8日。——原注
② 《彼得·鲁滨孙的信》，1824年4月2日。《一封来自帕萨基威斯特治安法官的信》，1825年5月2日。——原注
③ 《彼得·鲁滨孙的信》，1825年5月31日。——原注
④ 《魁北克新闻报》，1826年1月10日、1826年8月26日。——原注

然而然,人们会提出疑问:为什么不能给英格兰人和苏格兰人与爱尔兰人一样的机会?在罗伯特·威尔莫特-霍顿的建议下,英国政府任命了一个由上议院和下议院组成的移民特别委员会。1825年和1826年,移民特别委员会对经济学家、慈善家、加拿大官员、爱尔兰地主和神职人员进行了询问,听取了所有关于移民发展、贫民救济和社会改善的建议。移民特别委员会写了三份报告,第三份报告中包含关于国家补贴集体移民的明确建议。现在,议会只需拨出必要款项,就能使该计划成为一项官方政策,对国计民生产生深远影响。[①]

国家组织的移民行动似乎更可取,因为一项管理客运贸易的新法案往往包含出境限制规定。新规定除了对食物和住所提出了更严格的要求,还要求每艘移民船必须携带一名外科医生。获得移民资格的人不但面临沉重的经济压力,而且有时,他们的安全无法得到保障。因此,最终,为了一点微薄利润移民的人不得不选择放弃。旅费不断上涨,许多人原本打算离开家乡,但由于存款不足或变卖家产的收入不够多,没有能力支付路费,只能返回。

在世界其他地方,尽管各种各样的政策正在施行,但进入美国的移民依然处在低潮期。据记载,1820年到1825年,移居美国的人数在六千到一万之间波动,1823年是移民人数最少的一年。随后,恐慌年代移民数量的螺旋式下降证明,在1819年的多事之秋,将新移民拒之门外的美国面临严峻考验。尽管活跃的青年或熟练的技工拥有很多工作机会,有资本的农学家也可以在改良的土地上找到便宜的资源,但美国已经不再像往年一样雇佣劳工、工匠和农民。随着跨大西洋贸易的衰落,很多商船被迫搁浅,不再出航。新开拓的西部土地逐渐荒废,农业生产过剩问题日渐加剧,工业企业和公共设施建设停滞不前。

详细的移民数据显示了移民运动的特征。这些记录是随意完成的,许多官员并没有标明移民的国籍,一些官员忘记注明移民的具体职业。虽然大多数分析不够精确,但可以推断出,在欧洲移民中,商人、水手、农民和工人似乎占大多数。也许商人们只是来美国做生意。严格来说,商人不应该考虑在移民中,并且水手也可能是返回家乡的海员。后来,农民和工人成为典型的移民。其中,工

---

① 英国移民问题专责委员会:《报告》,《议案》,1826年,第4卷,第5页。——原注

匠的比例非常高,包括铁匠、织工、纺纱男工和纺纱女工。"校长"也是一个经常出现的词条。"乡绅""女士"和"自耕农"的数量众多。一名"贵族"和一名"兽医"也被记录其中。其他人并不反对被人们称为"投机者"。显然,一些新移民希望美国人仍然有钱娱乐,将钱花在一些从事娱乐行业的移民身上,如马戏团老板、演员、音乐家、喜剧演员、走钢丝演员和大象饲养员等。①

1824年,来到美国的移民人数略有增加。1825年,移民总数超过一万人。在一定程度上,这一成就归功于苏格兰新拉纳克的罗伯特·欧文发起的活动。罗

罗伯特·欧文

---

① 美国的统计记录可以在第十六届国会第二次会议第118号执行文件、第十七届国会第一次会议第134号执行文件、第十七届国会第二次会议第107号执行文件、第十八届国会第一次会议第161号执行文件、第十八届国会第二次会议第108号执行文件、第十九届国会第一次会议第175号执行文件、第十九届国会第二次会议第143号执行文件中查询。——原注

伯特·欧文因热衷慈善和独有的社会理念而闻名。他决定在美国建立一个完美社区。他很可能是在理查德·弗劳尔的劝说下，买下了沃巴什河流域拉普皮茨人的土地和建筑。被重新命名为"新和谐"的定居点立刻成为美国和其他国家人民心中的麦加。罗伯特·欧文希望三年内的移民人数能达到一千。但在拉普皮茨人离开后的一个月里，"新和谐"开始人满为患，甚至前往沃巴什的路都被挤得水泄不通。1825年12月，"新和谐"的定居者来自除了美国的两个州和大部分北欧国家以外的其他国家。有关这次移民试验的每一项记录都对西方国家起到了显著的宣传作用。

1825年的移民潮可以归因为1824年的冬季洪灾。洪水摧毁了莱茵河流域及其支流，冲毁了果园和葡萄园，以及许多建筑物和大片庄稼。洪水退去后，低地呈现出一片荒凉景象。曾经最肥沃的土地被淤泥、沙子和瓦砾覆盖，牧场也被毁坏。这场灾难虽然发生在局部地区，但掀起了德意志人向美国移民的新浪潮。美国长期以来的坏名声从此被洗清。

第 6 章
大移民的先驱

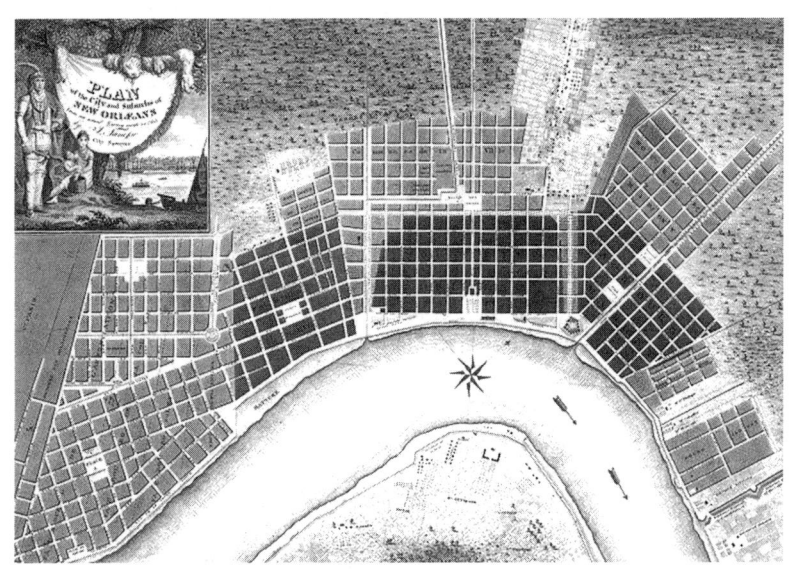

精彩看点

美国急需劳动力——移民情况的明显好转——法兰西人的革命精神传播到了比利时、德意志和波兰——美国的德意志移民——欧洲革命对移民运动的影响——霍乱肆虐——移民运动的曲折进程——移民输出国的实际情况对移民人数的影响——新济贫法——苏格兰的移民运动——爱尔兰民间秘密组织——"史蒂芬主义者"——移民成为年轻犹太人改变命运的唯一渠道——威尔士的移民运动

美国受欧洲人青睐的事实有据可依。1828年，登记在册进入美国的移民有三万人。这个数字是1826年的两倍多。[①]1832年，超过五万人抵达美国，随后只有两年的数字低于这个数字。[②]一场新的移民运动正在酝酿，最终在19世纪50年代的浪潮中达到顶峰。但1830年的移民与1850年的移民之间存在明显差异。1830年，移民们满怀疑惑，惴惴不安。尽管美国正处在鲤鱼跃龙门的关键时期，但适应转变的劳动制度还没有制定出来，希望通过移民获得工作仍然是一着险棋。1850年，移民们横渡大西洋时早已胸有成竹，因为他们知道美国有一套完善的劳动制度，有人会雇用他们，给他们分配工作，训练他们的工作技能，最终确保他们的经济和社会地位比离开祖国时更好。美国的劳动制度由19世纪30年代的新移民制定，称这些人为20世纪中叶大移民的先驱并无不妥。

1825年之后的几年中，其他国家的人愈发意识到美国国内劳动力的短缺情况。1819年的美国经济大萧条早已偃旗息鼓。开凿运河、修建高速公路、置办仓库和建立工厂等项目正在如火如荼地开展，因此，美国急需劳动力。外国船长在自己家乡的港口停泊时传播了一条消息，即美国的承包商派代理人到国外

---

① 豪斯执行文档第141号第二部分。——原注
② 豪斯执行文档第119号第二部分。——原注

招聘工人。当时,这对欧洲人来说无疑是一条喜讯,因为欧洲人当时的日子过得很艰难。1825年到1826年的寒冬过后,气候越来越严酷,一直持续到1827年春。[①]1826年,由于还有余货,物价涨幅不大,但随着余货耗尽,1827年物价出现大幅上涨。[②]与欧洲其他国家一样,德意志西南部地区无法产出足够的粮食,损失十分惨重。此外,极寒天气使葡萄园受损严重,葡萄园主不得不花光购买粮食的钱修复葡萄园。

这些因素导致了1827年和1828年美国移民情况的明显好转。离开爱尔兰的人被视为"低贱、勤劳、寻求安逸的农民。这些人初尝独立,非常珍视自由,不确定在国内能否摆脱贫困,更倾向永久定居在另一个国家"。[③]一些人得到了已经定居在加拿大或美国亲属的资助。[④]大部分德意志人被贫穷所困。在勒阿弗尔,德意志人面临困境,许多人被困,无法仅凭自己的能力登船起航。[⑤]在纽约和波士顿,一些移民成为众矢之的。新移民的大量涌入导致美国劳动力市场暂时过剩。此外,1828年秋,从美国返航的船长们带来了一条坏信息,称美国的工作机会极其难得。[⑥]因此,1828年冬,美国的移民人数有所下降。

然而,移民运动只是暂时停滞。随后发生的事重新激起了欧洲人对美国的兴趣。1829年到1830年的寒冷冬天,也是有史以来最冷的一个冬天,冬季快过去的几个星期里,因缺乏燃料遭受苦难的人们提出了强烈抗议。欧洲的生活必需品价格大幅上涨。[⑦]1830年6月,爱尔兰的情况比1822年夏天的饥荒更糟糕。[⑧]早些时候,有钱人帮助了一些不幸的人。但现在,有钱人谨慎地保护着自己手中的东西。1830年夏季还没到来前,比黑麦或马铃薯价格更令人兴奋的一

---

① 《总汇报》,奥格斯堡,1827年2月19日、1827年3月28日。《普鲁士国家通讯报》,柏林,1826年2月10日、1826年5月25日、1827年3月7日至8日。——原注
② 《普鲁士国家通讯报》,柏林,1826年9月18日、1827年4月5日、1828年1月18日。——原注
③ 《都柏林早报》,1827年5月2日。——原注
④ 《詹姆斯·布坎南的来信》,1828年4月21日,第469页到第470页。——原注
⑤ 《勒阿弗尔报》,1829年1月24日、1829年1月29日、1829年2月3 日、1829年2月10日、1829年2月21日、1829年3月3 日。——原注
⑥ 《勒阿弗尔报》,1828年10月1日。——原注
⑦ 《晚报》,德累斯顿,1830年4月15日、1830年4月23日、1830年5月4日。——原注
⑧ 《斯莱格观察者报》,1830年6月24日。——原注

汉巴赫民众示威游行

件事引起了人们的关注。巴黎人揭竿而起，誓要推翻波旁王朝。这次起义的导火索可能是粮价过高。很快，法兰西人的革命精神传播到了比利时、德意志和波兰。这些事件以各种方式影响着移民运动。

与以往一样，德意志青年已经准备好迎接革命的召唤。他们组建了秘密社团，学习《宪法》并提出激进的理论。法兰西政府采取了严厉措施镇压革命。最终，1832年5月27日，法兰西人在汉巴赫举行了一场声势浩大的民众示威游行，抗议严格的监管制度。来自德意志西南部各地的三万名群众聚集在汉巴赫，聆听斗志昂扬的演讲。其中，许多参与者回到家中，认为自己是革命福音的使徒。在"自由树"下集会后的农民拒绝缴纳税款，粗暴对待试图收税的官员。为了应对这种情况，巴伐利亚政府在莱茵区内派驻了士兵。不久，农村地区恢复和平。对汉巴赫游行运动展开的官方调查使许多人面临逮捕和审讯，不少年轻人选择放弃革命。其他人看到同伴放弃了革命，于是失去了获得成功的希望，逃离了相互猜忌、间谍重生的生活环境，前往瑞士。①

离开祖国的德意志人加入了苏黎世、伯尔尼和巴塞尔的波兰爱国者组织，策划了新的起义，或者等待一场大规模的欧洲战争。这场战争可能会彻底改变欧洲的政治局面。这些人一度靠瑞士的慈善资助、对革命事业仍有信心的同胞的秘密捐赠，以及自由派委员会委员在各地筹集的资金生活。但捐助者的热情很快冷淡下来。面对瑞士政府的不作为和经济窘境，德意志逃亡者心怀不满，开始移居到更远的国家。最终，在法兰西和英国站稳脚跟的大部分德意志人也跨过大西洋，在德裔美国社区担任政治和文化领导等职务。②

然而，从数字上来说，美国的德意志移民群体并不庞大，对其他移民的影响还不如以相对温和的方式表达抗议的自由派人士。许多对现状不满的德意志人十分羡慕美国政府，并且对美国的就业机会非常感兴趣。未来的不确定性、财产逐渐减少、家庭成员不断增加使很多德意志人想到了移民。但现在的德意志移民并不是在贫困边缘挣扎的人。1824年，定居在密苏里的德意志人戈特弗里德·杜登针对德意志移民写了一本书，并于1829年出版了这本书。他在这部名为《游记》的作品中提出了一项计划，即利用德意志的计划和美德两国的资金，在美国西部建立一个城市，成为德美文化和生活的中心，或让德意志移民聚集在某一领土上，直至数量足够控制新州政府组织，然后立法普及德意志人的社会习俗和语言。③

德意志移民进行了三次集体移民尝试。米卢斯的一个社团分发了移民手册，招揽了几十名拥戴者，于1831年起航。但几乎一到美国，他们就起了冲突，社

---

① 卡尔·博塞尔：《旅游冒险移民》，《德意志先锋》，辛辛那提，1871年到1872年，第3期，第215页。《汉巴赫节》，《德意志先锋》，辛辛那提，1882年到1883年，第14期，第110页到第113页。《1832年的巴伐利亚》，《19世纪编年史》，莱比锡，1832年，第7卷，第313页到第321页。《1833年的巴伐利亚》，《19世纪编年史》，莱比锡，1833年，第8卷，第141页。——原注
② 《莱比锡总汇报》，1846年10月14日。《总汇报》，1836年6月7日、1836年8月13日。海因里希·冯·马特尔：《美国西部信函》，奥斯纳布吕克，1834年，第20页。海因里希·施密特：《德意志人在瑞士的无聊生活》，苏黎世，1899年，第17页到第21页。——原注
③ 戈特弗里德·杜登：《游记》，埃尔伯费尔德，1829年，第234页到第236页、第326页。——原注

团成员四处分散,独自去碰运气。①1831年夏,一名政治煽动者带着约八十人从不来梅起航。这群人的钱都投在了政治煽动者一人身上,希望他能将他们救出苦海。这名政治煽动者鼓吹"奥芬巴赫扩张",激起了追随者们强烈的政治热情和宗教热情。然而,一到纽约,这群人中的年轻人便相继退出。剩下的人继续出发,到达了宾夕法尼亚州西部,然后前往俄亥俄州。一路上有人相继离去,最终留下的人来到了路易斯安那州。在路易斯安那州,团队带头人默默生活了几年。此次冒险出行时大张旗鼓的宣传已经不见踪影。②第三支德意志移民队伍由黑森和巴伐利亚的居民组成。1833年春,他们兴致勃勃地来到登船的地方,出发前往美国阿肯色州。③

第三次移民的影响很小,几乎没有引起人们的注意,因为一场新的移民运动让地方性的、小规模的移民黯然失色。1833年3月,一场新的移民运动开始。吉森市的大学城出现了一本宣传册。这本宣传册回顾了近年来的政治发展情况,描绘了未来的悲观图景。尽管作者否认怀有煽动人们移民的意图,但很多人确实提出了一项共同行动计划。为了阻止这项计划,相关各方呼吁成立地方组织,与吉森市临时中央委员会进行沟通,并且在达到一定人数时举行会议,选举长期领导者。只有有能力负担交通费、场地初步考察费和购买土地费的人才有资格参加会议。大家的最终期望是新定居点有劳动力需求,以便财产较少的人可以移民到新定居点。④

这场移民运动按计划进行着。1833年9月,移民者举行了全体大会,任命了常任官员。1834年春,一批热情饱满的德意志人来到不来梅准备登船,但由于与

---

① 《北美社区移民计划》,《鱼龙混杂的美国哥伦布》,汉堡,1830年,第2章,第446页到第451页。霍普费尔德:《来自北美德意志移民的信:亚拉巴马州的一个移民点》,马基格,1834年,第9卷,第86页。海因里希·冯·马特尔:《西部轶事》,第3页到第4页。——原注
② 《总汇报》,1830年12月24日、1831年3月19日、1831年6月13日、1831年7月21日。《教育水平较高的庄园日程表》,斯图加特,1832年4月6日、1832年4月7日。弗雷茨·赫尔曼:《奥芬巴赫的先知——马克西米利安·路德维希·普罗利》,《黑森州历史考古档案》,达姆施塔特,1922年,第12卷,第202页到第265页。——原注
③ 《巴斯勒报》,1832年12月22日。《科隆报》,1833年8月6日。《欧内斯特·施文德勒的来信》,1833年3月31日,法兰克福,第1页。——原注
④ 《由德至美大规模移民请求与解释》,格莱森,1833年,第6页到第7页、第12页到第13页、第15页、第21页、第23页到第24页。——原注

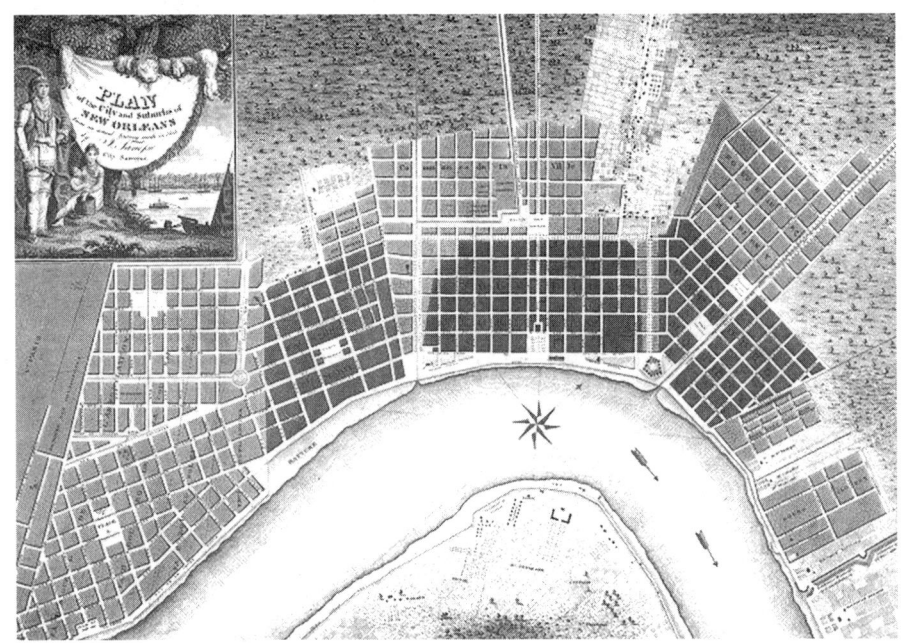

新奥尔良示意图

船长的沟通出了问题,导致只有一艘船能立即起航。移民就此分成两批,第一批登船前往新奥尔良。[1]最初,德意志移民将阿肯色州选为最终目的地,但由于最后关头没有达成一致意见,最终目的地由团队领导人决定。最终目的地如果不是阿肯色州、密苏里州或伊利诺伊州,就会是密西西比河流域的某个地方。[2]被迫等待后面船的人非常不满,并且他们不确定将会在哪里和朋友会合。他们的积蓄因行程耽搁被白白浪费。最终起航时,许多人之前高涨的希望已经逐渐暗淡,变得越来越悲观,合作精神也演变为鸡毛蒜皮的争斗。唯一的安慰是他们坚信之前起航的人已经选好定居点,并且做了一些准备工作。[3]然而,就这一点而言,他们注定会失望。

登陆新奥尔良后,第一批移民的领导者决定前往圣路易,然后在圣路易等

---

[1] 《与1834年吉森移民学会存在特殊关系的北美德意志人信函》,阿尔滕堡,1836年,第12页到第13页。——原注
[2] 《由德至美大规模移民请求与解释》,格莱森,1833年,第16页。——原注
[3] 《来自北美的德意志移民者来信》,第15页。——原注

待与大部队会合，一起决定最终目的地。为此，他们特地在密西西比河上租了一艘船。但密西西比河水位很浅，船无法行驶，人员必须转移到两艘较小的船上。当时，一些人拒绝继续前进，主动退出了移民队伍。到达圣路易时，这群人已经完全分崩离析，成员们分散到了十几个不同的地方。几个家庭在密苏里州圣查尔斯附近定居了下来。圣查尔斯成为此次气势恢宏的冒险中唯一建立的社区。[①]与此同时，第二支船队抵达巴尔的摩，移民们穿山越岭到达了惠灵，登上了俄亥俄河的轮船。但这群人士气低落，每个家庭只顾自己的利益，各奔前程，只有一小部分人加入了圣查尔斯的移民团体。[②]吉森团体事件就此告一段落。一些观察家认为，1835年，德意志移民人数较少与这次令人失望的移民活动息息相关。[③]

1830年的革命以另一种方式影响着移民运动。除了被迫离开祖国的政治狂热分子和自愿选择离开的人，越来越多的人对混乱时代中的经济复苏不再抱任何希望。欧洲大陆的所有内部贸易已经停止，商业和信用关系越来越恶劣。由于要组织更大规模的军警力量，税收不断加重。因此，商业贸易不可能产生任何利润。

这种情况造成的困境与大自然的灾难有着密不可分的关系。农作物持续歉收，农场牲畜因营养不良、身患疾病大批死亡。正常情况下，东欧国家的大量余粮会沿河运输，通过波罗的海到达西欧市场，粮价上涨情况会有所缓和。但由于最大的粮食供应商——波兰已经陷入瘫痪，西欧只能自食其力。1831年到1832年冬，物价涨到了最高点。许多欧洲城市发生了面包骚乱。在一些农村地区，相对繁荣的农场遭到袭击，粮仓被打开，牲畜被杀害。1832年春预示着更大规模的暴动即将发生。[④]不过，人们的担忧并没有成真，部分原因是仲夏时节的大丰收，[⑤]以及春季的大规模移民带走了许多可能会领导群众游行的人。

---

① 《来自北美的德意志移民者来信》，第60页到第61页。——原注
② 《来自北美的德意志移民者来信》，第2页、第6页到第8页、第11页到第12页、第15页到第17页、第23页、第32页、第35页。——原注
③ 《旧世界与新世界》，费城，1835年5月16日。——原注
④ 《科隆报》，1832年4月15日、1832年5月1日。《巴斯勒报》，1832年6月4日、1832年6月18日。《汉诺威杂志》，1832年2月8日、1832年5月30日、1832年12月26日。——原注
⑤ 《巴斯勒报》，1832年6月23日、1832年6月25日、1832年7月26日。——原注

1832年，移民队伍更加庞大，移民规模至少是1831年的两倍，并且一直持续到了1832年深秋。①由于航运业没有预料到移民人数会如此庞大，除了提前做了安排且签了合同的人，可用的临时船无法载这么多人。因此，移民运动在困惑、不满与高变动率中进行着。②更糟糕的是，1832年霍乱肆虐。一些船上不断有人死去，谣言在所有船舱里蔓延，船上混乱无序，人心惶惶。到达美国后，由于检疫耽搁了很长时间，加上当地经济不景气，很多移民失望透顶。③其中一些人将规划好用途的资金花在了归途上，回到了来时的港口。还有一些人围住了领事馆，恳求将自己送回国。④

很快，令人沮丧的消息在爱尔兰、英国和德意志的小酒馆中传播开来，导致1832年冬，这些国家移民美国的人数锐减。⑤但1834年，人们已经淡忘了关于"霍乱年"的悲惨事件。从美国传来的消息反映出美国的经济势头再次好转，同时表明美国对劳动力的需求有所增加。⑥爱尔兰的移民人数增长尤其明显。与往年相比，更多爱尔兰人试图移民美国，而不是加拿大。1834年4月，沃特福德码头、科克码头和伦敦德里码头挤满了即将启程的爱尔兰人，他们推着行李车。⑦勒阿弗尔和不来梅码头也上演着相似的场景，但高通行率使人数看上去并不是很多。⑧出人意料的是，霍乱再次来袭。不过，1834年，船舶失事，几百名

---

① 《科隆报》，1832年5月9日。《总汇报》，1832年5月28日、1832年7月17日。《勒阿弗尔报》，1832年9月14日。——原注
② 《科隆报》，1832年5月24日、1832年5月27日。《利物浦商业纪事》，1832年5月5日。《勒阿弗尔报》，1832年4月2日。——原注
③ 《自由思想》，纽伦堡，1832年5月1日。《总汇报》，1832年4月10日。《勒阿弗尔报》，1832年11月3日。《都柏林商业广告商》，1832年10月15日。《戈尔韦自由新闻》，1832年5月26日。《魁北克精神》，1832年6月9日、1832年6月26日、1832年6月30日、1832年8月4日。《詹姆斯·布坎南的来信》，1832年8月15日，第274页。——原注
④ 《魁北克精神》，1832年8月9日。《詹姆斯·布坎南的来信》，1833年2月15日，第284页。《都柏林商业广告商》，1832年10月15日。——原注
⑤ 《魁北克精神》，1832年5月25日、1832年10月10日。《都柏林商业广告商》，1834年4月21日。农业专责委员会：《报告》，议会文件，1833，第366页、第501页。——原注
⑥ 《科隆报》，1834年1月25日。《巴斯勒报》，1834年10月16日。《粮食交易所快报》，伦敦，1834年9月24日。——原注
⑦ 《自由人报》，都柏林，1834年4月5日，第9页到第11页、第14页、第19页、第25页。——原注
⑧ 《欧内斯特·施文德勒的来信》，1834年9月30日，法兰克福，第1页。——原注

移民遇难的阴影盖过了霍乱的影响。①可能正是这些灾祸导致了1835年移民去美国和加拿大的人口分别减少了三分之一和三分之二。②前往魁北克的路上死亡人数非常多。

此外，其他一些因素增加了移民运动的曲折进程。19世纪30年代，集体移民的老套路被新的方式取代，个人可以独立做出安排。个体移民的成功往往取决于目标国家的经济状况，而不是一个人的远见与勇气。因此，成功与失败、风险与希望都被放大了。做出决定后又犹豫，犹豫后又仓促做出决定。一年春天，到达美国的人数激增，使劳动力市场陷入瘫痪。随之而来的失业导致了下一批移民人数的下降，接着又激发了希望，移民潮再次回归顶峰。19世纪30年代末，移民方式发生变化，减少了每年的变动。移民增长期和衰退期与经济繁荣和衰退的长期循环周期越来越契合。

移民输出国的实际情况也影响着移民人数。1840年，英格兰农村的情况与1830年不同。十年间，英国发生了19世纪最迅猛的社会变迁。19世纪30年代初，在英格兰郡以下的行政区，人们没有选择自己生活方式的权利，只能按照1601年颁布的《伊丽莎白济贫法》规定的劳动方式生活。该法令规定劳工只能在出生地工作，他们的救济落在了当地政府肩上。一项必要及有效的立法颁布后，随着时间的推移，其效力必然会减弱。③为手脚健全的失业人员派发物资会形成好吃懒做的风气，限制移民会打击人们的远大志向，每生一个孩子就多给一笔家庭救济金会鼓励不负责任的婚姻，这类婚姻容易导致贫困人口增加。劳动力供过于求，超过了工作岗位的数量。纳税人承受着税收带来的沉重负担，看不到解脱的希望。④

---

① 《魁北克精神》，1834年9月6日。《航海杂志》，伦敦，1835年，第4期，第371页。蒙特利尔卫生委员会：《关于1834年霍乱和移民的报告》，蒙特利尔，1835年。《詹姆斯·布坎南的来信》，1834年12月12日，第384页。——原注
② 《魁北克精神》，1835年7月23日。——原注
③ J.F.哈蒙德：《乡村劳动力》，伦敦，1911年，第225页到第239页。C.R.法伊：《19世纪的生活与工作》，剑桥，1920年，第89页到第108页。——原注
④ 《粮食交易所快报》，1835年5月4日。《劳动者之友杂志》，伦敦，1837年，第107页。苏塞克斯改善劳动阶级生活水平协会：《季度报告》，林德菲尔德，1832年，第2期，第5页；第3期，第1页。S.杜托：《经济政治和道德方面的移民考虑》，巴黎，1840年，第477页。——原注

一些郡以下的行政区发现，少量劳工移民国外可以大大减轻贫困问题，降低贫困率。①霍顿地区还没有提交给英国议会的待决法案规定，群体移民可以享受国家补助。由于这项议案没有获得英国议会批准，1829年开始，一些行政区出现了以非官方形式组织的移民行动。最著名的移民行动是1832年成立的佩特沃斯移民委员会，其中包含邻近多个郡以下行政区的成员。家产丰厚的地主承担了前往加拿大的路费，教区委员会以提前发放救济物资的名义为移民提供物资。②对移民和行政区来说，这次尝试非常成功。一些社区也开始照搬经验。1834年《济贫法修正案》完善救济制度前，这项移民方案具有普适性。

新法案推翻了延续了二百五十多年的旧体系。新济贫法源于英国议会公布的一项调查，调查公开揭露了旧体系造成的许多公共和私人资金滥用问题。新济贫法不再受地方委员会管辖，越过教区，创立了济贫法工会，由监工管理。四肢健全的公民及其家人只有住在监工看管的贫民习艺所，才能获得帮助。新济贫法还规范了当地移民资金的用途。

新济贫法节省了很多钱，但更重要的是改变了英格兰农民的态度。贫民习艺所灰暗的墙壁时刻提醒着人们，游手好闲、目光短浅就是犯罪，会受到惩罚被迫劳动。随着劳工团体的解散，一些较为明智的人开始从酒吧抽身，将心思放在了互助会和存钱上。乖戾的人只能接受贫民习艺所的工作，毕竟这是唯一可行的生存之道。③经过两个多世纪的停滞，英格兰农村的人口开始发生变化。

除了新济贫法，其他因素也促成了英格兰农村地区的重大内部转变。19世纪30年代中期，英国工业和商业扩张期间，工厂和码头需要人手，并且正如大多数人所料，工会监护人大肆宣传劳动力需求。工会监护人的鼓励和实际运输资助费用缓解了当地纳税人的压力，并且帮助提供了产品销路，可以快速解决英格

---

① 《英格兰劳动阶级状况——移民》，《农业季刊》，爱丁堡，1831年到1832年，第3期，第551页。查尔斯·巴克利编：《1832年春去上加拿大的移民信函》，伦敦，1833年。农业专责委员会：《报告》，第248页。——原注
② 《魁北克精神》，1834年1月23日。《致议会议员的一封信》，佩特沃斯，1834年，第2版，第7页、第9页到第10页。——原注
③ 《粮食交易所快报》，1835年3月9日、1835年8月3日、1835年8月17日、1836年4月11日、1836年7月25日、1836年11月21日、1837年2月6日、1837年2月13日、1837年4月17日。——原注

兰农村生产的所有粮食和牛群的销售问题。①1841年，五十多万英格兰农民已经成为兰开夏郡的居民。②

从某种程度上来说，由于人口迁入城市，大规模移民到外国海岸的梦想并没有成真。这是新济贫法生效时就预见到的，并且新济贫法做出了相关规定。其他影响因素包括受助移民必须去指定定居地的强制要求。在一个行政区，三十名英格兰农民请求通过资助前往美国，但当专员说只有愿意去加拿大的人才能获得资助时，仅有十二人同意，其他人都不愿意前往加拿大。英格兰农村情况的改善放缓了移民步伐。"战争的美好时光回来了。""拿破仑·波拿巴时代即将卷土重来。"③这些都是集市上司空见惯的话语，乐观的前景预期导致当时的人比以往任何人都更愿意开垦土地。他们开沟、排水，将沼泽变成草地，在田野边设置树篱。人人都有就业机会，英格兰农民获得了新的舒适感，不再抱有去海外寻找更好土地的想法。④

在苏格兰，情况略有不同，移民运动主要由两个因素造成，即移民运动中或多或少的变动和严重的危机。18世纪部落解体后，苏格兰人口急剧减少。19世纪20年代后期，由于农田逐渐转变为牧场，人口再次减少。英格兰城市越来越多，为肉类提供了销路，轮船的引入使人们可以将牲畜运送到伦敦码头，并且几乎不会造成重量损失。在苏格兰，地主用牧羊人取代了农户，高地上没有种植小麦和燕麦，而是遍地牛羊。⑤根据一个山区的报告，一些地方迅速长满石楠，但

---

① 《粮食交易所快报》，1835年5月4日、1835年8月24日、1836年2月1日、1836年6月13日、1842年11月14日。《奋斗！为推进自由贸易和废除谷物法奋斗》，普雷斯顿，1842年，第5期，第2页。——原注
② 亨利·阿什沃斯：《兰开夏郡过去和现在的统计图解》，《日报》，伦敦统计协会，1842年，第5期，第255页。——原注
③ 《粮食交易所快报》，1835年8月17日、1835年10月5日、1836年5月23日、1836年7月25日、1836年10月3日、1836年11月14日、1837年1月9日、1837年2月6日、1837年3月27日、1837年4月3日、1837年4月17日、1837年4月24日、1837年9月11日、1837年10月9日、1838年1月15日、1838年5月7日、1838年6月18日、1838年6月25日、1838年8月13日、1838年12月24日、1839年5月20日、1839年10月7日、1840年1月6日。——原注
④ 《粮食交易所快报》，1838年8月6日、1838年10月8日、1839年1月14日、1840年1月6日。——原注
⑤ 《苏格兰新数据》，爱丁堡，1845年，第2卷，第78页、第226页；第3卷，第15页；第4卷，第211页；第6卷，第70页、第844页；第8卷，第83页；第14卷，第322页。——原注

这些地方本来可以生产优质粮食。①苏格兰对劳动力的需求仍然是季节性的，但由于向爱尔兰移民相对容易，爱尔兰不需要本地劳动力的永久供应。在低地农田区，生活水平较低的新移民取代了苏格兰高地人。他们在城镇郊区的小巷中修建房屋，并且以马铃薯、牛奶和青鱼为食。②

尽管苏格兰没有制定济贫法，但地主们担心越来越多的穷人会让他们陷入道德甚至法律义务中。于是，他们开始摧毁居民的房屋，因为这些房子是吸引移民定居下来的原因。人口众多的村庄消失了，山区一片衰败景象，许多昔日的住宅废墟上长满荨麻和荆棘。③观察者们怀念以前的欢乐时光。"之前，在这片土地上，挤牛奶的少女放声歌唱，农夫悠闲地吹着口哨，现在什么也听不到了。"④选择移居他国只是负担得起费用的人的救命稻草，大多数人来到了低地商业和制造业发达的城镇，或者蹲在水闸旁边，妄想通过捕鱼和采海带过上体面的生活。⑤1836年和1837年，危机爆发。当时，持续的恶劣天气摧毁了苏格兰的马铃薯等农作物，导致其他商品的价格猛增。只有公共慈善机构为人们提供了帮助，并且为许多人提供了移民途径。⑥

在爱尔兰，推动移民进程的还有其他因素。1829年，爱尔兰议会通过了一部法案。该法案虽然名义上与爱尔兰投票资格有关，但实际上是具有广泛社会意义的土地法案。这部法案是对爱尔兰选民抗议的正式回复。半个世纪以来，爱尔兰士绅通过一项选举制度，掌握了政治权力。该制度授予每个自由拥有四十先令的人投票权。⑦每个地主手下都有许多选民，并且选民认为，地主提

---

① 《粮食交易所快报》，1834年12月1日、1836年5月23日、1838年7月16日、1839年6月3日。《苏格兰新数据》，第2卷，第78页；第10卷，第463页；第12卷，第42页。——原注
② 《苏格兰新数据》，第1卷，第549页；第2卷，第219页、第255页、第353页；第4卷，第17页、第60页、第115页、第539页。——原注
③ 《苏格兰新数据》，第2卷，第34页、第75页、第226页；第3卷，第198页；第10卷，第33页；第11卷，第241页、第316页。《大不列颠农民杂志》，伦敦，1837年，第1期，第293页。——原注
④ 《苏格兰新数据》，第3卷，第291页。——原注
⑤ 《苏格兰新数据》，第7卷，第98页；第10卷，第569页、第1156页；第14卷，第197页。——原注
⑥ 亚历山大·马基高：《论1836年和1837年苏格兰高地和岛屿食物匮乏的原因》，1838年到1839年，第159页到第199页。——原注
⑦ 《克莱尔史及蒂珀雷里、利默里克和戈尔韦的达尔卡斯部落》，都柏林，1893年，第330页。——原注

丹尼尔·奥康奈尔

供的土地完全值这个价。对投票人来说,他们如果敢在投票时违背地主的意志,就会面临被驱逐的威胁。但19世纪20年代中期,在能言善辩的丹尼尔·奥康奈尔的带领下,一种新的精神开始在天主教农民中出现。丹尼尔·奥康奈尔的诉求是天主教解放运动能在1829年取得成功。1826年,第一次反抗封建领主的政治运动发生在沃特福德郡。1828年,佃户们无视地主的命令,选举丹尼尔·奥康奈尔为议会成员。① 在随后的反抗中,教会发挥了重要作用。每个祭坛都发出呼

---

① 乔治·肖·勒菲弗尔:《皮尔和奥康奈尔》,伦敦,1887年,第104页。《克莱尔史及蒂珀雷里、利默里克和戈尔韦的达尔卡斯部落》,都柏林,1893年,第334页、第337页。——原注

吁,"牧师宣称,选民最终的救赎正处在千钧一发之际。选民如果因投票失去了农田,就会获得神的庇佑"①。这种带有阶级和宗教情感的主张成功唤醒了爱尔兰农民对权利的重新认识。地主知道自己失去了对佃户的控制权,他们为争取利益创造的手段已经转移到更有能力的人手中。既然无力使用手中的权力,地主们就决定摧毁权力。1829年,众所周知的"剥夺公民投票权"的法案废除了拥有四十先令选民的自由投票权,将投票资金提高到了十英镑。②

现在,由于地主不愿将土地分租,导致一些即将成年的年轻人无法成家立业。新法案还影响了地主名下的房屋分配。佃户如果无法为地主提供政治上的回报,就会成为一种负担,成为地主获利的障碍。③因此,地主们采取了土地合并或将小片土地合并成大块土地的措施。地主没有义务供养没有房屋的佃户。于是,少数佃户只能在附近租房子住,或投靠比自己条件好一点的亲戚,或栖居在荒废的土地上,或在沼泽或山脚下找几英亩地安顿下来。还有一些人成为城里的流浪者或劳动者,其中一些人移民到英格兰,更多人流向了爱尔兰北部。④地主收回土地并不是导致移民的直接原因,因为遭到驱逐的人无法独自移民。⑤只有当好心的地主为这些人提供路费或等到他们攒够了钱,他们才能漂洋过海,移民他国。⑥

造成移民的因素多种多样,难以衡量。当时,白衣会、黑脚族、黎明小伙、绿带会等爱尔兰民间秘密组织盛行。这些组织烧杀抢掠,无恶不作。许多背井

---

① 《爱尔兰》,波士顿,1924年,第141页。《克莱尔史及蒂珀雷里、利默里克和戈尔韦的达尔卡斯部落》,都柏林,1893年,第338页。——原注
② 英国移民专责委员会:《第三次报告》,《议案》,1826年到1827年,第5卷,第268页。《1827年年度登记册》,第25页。《1829年年度登记册》,第98页。——原注
③ 《现实考虑中的移民》,伦敦,1828,第64页。——原注
④ 《自由人报》,1835年12月22日。詹姆斯·塞奇威克:《关于废除济贫法——致英国地方纳税人的一封信》,伦敦,1833年,第146页到第147页。《爱尔兰》《农业季刊》,1837年到1838年,第127页到第153页。《调查爱尔兰贫困阶层状况的专员的第一次报告》《议案》,1836年,第33卷,第17页、第22页、第26页、第203页。——原注
⑤ 《自由人报》,1834年4月10日。——原注
⑥ 《爱尔兰农民和园丁杂志》,都柏林,1839年,第6期,第23页。《爱尔兰地主》,《农业季刊》,1833年到1834年,第4期,第394页。《加拿大和伊利诺伊州》,《农业季刊》,1835年到1836年,第6期,第130页。——原注

离乡的移民是"较小的士绅",因信仰新教成为新教徒。他们将自己的离开归因于社会的混乱,指控有人合谋用武力剥夺了他们的财产,或至少恐吓他们放弃了土地。①向殖民部请愿将他们送往美国时,他们提出了这一指控。据一位请愿者说:"即使在白天,任何冠有新教徒之名的人都不敢离开自己的房子,哪怕一英里远。但事实上,仅仅由于他们是新教徒,不去做弥撒,就面临半路被伏击谋杀的危险。"②另一位情愿者写道:"我是新教徒,约三十岁。由于目前遭受的迫害,我很乐意去美国。"为了保护新教徒居民,爱尔兰许多社区出现了"橙色旅舍",对迫害新教徒的人以牙还牙。③

但在爱尔兰一些天主教徒占少数的地区,宗教因素几乎没有对移民运动产生任何影响。在那里,新教徒的移民运动纯属经济现象,但体现了地主驱逐佃农的间接影响。许多没有土地的爱尔兰人来到盛行不同土地制度的北方。他们习惯了简单的生活,愿意出比当地人更高的租金。因此,当旧租约到期时,爱尔兰北方的地主热烈欢迎新移民租地。之前的租客走投无路,只能通过出售自己的财产获得前往美国的路费,体面地离开。④这个过程导致了相对平稳的人员外流。正如阿尔斯特一个地区的报告显示,每年约有四十五名优秀的农民离开爱尔兰北方,他们的位置很快被五十户来自山区的贫困家庭替代。⑤

在北美洲各个社会阶层和经济阶层,我们无法确定来自爱尔兰的全部移民的分布情况。但地理来源为我们提供了一条线索。现存证据表明,大部分移民来自爱尔兰北方。魁北克的政府官员估计,六分之五的爱尔兰入境人员来自阿尔斯特。⑥描述船舶出港的记录也提供了额外证据,表明三分之二的爱尔兰移民是新教徒。⑦为了避免漫长的陆路旅程,爱尔兰移民从最近的港口起航出发。

---

① 《橙色旅舍专责委员会和爱尔兰协会报告》,《议案》,1835年,第15卷,第183页。——原注
② 《詹姆斯·罗杰斯的请愿书》,1830年10月6日,第384页。——原注
③ 《橙色旅舍专责委员会和爱尔兰协会报告》,《议案》,1835年,第15卷,第182页。——原注
④ 英国移民专责委员会:《第三次报告》,《议案》,1836年,第30卷,第9页到第10页、第16页。——原注
⑤ 英国移民专责委员会:《第一次报告》。——原注
⑥ 《詹姆斯·布坎南的来信》,1828年4月24日,第384页、第421页。——原注
⑦ 《自由人报》,1830年6月10日、1832年4月19日。——原注

因此，这从侧面证明了大部分爱尔兰移民是从纽里、贝尔法斯特、伦敦德里和斯莱戈出发的。调查爱尔兰穷人状况的委员会要求每个行政区报告移民情况。这些报告虽然很简短，但令人印象深刻。只有阿尔斯特和康诺特出现了移民盛况。[①] 然而，类似的消息来源表明，在爱尔兰南方，移民数量正在增加。后来的发展也预示会出现这种情况。[②]

19世纪30年代中期，欧洲国家移民运动的影响力逐渐加强。1836年，移民潮达到新高度，移民比例大增，这早在1835年就有征兆。移民潮的另一段巅峰期正在美国悄然兴起。美国的繁荣吸引了无数欧洲人涌入美国，为资本家的美梦添砖加瓦。同时，慕名而至的还有许多怀揣梦想的小资本家。[③] 然而，1837年年初，有迹象表明，一切并不是那么尽如人意。有人给《自由人报》撰稿写道："在美国，赚大钱的日子已经一去不复返。来自世界各地的投机者泛滥成灾，几乎有百害而无一利。"[④]

但欧洲人不愿意相信这类报道，也可能是国内的恶劣情况战胜了他们对异国他乡的恐惧。德意志人面临严重饥荒。[⑤] 爱尔兰再次兴起了叛乱，人们终日生活在恐惧之中。[⑥] 苏格兰人正在忍饥挨饿。因此，尽管美国经济处在崩溃边缘，但迄今为止最大的移民运动还是发生了。大多数新移民遭受了巨大苦难。德意志移民挤在棚屋里，羞于将实情告诉家乡的朋友。[⑦] 英国领事们被派去安抚爱尔兰人、英格兰人和苏格兰人。[⑧] 因此，1838年，此次移民潮逐渐消退不足为奇。[⑨]

鉴于当时发生的一系列事件，移民潮卷土重来似乎令人吃惊。然而，尽管经

---

① 英国移民专责委员会：《第一次报告》。——原注
② 农业专责委员会：《报告》，第366页。安德鲁·皮肯：《目前向移民、殖民者和资本家企业自荐的加拿大人》，伦敦，1832年，第160页。——原注
③ 《总汇报》，1836年9月7日。弗雷德里希·布劳尔：《莱茵河的梦想和泡沫》，第149页到第150页。——原注
④ 《自由人报》，1837年6月8日。——原注
⑤ 《爱尔兰农民和园丁杂志》，1837年，第4期，第28页。——原注
⑥ 《军械回忆录——伦敦德里郡》，《农业季刊》，第8页、第575页。——原注
⑦ 《传教士报》，巴门，1838年6月18日、1838年7月2日。——原注
⑧ 《罗伯特来信》，1837年7月13日、1838年1月11日。——原注
⑨ 《莱比锡总汇报》，1838年6月27日。——原注

济不景气，但有能力的人依然可以找到挣钱的机会。房地产价格很低，市面上的改良农场数量庞大。[①]此外，美国境内开始出现新的阶级和民族。其中，许多拥有资源的宗教人士抓住机会，在移民过程中得到了众多教徒和牧师的帮助。每个宗教群体的教义和经历成就了密西西比河谷的一个社区。同时，需要注意的是，作为先行者，当时的新移民是草原牧民的祖先。

很少有媒体曝光这样一个移民群体，当时的观察者称其为"史蒂芬主义者"，即德累斯顿宗教神秘主义者马丁·史蒂芬的追随者。当马丁·史蒂芬第一次引起人们的关注时，他就像一个富有磁性的演讲者，具有极强的吸引力。他的布道和他对劳工俱乐部的兴趣使他的影响力远超其他牧师。但马丁·史蒂芬也是一名虔诚主义者，他试图改革神学理论和仪式庆典。这些改革让民间权威和宗教当局惴惴不安。[②]长期以来，警方一直怀疑马丁·史蒂芬与其追随者进行非法会面，会面地点不在受监控范围内，而在密西西比河附近的森林中。警方突袭了马丁·史蒂芬等人的集会，逮捕了马丁·史蒂芬及其追随者。经过调查，1837年秋，马丁·史蒂芬接受了停职处理。[③]对其追随者来说，与其他活动和社会关系相比，马丁·史蒂芬倡导的教义意义更重大。马丁·史蒂芬一直想建一个理想的殖民地，地点可能在澳大利亚。当时的事态发展迫使他加快了建立殖民地的速度。[④]

1837年冬，马丁·史蒂芬的计划成型。在高度保密的情况下，一群富有的农民、技艺精湛的工匠和专业人士聚集到一起[⑤]，成立了一个公共基金，用来支付运费和安居费，同时成立了一个委员会监督基金使用情况。[⑥]1838年7月，有人公然说马丁·史蒂芬等人打算去美国寻求庇护[⑦]。1838年10月，当第一支移民队伍

---

① 《查尔斯·格雷伯来信》，1840年6月20日。——原注
② 《教堂总汇报》，达姆施塔特，1823年7月5日、1840年5月16日。——原注
③ 《精神意志报》，柏林，1838年1月8日。约翰·麦克林托克、詹姆斯·斯特朗：《圣经、神学和教会文学百科全书》，纽约，1867年到1881年，第9卷，第1007页到第1008页。——原注
④ 《史蒂芬主义者移民美国》，德累斯顿，1840年，第3页到第4页。——原注
⑤ 《教堂总汇报》，1843年6月24日。《莱比锡总汇报》，1838年7月24日、1838年10月6日。《总汇报》，1838年7月29日。——原注
⑥ 《莱比锡总汇报》，1838年7月24日。——原注
⑦ 《莱比锡总汇报》，1838年7月14日。——原注

离开德累斯顿时,一位艺术家将这一场景画了下来。后来,这幅画在莱比锡展览会上展出时,吸引了不少人的注意力。① 关于马丁·史蒂芬是否可以获得离境许可暂时还不确定,甚至在最后几支移民队伍前往登船港口时,马丁·史蒂芬仍然被警方扣留。但最后关头,马丁·史蒂芬得到了离境许可。他立刻赶到港口和等待他的人会合。这些极富戏剧性的事件吸引了记者们的兴趣。② 1838年11月19日,五艘共载有七百人的船扬帆开往新奥尔良。③

在航行途中,马丁·史蒂芬被选为"主教"。虽然存在反对意见,但马丁·史蒂芬是移民潮的守护者这一事实击败了所有反对者。在圣路易主教堂,英国圣公会的杰克逊·肯铂授权马丁·史蒂芬的就职典礼可以在大教堂举行。与此同时,在圣路易百里外的佩里县,马丁·史蒂芬购买了一万英亩土地,建立了史蒂芬斯堡镇。这是移民者无数次尝试的结果,也是人们的希望所在。④ 但新的问题很快出现。在漫长的海上航行途中,滋生了许多关于马丁·史蒂芬的流言蜚语。于是,定居点严苛的卫道士要求查明真相。马丁·史蒂芬被他的下属带到审判场,一个个证人证明马丁·史蒂芬的道德存在问题,证据都指向对马丁·史蒂芬不利的方面。马丁·史蒂芬被迫带着耻辱离开。⑤ 几个月后,德累斯顿到处是关于马丁·史蒂芬的负面新闻,导致许多在旧世界和新世界之间摇摆不定的撒克逊人放弃了前往新世界的打算。⑥ 这起事件虽然暂时阻碍了移民进程,但激起了人们的兴趣,因为1841年,史蒂芬主义者虽然出师不利,但情况越来越好。⑦

史蒂芬主义者并不是由于被迫害而移民,而是为了逃离索多玛和蛾摩拉⑧。然而,普鲁士的"旧路德教徒"因宗教压迫选择了移民。普鲁士国王腓特烈·威

---

① 《莱比锡总汇报》,1840年10月6日。——原注
② 《教堂总汇报》,1843年6月25日。——原注
③ 《莱比锡总汇报》,1838年11月25日、1838年12月3日。——原注
④ 《北美及周边地区的教会通讯》,柏林,1844年,第7页,《莱比锡总汇报》,1838年6月19日。——原注
⑤ 《莱比锡总汇报》,1839年7月10日。《西方德国公报》,圣路易,1842年6月9日。《1838年撒克逊路德教会的移民》,圣路易,1867年。——原注
⑥ 《知识界晨报》,斯图加特,1839年9月6日。《莱比锡总汇报》,1839年7月25日。——原注
⑦ 《总汇报》,1841年1月9日。——原注
⑧ 索多玛和蛾摩拉是《圣经》中的罪恶之城。——原注

普鲁士国王腓特烈·威廉三世

廉三世厌倦了民众之间的纷争,试图创建一个基于新祈祷书的联合福音派教会,在路德派和德意志改革教会之间达成妥协。尽管面临被重罚的威胁,但路德派中的严格正统派拒绝接受腓特烈·威廉三世的决定。[1]结果,正统派组织移民到澳大利亚和美国的人数远远多于史蒂芬主义者,影响波及波美拉

---

[1] 《教堂总汇报》,1824年10月28日、1830年6月15日、1836年6月7日、1838年8月2日。《路德教在美国》,费城,1857年,第68页到第69页。——原注

普鲁士国王腓特烈·威廉四世

尼亚、波森、马格德堡和柏林等地的教会。过去,这些地区很少有家庭移居国外。[①]1840年,普鲁士国王腓特烈·威廉四世继位,结束了对路德派的迫害。但当时,德意志与海外联系十分频繁,移民没有呈现出衰退之势。[②]

澳大利亚是第一支旧路德教徒的目的地。但很快,澳大利亚暴露出了其劣势。澳大利亚距欧洲太遥远,并且太原始,欧洲人前往澳大利亚的路费十分昂

---

① 《总汇报》,1838年9月18日。《科隆报》,1838年6月24日。《莱比锡总汇报》,1838年6月30日、1838年7月18日、1838年8月27日、1838年8月29日。——原注
② 《莱比锡总汇报》,1843年3月21日、1843年6月3日。——原注

贵。相反，前往美国的人似乎过得不错，很快在纽约和密歇根建立了人气比较旺的社区。1840年后不久，威斯康星州成为移民的避风港，不仅吸引了来自普鲁士的定居者，还吸引了梅克伦堡、巴登和符腾堡的定居者。①他们中的许多人因经济、社会及宗教方面的原因选择移民。1843年，许多从西里西亚起航的旧路德教徒都是织布工。当时，欧洲的亚麻工业正处在萧条期，失业是促使旧路德教徒移民的主要原因。②

另一个离开德意志的重要宗教团体是犹太人。但犹太人的外流几乎不是因为宗教热情，而是渴望逃离反犹太主义。18世纪，德意志犹太人在古老的中世纪遭受的痛苦趋于缓解。解放是为了适应时代潮流，但战争改变了事态发展，德意志政府反其道而行。各地的维新政策要求政治理论与实践结合，宗教也不例外。由于在法兰西侵占德意志期间，犹太人资助过法兰西人的多次入侵行动，因此，犹太人成为德意志政府的重点关注对象。与法兰西人的交易使犹太人不受德意志政府待见。同时，犹太人发的国难财也招来了其他人的嫉妒。③

德意志的很多地区通过将犹太人驱逐出境，解决了犹太人问题。但巴伐利亚面临的情况比较艰难。巴伐利亚由自由城市和教会省份组成。许多处境艰难的公国发现，领地内勤劳且有经济头脑的犹太人是有利可图的。结果，一些公国的人口形成了棋盘式分布。非犹太人村庄与希伯来人村庄相互交错，希伯来人村庄的法律地位通过一系列法令和条例得到保障。④1813年6月10日，德意志政府发布的一项法令，为混乱局面带来了秩序。虽然一些条款不具有约束力，但与经济活动相关的条款是有效力的。犹太人可以务农、做工匠、成为制造商，但如开旅馆之类的经商活动或从事任何一个专业领域都需要许可证，并且任何社区的许可证数量都是有限的。⑤1828年，符腾堡效仿巴伐利亚，颁布了

---

① 凯特·列维：《德意志移民到美国威斯康星州的地理起源》，《威斯康星州历史》，威斯康星州，1898年，第14卷，第341页到第393页。《总汇报》，1841年7月6日。——原注
② 《莱比锡总汇报》，1839年3月29日、1839年12月26日、1843年6月22日。——原注
③ 彼得·比尔：《犹太人的历史、教义和观点》，伦敦，1828年，第117页。——原注
④ 圣哥达·多伊奇：《亚伯拉罕·贝特曼——辛辛那提先驱医师》，《犹太人历史》，1915年，第22期，第105页到第116页。——原注
⑤ 《以色列年鉴》，法兰克福，1839年8月16日。——原注

一项法律，禁止犹太人交换或出售物产，除非他们已经拥有或经营这些物产三年以上。①

在这种情况下，移民是年轻的犹太人改变命运的唯一渠道。年轻的犹太人前往欧洲其他国家或美国，并且自古以来，年轻的犹太女性常常前往意大利当女佣。这种现象在犹太人中司空见惯。②然而，现在，由于来自大西洋各地鼓舞人心的报道，移民运动开始向大西洋的另一边发展。每一封到达欧洲村庄的喜报都促使更多人离开家乡。③1839年，巴伐利亚的一万名犹太人移民到美国。在美国，犹太人估计有一万五千人。④

巴伐利亚的外流人口主要是商人和专业技术人员。这些人在美国分布广泛。在美国，少数有储蓄的人立刻成为商人。大多数犹太人在美国各地做小生意，直到积累了足够的资本安定下来。想购买大片土地的犹太人只能在航海途中聚集在一起。19世纪30年代，犹太人的移民运动并没有结束，甚至愈演愈烈。但在接下来的几年中，不管是犹太人还是非犹太人，德意志人移民并不是因为受到迫害，而是受到当时经济萧条的影响。

瑞士、荷兰和斯堪的纳维亚也面临与德意志类似的宗教问题。瑞士确实没有出现暴力示威游行活动，但敬虔主义并没有偃旗息鼓。然而，在严苛的环境下，卫理公会和浸信会的一些团体很难茁壮成长，于是只能遵循瑞士传统的救济方式——移民海外。在挪威和瑞典，人们对已经建立的路德教会心怀不满，导致许多人将目光投向了美国。在美国，他们可以享受宗教自由氛围，得到更多机会。第一次由贵格会教徒组成的挪威移民运动采用了1825年著名的"单桅船团体"形式。瑞典移民运动始于1841年，古斯塔夫·乌诺尼斯及其小团队在美国威斯康星州的松湖定居下来。⑤

---

① 《符腾堡对土地自由流通问题做出的贡献》，《政治科学杂志》，图宾根，1845年，第2期，第326页到第328页。——原注
② 《以色列年鉴》，1840年2月21日。——原注
③ 《犹太教总汇报》，莱比锡，1839年4月2日。《以色列年鉴》，1839年7月5日。——原注
④ 《犹太教总汇报》，1841年1月9日。——原注
⑤ 《挪威人移民到美国》，诺斯菲尔德，1931年。《瑞典移民的宗教因素》，明尼阿波利斯，1932年。雅各布·范德泽：《艾奥瓦州的荷兰人》，艾奥瓦市，1912年。——原注

19世纪30年代后期，另一个群体扩充了穿越大西洋的移民队伍。威尔士效仿英格兰农村重建的立法计划。英格兰农村的立法举措之所以能取得成功，是因为迎合了英格兰农民的心理和社会条件。但对社会状况和人们心理状况完全不同的威尔士来说，立法计划产生了出乎意料的影响。在英格兰女王伊丽莎白一世统治时期，威尔士颁布的济贫法中没有任何可以诟病的地方。英格兰教区的丑闻并没有给威尔士人带来麻烦，威尔士的财政支出也不大。[1]凯尔特人的传统是大难临头各自飞。此外，负责发放救济金的威尔士官员眼红这笔钱。在新制度下，成为特派员的外来者严格执行"济贫院规定"，将丈夫与妻子、父母与子女分开。美国的济贫院由公共费用支持，官员们拿着工资做一些无偿工作。与英格兰的情况有所不同，在威尔士，新济贫法带来的赋税不但没有减少，反而增加了。[2]

威尔士新济贫法的另一个特点是减税。减税也遭遇了重重困难。在英格兰，尽管大多数人对英国国教保持忠诚，但从民众手中征收赋税绝非易事。在威尔士，大多数农民都是狂热的非国教信徒，有土地的人放弃了法律赋予的权利，只满足于自己能够得到的东西。[3]新制度下的税款在折算为现金支付时，成为"县税"的一部分，并且不用于支付涉及的法律诉讼费。此外，由于减值计算代表的是先前支付的实物的价值，因此，随着物价起伏，支付税款的方式也在发生变化，但变化仍然很均匀。如果农作物歉收，那么农民的实际负担不会相应减轻。此外，平均数是按照整个国家计算。这一算法对威尔士很不利，因为威尔士的物价通常比其他地方低20%。[4]

由于工业化的迅速发展，威尔士的情况变得越来越复杂。世界各地的铁路制造商争相从南威尔士购买铁制品，随之而来的繁华改变了威尔士产煤或产铁

---

[1] 《泰晤士报》，伦敦，1843年7月29日。——原注
[2] 南威尔士调查委员会：《证据纪要》，《议案》，1844年，第15卷，第52页、第75页、第416页。《北威尔士的旧济贫法》，《威尔士考古学》，伦敦，1926年，第122页、第126页。——原注
[3] 托马斯·普莱斯：《兰德西里奥教区史》，《蒙哥马利郡考古》，伦敦，1900年，第269页到第270页。——原注
[4] 《泰晤士报》，1843年10月3日。南威尔士调查委员会：《证据纪要》，《议案》，1844年，第28页、第162页、第293页。《兰德西里奥史》，第269页、第270页。——原注

的山谷。矿主拥有一大片山头，这些山头曾被山谷的农民用来养殖牲畜。①当地人如果提前接受无法避免的发展变化，放弃田地，从事采矿业，那么一定会过得更幸福。但长久以来，由于对"失地农民"的恐惧，一些威尔士家庭租了几亩贫瘠土地。这些家庭晚上点着蜡烛收割庄稼，白天步行约十二英里去矿上工作，以此弥补庄稼收入的不足。②他们半工半农，忍受着工作的艰辛。1837年后，威尔士的铁路修建停滞不前，煤炭和钢铁交易随之萧条，导致数千人回到了农村地区。这些人以为可以生活得更轻松，却没有料到贫困率迅速上升。③田地收成越来越不好，1840年和1841年几乎颗粒无收，但身无分文的威尔士农民还得继续纳税。④

结果，威尔士爆发了一场骚乱。1843年夏秋，夜晚收完庄稼后，一群人趁夜色披着女性长裙，穿过南威尔士山谷，聚集在山腰的农田里，开完会后悄悄散开。他们一路沿着收费关卡，摧毁了征税所的大门，将征税所付之一炬，还打伤了征税所的工作人员。征税所收到的警告书上的落款是丽贝卡。在家里的灶旁和酒馆里，威尔士人端着盛满麦芽酒的酒杯，小声谈论着"丽贝卡及其女儿们"的所作所为。⑤1853年，约翰·琼斯对乔治·巴罗说："先生，我是和平之友，不是什么爆头怪、拆房人，更不是破门者。但我不能将1843年发生的事归咎于丽贝卡。"⑥没有人承认与施暴者相识，也没有人揭穿彼此的身份。

然而，大部分受苦的威尔士人，包括虔诚的方法论者和浸礼会教友，并不愿意诉诸武力。他们坚持遵守法律，因此只能迁徙到威尔士法律没有涉及的地方。19世纪早期，威尔士人横跨大西洋，到达了纽约市中心。战争结束后，一些威尔

---

① D.R.菲利普斯：《纽斯谷历史》，斯旺西，1925年，第212页、第214页。《威尔士和蒙茅斯郡皇家土地委员会的报告》，《议案》，1896年，第34页、第185页。——原注
② 皇家土地委员会：《报告》，第312页。D.R.菲利普斯：《纽斯谷历史》，斯旺西，1925年，第211页、第214页。——原注
③ 《泰晤士报》，1843年7月21日、1843年8月1日。皇家土地委员会：《报告》，第59页。——原注
④ 南威尔士调查委员会：《证据纪要》，《议案》，1844年，第187页到第188页。皇家土地委员会：《报告》，第154页。——原注
⑤ 《泰晤士报》，1843年7月22日、1843年8月1日。《丽贝卡主义》，《19世纪》，1881年，第9期，第691页到第694页。南威尔士调查委员会：《证据纪要》，《议案》，1844年，第295页。——原注
⑥ 乔治·巴罗：《野性威尔士》，伦敦，1923年，第93页到第94页。——原注

士家族在俄亥俄州定居下来。① 在美国，威尔士人发展壮大，威尔士语和威尔士人的宗教习俗得以保留下来。1835年，德高望重的B.W.奇德洛主教再次访问威尔士。他的布道、演讲和谈话让威尔士人更加关注美国。很快，"俄亥俄的名字逐渐变得家喻户晓"。② 当B.W.奇德洛主教启程返回时，许多人和他一起前往美国，还有一些人紧随其后来到美国。1840年，B.W.奇德洛主教再次访问威尔士，点燃了威尔士人的热情。对赞同B.W.奇德洛主教意见的数百人来说，B.W.奇德洛主教出版的小册子《美国人》就是他们的移民指南。③ 宾夕法尼亚州的产铁区和产煤区为威尔士人提供了很多就业机会。美国采矿史上的威尔士时代可以追溯到19世纪30年代威尔士人的大量涌入之时。

1837年后，经济停滞的消沉气氛笼罩在威尔士上空，随后扩散到了英格兰的工业区。铁匠、鞋匠、编织工和矿工徘徊在乡间，寻找工作，甚至沿路乞讨。兰开夏郡的城市为难民提供了施食处，但空荡荡的街道反映了人口普遍流失的现状。④ 英国参与了侵略中国的战争，关闭了国内对纺织品需求最大的一些市场，延长了经济萧条期。大量下岗工人在深深的绝望中告别了之前从事的行业，离开了祖国。经济繁荣时期，一些颇有远见的英国人成立了移民社团。现在，移民社团的积蓄足以支付漂洋过海的费用。⑤ 没有远见的人只能抛下家人，选择花销最少的路线前往新世界。⑥

仅凭数据无法看出从利物浦航行到美国的移民从事的行业。但观察者报道

---

① E.W.琼斯：《纽约诺伊达公司的早期威尔士定居者》，《威尔士人》，尤蒂卡，1889年，第9期，第39页。《呼吁召开威尔士先驱会议》，《堪布莱恩》，尤蒂卡，1888年，第8期，第212页。——原注
② 《威尔士人在美国》，《堪布莱恩》，尤蒂卡，1890年，第10期，第99页。——原注
③ 《美国人》，兰鲁斯特，1840年，第2版。——原注
④ 《利物浦精神》，1840年1月3日、1840年1月31日、1841年11月12日、1842年1月7日、1842年4月8日、1842年4月22日、1842年6月24日、1842年7月22日。《粮食交易所快报》，1842年7月4日、1842年8月15日。——原注
⑤ 《利物浦精神》，1842年3月4日、1842年3月25日、1842年4月8日、1842年4月22日、1842年5月13日、1842年5月27日、1842年6月10日。《澳大利西亚记录与印度观察家》，伦敦，1842年6月25日、1842年7月23日。——原注
⑥ 《利物浦精神》，1841年10月29日。约翰·芬奇：《利物浦沃克斯霍尔统计数据》，利物浦，1842年，第22页。——原注

称,尽管在前期的英格兰移民和爱尔兰移民中,农民占大多数,但现在,制造商和手工业者越来越多。①1842年,由于美国商业遭遇经济萧条期,移民运动戛然而止。无望改善生活状况的数百名移民回到了兰开夏郡。然而,美国的前景很快明朗起来了。1842年12月,美国城镇和乡下的教堂响起钟声,宣告战争结束。1843年春,许多工厂复工,人们重新返回工作岗位。②

1843年春,所有曾经参与过移民运动的国家和地区的移民数量显著减少。当时的人认为这是一个奇迹。③然而,移民数量减少持续的时间很短,所有移民的势力很快集结成一股新势力,移民潮卷土重来。1828年以来,横跨大西洋的移民人数超过五十万人。通过不断扩张的关系网,欧洲人得知了关于美国的第一手资料。这些资料生动形象,对后续的移民运动意义重大。

---

① 亨利·阿什沃斯:《当前博尔顿贸易萧条统计数据》,《日报》,伦敦统计协会,第5页、第75页。《爱尔兰朋友》,贝尔法斯特,1842年,第5期,第172页。约翰·芬奇:《利物浦沃克斯霍尔统计数据》,利物浦,1842年,第22页到第23页。——原注
② 《粮食交易所快报》,1842年12月12日、1843年5月15日。《利物浦精神》,1842年11月18日、1842年11月25日、1842年12月2日、1843年7月7日、1843年12月29日。——原注
③ 《总汇报》,1843年2月5日。《莱比锡总汇报》,1843年4月27日。《科隆报》,1843年9月11日。《殖民地和移民专员来信》,1843年3月24日。《殖民地与移民专员的总报告》,《议案》,1844年,第31卷,第12页。——原注

第 7 章
美国：普通人的理想国

精彩看点

欧洲人对美国社会状况和经济情况的误解——文学对移民运动的影响——旅游指南和旅行文学的刺激作用——国际邮政服务——欧洲人了解美国的信息来源——经济自由的吸引力——宗教自由对潜在移民的影响力——家庭型移民——妇女们对移民的恐惧——群体心理是影响移民运动的重要因素之一——爱国情感与宗教紧密相关

1815年，距克里斯托弗·哥伦布发现新大陆已经过去了三百多年。地理大发现带来的影响几乎无处不在。美洲已经成为欧洲商人讨论市场行情、大西洋航运商绘制航线图，以及政治家制定方针政策时考量的一个重要方面。但在欧洲普通人的日常生活中，美洲大陆并没有频繁出现。欧洲人可能经常听到别人

克里斯托弗·哥伦布发现新大陆

第 7 章 美国：普通人的理想国

谈论美洲大陆,自己偶尔也会说起海洋彼岸充满异国情调的陆地,但他们想象中的美洲是不现实、虚幻的,就像中世纪的渔夫和水手经常被当作消遣的传奇。但1492年后,有关美洲的古老神话变成了现实。1815年后,美国进入了欧洲普通人的视野。欧洲人了解到,美国的生活虽然充满艰辛,但能给人带来希望,因此,他们毫不犹豫地将美国称作"乌托邦"。

18世纪的移民运动没有改变欧洲人对美国抱有的天真看法。来到北美洲的欧洲宗教团体与欧洲大陆彻底隔绝,流放到北美洲的罪犯不愿和自己出生的土地有任何联系,出卖劳力抵偿船资的移民没有办法再回故土。尽管1815年后的几十年里,欧洲移民前赴后继,但很多移民并不清楚自己即将面临什么样的艰难困苦。1830年,移民运动持续了很长一段时间后,欧洲人对美国的地理概况、政府机构和生活情况依然充满误解。美国独立战争结束后的半个世纪里,还有英国人写信给英国殖民办公室,要求将他们送到"弗吉尼亚种植园"。欧洲人普遍对美国的国土面积、地理位置和基本构成存在误解。[①]一些英国家庭仅仅因为从雅茅斯港口看不到美国,就选择回到家乡。虽然这让人难以置信,但欧洲人关于美国的其他地理盲点数不胜数。[②]一个爱尔兰人请求在"北美洲肯尼迪"拥有一片土地,另一个要去"北美洲肯尼迪"的人却说要前往"一个叫上加拿大的岛"。一个英国人本来打算移居到美国英裔移民较多的地方,但无意中定居在了俄亥俄州。德意志主流报纸以"南美洲"为标题报道了来自得克萨斯州、墨西哥和弗吉尼亚州的新闻。[③]

与行政区块划分一样,欧洲人对美国的社会状况和经济情况容易产生误解。克里斯托弗·坦普尔·埃米特警告自己的同胞,美国与欧洲的社会关系非比寻常,只有亲身接触才能真正了解美国。[④]有人认为,美国是一片遍布毒蛇和狼蛛的原始陆地,到处是不友好的印第安人,并且气候酷热难耐,容易引发森林火

---

① 《美国或导游对有意向了解并旅游的人员的重要性》,贝尔法斯特,第15页。《可奥普利家族游记和苏皮格及伊利诺伊州新瑞士的成立》,苏尔赛,1833年,第26页。——原注
② 《关于英裔美国移民弊端的提示与建议》,伦敦,1833年,第6页。——原注
③ 《内卡报》,1827年4月4日。——原注
④ 《卡里克早报》,都柏林,1818年8月4日。——原注

灾，美国人为此备受煎熬。但另一些人认为，美国是一个绝对平等的国家，远离困扰旧世界的一切苦难。当德意志移民经过勒阿弗尔，被问到他们期望在大西洋彼岸找到什么时，他们只有一个答案，即希望美国没有国王。① 一些刚抵达美国的英格兰人惊讶地发现，美国真的没有国王。②

当时，高雅文学并没有改变欧洲人的观点。浪漫主义精神渗透到了小说、诗歌、哲学和宗教中。乔治·戈登·拜伦和珀西·比希·雪莱是浪漫主义诗人的杰

乔治·戈登·拜伦

---

① E.L.布劳恩斯：《对旅美者和移民的实用教学建议》，不伦瑞克，1829年，第16页。托马斯·戴克：《致移民者的建议》，伦敦，1832年，第57页。——原注
② E.L.布劳恩斯：《关于移民到美国的设想》，哥廷根，1827年，第567页。——原注

出代表。浪漫主义小说家沃尔特·斯科特和威廉·梅克比斯·萨克雷将作品场景设置在遥远的美国。他们认为美国居住着一批高贵的野蛮人和追求朴素生活的好心人。通过书中的描写，读者仿佛被带到了美国。美国的印第安人、拓荒者和商人的形象跃然纸上。很少有作家比美国的詹姆森·费尼莫尔·库珀更受读者欢迎。截至1830年，詹姆森·费尼莫尔·库珀的《皮袜子故事集》已经被翻译成六种语言。此外，他描述的美国北部树林和西部大草原的冒险经历激起了成千上万读者的兴趣。随着书中每一章节的展开，读者越发对自己单调乏味的生

沃尔特·斯科特

詹姆森·费尼莫尔·库珀

活感到不满。①不过,基于小说编织出来的对新世界构想,在人们真正接触美国前就消失殆尽了。但与此同时,在越来越多著作中,对美国的憧憬激发出的强烈好奇心使许多欧洲人试图寻求更可靠的信息。这些著作声称描绘的是真实的美国。

解决了拿破仑战争中出现的国际政治问题后,公众的注意力开始转向诸如民主、工业控制和劳工保护等问题。对这些问题的讨论,美国人往往带着一种鄙视态度,因为他们认为美国已经解决了这些问题,美国的资本是安全的,劳工获得的回报比其他国家多,富人与穷人共同参与政治。许多欧洲人虽然对美国人的吹嘘持怀疑态度,但同时认为,美国为欧洲各国提供了社会实践经验,欧洲

---

① 《汉诺威杂志》,1845年6月21日。——原注

人可以从美国政体中学到很多东西。19世纪20年代后期开始,一大批观察者陆续穿过大西洋,拜访了华盛顿,与美国总统交谈,登上阿勒格尼山,俯瞰大草原和河流,记录纽约和巴尔的摩繁华的商业活动,并且在返回途中写书立传。在文学上,第一批观察者取得的成功激励了其他欧洲人。如果一个观察者给予美国肯定评价,那么另一个观察者就会认为自己有责任猛烈批判美国,第三个观察者会见机表达中立看法。文学作品的流行使美国的土地所有者和移民经纪人获益匪浅,他们学会了以游记的形式打广告。美国旅行文学至少盛行了一个世纪。

旅行文学虽然大多出自英国和法兰西作家之手,但对德意志的影响最大。不但所有重要的旅行文学作品都被翻译成了德语,①而且越来越多的德意志人前往新大陆记录自己眼中的美国。正如我们知道的那样,其中最出类拔萃的德意志作家是戈特弗里德·杜登。1829年,在密苏里州的一个农场居住了三年后,戈特弗里德·杜登回到自己的祖国。在一本期刊上,他发表了一系列描述自己经历的书信。这些信收录在《北美西部之旅》一书中,成为德意志移民史上最重要的文献。这本书的吸引力在于随笔似的文风。书中没有关于白宫的访问,也没有关于美国出口增长变化的统计表格。相反,这本书描述了戈特弗里德·杜登在密苏里州农场的日常生活。其中一封信描述了春耕,另一封信记录了一场大丰收,还有一些信详述了在森林和河畔的惬意时光,日落和月明之夜的辉煌。信中没有咄咄逼人的士兵,没有傲慢的神职人员,也没有盘根究底、想将对方家底刨出来的收税人。这些描写恰好是欧洲农民一直渴望的生活。这本书有多个版本,其中一个版本被瑞士移民以成本价印发出售。

与《北美西部之旅》类似的书籍大受欧洲人欢迎。在很大程度上,这一现象归功于乡村阅读俱乐部的兴起。虽然乡村阅读俱乐部在欧洲很常见,但德意志的乡村阅读俱乐部最具特色。乡村阅读俱乐部的发起人一般是当地牧师,主要目的是引导人们远离存在争议的宗教和政治议题。为了营造一种庄重气氛,乡村阅读俱乐部限制人们抽烟喝酒,俱乐部成员最多只能抽一到两支烟,喝一

---

① 《文学娱乐报》,莱比锡,1834年4月26日。E.L.布劳恩斯:《实用教学》,第266页到第267页。——原注

杯啤酒。一般情况下，每个成员每季会购买一本书或订阅一本期刊。乡村阅读俱乐部每星期会在旅馆或教区教室集会，第一个议程一般是朗读选定作品的部分章节，然后进行自由讨论。由于历史和旅行题材占很大比例，美国成了人们热议的焦点。在几次周会上，俱乐部成员最初的目的是解读美国移民问题，但经常涉及有关美国的其他信息和美国的发展机会。[1]犹太人中有许多阅读俱乐部，其主要目的是研究世界上其他地方的犹太人对自由的追求，同时从中获得鼓励。[2]

在英国，由于印刷品价格较低，乡村阅读俱乐部根本没有存在的必要。据说，"只要报纸纸张的质地保持良好，或者纸张颜色与打印机墨水的颜色能区分开，"[3]报纸就会一直传阅下去。出版社出版的周刊越来越多，尤其是爱丁堡的钱伯斯出版社。为了培养人们的移民兴趣，钱伯斯出版社做出了巨大贡献。《钱伯斯爱丁堡日报》和《钱伯斯人民信息大全》的发行量很大，尤其受不怎么阅读的农场工人和手工艺人喜欢。[4]这些出版物及跟风出版物详细描述了英国人在各个国家和地区的定居和发展情况，提供的信息严谨真实，并且附有移民的真实书信。许多英国人受到爱丁堡报刊的影响，决定移民美国。[5]

与此同时，在大不列颠诸岛和德意志，公共教育设施得到普及，大大增强了纸质书的影响力。就爱尔兰而言，1832年，爱尔兰成立了国立学校，标志着语言革命的开端。1822年，只会讲爱尔兰语的爱尔兰人约有两百万人，但1861年，只会讲爱尔兰语的爱尔兰人不到十六万四千人。[6]当然，其中很多爱尔兰人已经移民他乡，但学会讲北美语言刺激了爱尔兰移民。移民运动的强大助力源于学校对地理知识的传播。在最富有想象力的年纪，儿童通过学校墙上的地图

---

[1] 《内卡报》，1823年11月24日。《教堂总汇报》，达姆施塔特，1833年10月20日、1834年1月24日。《图林根人之友》，耶拿，1829年3月28日。《德意志季刊文章》，斯图加特，1839年，第1期，第239页到第251页。《马里兰德意志团体友好理事会》，波尔特，1834年，第7卷，第9144期，第3页到第4页。——原注

[2] 《犹太教总汇报》，莱比锡，第1页、第424页、第453页到第454页。——原注

[3] 《苏格兰新数据》，爱丁堡，1845年，第13页、第37页。——原注

[4] 《苏格兰新数据》，爱丁堡，1845年，第37页、第710页。——原注

[5] 《钱伯斯提供给人们的信息》，伦敦，1835年。《奋斗！为推进自由贸易和废除谷物法奋斗》，普雷斯顿，1842年，第52期，第4页。《大不列颠农民杂志》，伦敦，1861年，第9期，第107页。——原注

[6] 《国家》，都柏林，1862年1月25日。——原注

看到世界在他们眼前徐徐展开。学校校长告诉学生们,在遥远的国度,土地充裕,并且不用交租金,也没有收租人抢走肥沃土地的产粮。衣衫褴褛的欧洲儿童梦想着跨过大西洋,寻找财富的那一天。当令人欢欣的时刻到来时,他们会带上家人一同前往北美洲。许多移民承认,他们对移民生活的最初渴望源自教室。这一事实得到了人们的高度认可,导致试图鼓励移民的教区不得不购买更多地图。①

18世纪30年代至40年代初,移民运动通常在精心策划后得以实施。策划移民的人必须查找地名辞典和地理知识,同时在各个书店搜集额外的资料。他们在乡村旅馆阅读报纸,寻找移民通知和航运广告。他们还拜访邻居,听取邻居的移民亲属的来信建议。②据当时一个人说,"阅读家庭"最容易产生移民倾向。③这些家庭心思缜密,令人惊讶。"我们甚至让一个来自俄亥俄州的年轻人与我们同住了整整一个月,以确保我们对即将移民的国家有一个完整认知,那可是我们未来命运的舞台啊!"④移民在采取实际行动前,这种兴致往往会持续多年。

移民中介和航运公司意识到,旅游指南和旅行文学具有刺激移民的作用。但因为购买手册和文学作品是一笔大花销,所以移民中介和航运公司常常通过一对一访谈激起人们的移民兴趣。然而,慈善机构会免费提供相关资料,消除人们的顾虑。爱尔兰一位牧师在家中收藏了约一千本地理书、旅游指南、地名辞典和外国历史书,供人们阅读。⑤利默里克移民友好协会有一个殖民办事处和各殖民地负责人信息的信息交换所,以此推动了邻近村庄和农村地区廉价移民文学作品的出售。⑥

虽然印刷品提供的信息真实可靠,但在私人信函面前,印刷品的效力黯然

---

① 《澳大利亚记录与印度观察家》,伦敦,1842年1月8日。——原注
② 《移民真实景象:北美内陆的十四年》,伦敦,1848年,第5页。《加拿大定居者备忘录上记录的北美移民》,爱丁堡,1844年,第1页。《利物浦精神》,1844年5月10日。——原注
③ 《移民与殖民倡导》,伦敦,1848年8月19日。《大不列颠农民杂志》,伦敦,1839年,第3期,第171页。——原注
④ 《移民北美》,第1页。——原注
⑤ 《爱尔兰殖民专责委员会的报告》,《议案》,1847年,第6卷,第102页。——原注
⑥ 《理查德·基廷来信》,包含利默里克移民友好协会第一届年度报告。——原注

失色。当一艘船驶离码头时,岸边的呼喊声中没有任何声音比"快写信回来"更响亮。六个月内,家人基本收不到来信。写信者非常小心,因为他知道每句话都会被围在炉火边的家人细细琢磨,并且第一封信的语气可能会决定一批人的命运。此外,由于邮资成本高昂,移民们也不能频繁寄信。因此,写信者会尽量写得详尽周全。

按照现代标准,19世纪的国际邮政服务几乎称不上一个"体系"。美国、加拿大和一些西欧国家都有邮政机构,但中间的大西洋不属于任何国家。海上运输属于私人性质的商业事务,涉及许多不确定因素。身处美国的一名写信人通过国内邮政,委托海岸的一家航运公司寄信时,支付了一笔跨海费用和内地寄往国外的邮资。① 尽管乘客们经常宣称自己可以在行李中携带书信,减少船长向寄信者收取的费用,但船长才是真正的信函经手人。这种非正式服务建议由其他相关人员共同提出,价格十分多变,邮寄一封信需要二十五美分到五十美分不等。② 由于寄一封信需要花费一天的工资,因此,人们只在必要时写信,并且信中内容颇具权威性。③

一些移民认为,自己寄出的信可能遭人篡改。任何对美国不利的通讯信函都无法寄出。为了鼓励移民,有人会编出虚假的赞扬信并伪造签名。这种事操作起来非常简单,因为当时的许多寄信人是文盲,不得不依靠他人代写家信。④ 为了防止有人从中作梗和出现虚假信函,移民们想出了各种应对办法。出发前,移民与家人一致同意将信写在特定的信纸上,或用大头针将一个图案别在信纸一角,或在信纸约定的地方涂上密封蜡,或在蜡里面藏弯针或小硬币。偶尔会有人采用一种代码,这样一来,字面意义并不等同于真正含义。比如,一个即将启程

---

① 《圣加伦广州公民到北美和西印度群岛的陆地和海上航行》,圣加伦,1820年,第74页。——原注
② 《西方德意志公报》,圣路易,1836年9月24日。《旧世界与新世界》,费城,1834年1月11日、1834年6月21日、1834年7月4日、1834年7月19日。——原注
③ 《魁北克精神》,1839年8月17日、1840年7月14日。《威廉·布朗来信》,1842年1月15日。《上加拿大定居者书信摘录》,伦敦,1834年,第7页。——原注
④ S.H.柯林斯:《美国移民指南与描述》,赫尔,1830年,第4版,第145页。托马斯·索克特编:《苏塞克斯移民信函》,皮特沃兹,1833年,第44页。查尔斯·巴克利编:《1832年春天前往上加拿大的道金移民信函》,伦敦,1833年,第15页。——原注

的爱尔兰人与家人约好，如果他在信中说，弟弟如果不带上亲爱的祖母就不要过来，鉴于祖母已经去世三十年，他的真正意思是家人不要过来。①

这样一来，就保证了信中内容的真实性。一封来信不仅关系着一个家庭，还影响着整个社区。邻居们聚在一起，牧师应大家的要求在一片静默声中朗读来信。这种静默是欧洲人对北美洲兴趣的强有力证明。信函通常会被复印成几份，送到其他社区。②这些信通常是鼓舞人心的，部分原因可能是移民者克服了最初的困难后，才给家人写信。③但当一封饱含负面信息的信被送达时，大家会更加重视这封信，甚至会将之前收到的几封带有鼓励性质的信留下的美好印象全部抹去。④不过，每封来信的真实性都毋庸置疑。欧洲各国政府试图通过在官方公报中公布失意移民的来信，阻止移民潮。但公众无视政府的这一举措，并且将其视为政府自私自利的宣传。⑤

移民的亲友寄来的信中不仅包含着重要信息和建议，还有证明北美洲生活十分富裕的实际证据，如银行支票、商铺订单、付费船票等。国际贸易发展初期，当邮寄涉及钱财时，会变得十分困难。有时，移民者需要走几百英里，才能找到信得过的船长或乘客，委托他们转交钱财。当一名移民者死后，他的亲属在遗产分割问题上的举动会在当地引起轰动。很快，以追求财富为目的的移民人数快速增加，⑥导致人们不断涌向欧洲各国驻美国的领事馆，求助并打听自己认为即将出现的遗赠。⑦"美国的富叔叔"因此开始了传奇的一生。

信函、汇款和遗产等说明了移民们取得的成功，但最有说服力和最不容质

---

① 查尔斯·巴克利编：《1832年春天前往上加拿大的道金移民信函》，伦敦，1833年，第27页。托马斯·索克特编：《苏塞克斯移民信函》，皮特沃兹，1833年，第30页。《魁北克精神》，1826年1月17日。——原注
② 《爱尔兰便士杂志》，都柏林，1840年12月5日。《西方德意志公报》，圣路易，1846年3月16日。《文化水平较高的阶层晨报》，斯图加特，1833年11月15日。托马斯·索克特编：《苏塞克斯移民信函》，皮特沃兹，1833年，第8页。——原注
③ 《知识界晨报》，1833年11月21日。《传教报》，巴门，1838年7月2日。威廉·格里：《对美国特征的贡献》，汉堡，1844年，第2页。——原注
④ 《魁北克精神》，1840年12月22日。——原注
⑤ 《莱比锡总汇报》，1840年4月21日。——原注
⑥ 《来自欧洲的移民》，明斯特，1845年，第1卷，第8883期，第11页。——原注
⑦ 《乔治·萨克尔德领事来信》，1833年5月7日。——原注

疑的证据是衣锦还乡的移民。有时，当年春天移民的人冬天时会回到家乡，同时带回了足以帮助全家人移民的收入，并且时间之短令人难以置信。通常情况下，移民们几年后才会返回家乡，但他们的变化非常显著。1815年到1819年，移民者饱受痛苦，许多人不得不出卖劳力支付船费。但十年或十五年后的现在，移民者不再一贫如洗，逐渐变得富裕起来。奴隶制一去不返，移民们享受着国内同胞们几乎无法享受的独立。他们的经历为家乡的人提供了重要经验，并且谱写了"饥荒年代"移民者的幸运故事。①访谈和新闻多次报道曾经一文不名的仆人现在摇身一变，成了富商，曾经的学徒现在雇佣着一百名工人，曾经的贫农拥有数十英亩土地。人们翻来覆去讨论的话题不仅有移民们取得的成功，还有移民们取得成功的速度。②

  欧洲驻美国领事，尤其是来自欧洲大陆的领事，认为有必要强调被移民机构的"甜言蜜语"蒙骗的可怜人的悲惨命运。有时，这种情况并不少见，但领事们认为，类似的案例并不具有代表性。③普鲁士驻巴尔的摩领事没有直接表态，只是解释说在美国，人们来来往往且没有设关卡，因此无法断定人们的命运。1833年，黑森领事坦率地表明，近年来，移民者大都取得了成功，其中包括一些之前十分贫穷的移民。④

  美国驻外领事是欧洲人了解美国的另一条信息来源。美国不断扩张贸易，在欧洲内陆各城市和许多港口城市设立了美国领事馆。德意志大部分地区拒绝给离境人员办理护照，除非他们能证明移民国家一定会接纳他们。于是，这些人都去美国领事馆请求开具必要证明。⑤不过，这道程序只是走个形式，一段时间后，就完全被忽视了。但人们到美国领事馆获取信息的习惯已经形成，并

---

① 《知识界晨报》，1832年9月25日。《总汇报》，奥格斯堡，1836年3月11日。G.P.斯科罗普：《信函摘录》，伦敦，1831年，第26页。《英国移民专责委员会的第三次报告》，《议案》，1836年，第30卷，第11页。——原注
② 《总汇报》，1843年11月7日、1845年6月8日。《汉诺威杂志》，1832年9月5日。——原注
③ 《科隆报》，1843年2月9日。《莱比锡总汇报》，1839年5月24日、1839年6月22日。——原注
④ 《总汇报》，1833年5月10日。——原注
⑤ 《欧内斯特·施文德勒的来信》，1833年3月31日，法兰克福。《总汇报》，1830年3月31日。——原注

且一些办公点,尤其是设在不来梅和美因河畔法兰克福的办公点,发挥了重要作用。如果美国政府为此早已制定出相关政策,美国领事馆可能会为美国招募到最理想的移民。事实上,美国领事馆提供的服务性质取决于各领事拥有的信息和公德心。[1]

很少有移民独自前往他国。第一个前往北美洲的人可能是父母或邻居选定的代表。后来的人加入了移民队伍,扩大了移民的家族圈。他们写给家里亲戚朋友的信总是饱含深情,如"如果你们在这里,那该是多么幸福"。一位爱尔兰人写到自己的兄弟时说:"如果他在这儿,我就是世界上最幸福的人。"[2]另一个写信人写道:"当我们入座就餐时,我常常想,如果我能和苏格兰的好朋友分享美食,那该有多开心!"[3]写信者耐心劝导家人和朋友加入自己:"你们不必像我们那样小心翼翼,胆战心惊,不知道去哪儿,也不知道干什么,因为你们知道,我们已经替你们探过路。我非常希望你们加入我们。"[4]

即使信函带来的是噩耗,也同样可以坚定人们的移民决心。欧洲人了解到,美国是一个劳苦之地,也知道在美国,人人都能找到工作,尤其是会使用铲子的工匠、会砌砖的泥瓦匠和会装框架的木工。几乎北欧的所有普通农民都会做这些事。面对众多机会,欧洲人的注意力被乡村教区盛传的言论、移民们偶然寄回的报纸、中介和船商印制的广告吸引。[5]一家之主不需要独自承受全部压力,因为正如信中描述的那样,在美国,女性也可以做家政服务,小孩子可以在农民和机械师那里当学徒,并且不用交习艺费。[6]

---

[1] 《欧内斯特·施文德勒的来信》,1833年3月31日、1834年9月30日、1837年1月31日,法兰克福。《米歇尔·豪森来信》,1830年7月20日、1831年8月31日,不来梅。——原注
[2] 《都柏林早报》,1828年10月9日。——原注
[3] 《移民指南》,韦斯特波特,1832年,第67页。——原注
[4] 查尔斯·巴克利编:《1832年春天前往上加拿大的道金移民信函》,伦敦,1833年,第17页。——原注
[5] 《总汇报》,1831年4月28日、1832年5月16日。《科隆报》,1833年6月25日。《斯莱戈日报》,1829年2月3日。《戈尔韦自由新闻》,1832年4月21日。——原注
[6] J.T.格里菲斯:《在俄亥俄州新定居点的两年》,伦敦,1835年,第82页。《美国和英格兰对比:移民手册和指南》,伦敦,第2版,第40页。G.P.斯科罗普:《信函摘录》,伦敦,1831年,第33页。——原注

欧洲农民还了解到，在美国，劳动一天的收入可以购买一英亩可种玉米的土地。①经过两三年的省吃俭用，勤劳的工人能购买一个干净整洁、建了房屋的农场。这一情况间接表明了美国工资水平之高，直接证明了美国耕地之多。土地贫乏的德意志人很难理解美国社会。目前，一个德意志人在本国交付的年租金能在美国买下比他现有的农场大一倍的农场。面对美国广袤的耕地，已经在本国拥有土地的德意志人惊叹不已，于是将财产变卖后，拿出三分之二的钱移民到美国，剩下三分之一的钱能在美国购买的土地是其原来土地的四倍多。②因为美国人并不排斥欧洲人，愿意将自己多余的土地卖给欧洲人，并且价格远低于市场价，所以即使是第一批到美国的移民，也毫无不适感。③

去过美国的欧洲游客指责美国人随意挥霍祖先财产，长年饱受饥饿的欧洲农民认为美国十分富饶。从大西洋彼岸传来的消息形象地描绘道："俄亥俄州果园里坏了的桃子和苹果足以压垮英国舰队，普通农田里掉落的麦子足以养活一个教区的人，善良的家庭主妇希望英国的穷人能吃到自己桌上的剩饭剩菜，这些饭菜平时都是用来喂猪喂狗的。"④美国人并不是只在特殊节日才大摆宴席，因为他们每天都像过圣诞节一样。农民们自力更生，除了茶叶和咖啡豆，其他东西都自己种植。⑤没有地的劳工也可以享受到大自然的恩赐。修建公共工程时，工人们每餐都有牛肉或猪肉，早晚餐有咖啡或茶，工作间隙还有威士忌。⑥待在家里的移民也有能力一次性买一头猪，填充家里的食物库。⑦一个移民写道："让托马斯·阿伦来美国吧！当他在英国没有东西吃的时候，让他解下自己

---

① 《农民杂志》，爱丁堡，第20期，第261页。——原注
② 《总汇报》，1832年5月15日。《莱比锡总汇报》，1840年4月21日。E.L.布劳恩斯，《实用教义》，第286页。——原注
③ 威廉·卡特莫尔：《移民加拿大的优点》，伦敦，1831年，第184页到第185页。F.A.埃文斯：《移民目录》，伦敦，1833年，第78页。——原注
④ 约翰·奈特：《英国人在美国写给英国朋友的原始和近期信函的重要摘录》，曼彻斯特，1818年，第36页。G.P.斯科罗普：《信函摘录》，伦敦，1831年，第15页。托马斯·索克特编：《苏塞克斯移民信函》，皮特沃兹，1833年，第45页。——原注
⑤ 《移民议案续集》，阿伯丁，1834年，第22页。《移民指南》，韦斯特波特，1832年，第102页、第133页。G.博森：《北美远足小册子》，罗特维尔，1842年，第34页。——原注
⑥ 《移民指南》，韦斯特波特，1832年，第95页。——原注
⑦ 《从山南到上加拿大的苏塞克斯移民信函》，奇切斯特，1837年，第8页。——原注

的皮带,送给其他饥肠辘辘的奴隶。告诉米里亚姆,在美国,孩子们吃了晚饭才上床睡觉。男人们外出工作时,包里总会带着晚餐。"①

欧洲人眼中繁荣的美国指美国人可以自给自足。美国政府人均支出仅为荷兰的四分之一,甚至不到英国的十分之一。美国的牧师不需要缴纳教区税,穷人也不用上交地方税。尽管美国人口与普鲁士相差无几,但普鲁士拥有美国五十倍的常备军人数。令人惊讶的是,在美国,一个饲养八匹马的农场只需要缴纳十二美元的税。②安德鲁·杰克逊执政时期,美国政府国库充盈,欧洲没有可以与其媲美的政府。美国政府收入颇高,结果,如何处置这笔钱成了一个大问题。一个愤愤不平的写信人写道:"这里有许多常见的苍蝇和其他害虫,但不会对人造成什么伤害。在美国,我找不到比英国税收和保守党更可怕的了。"③

没有繁重赋税只是美国政府体系的优点之一。定居在美国的移民心怀感恩,说美国没有宪兵干涉私人事务,人们不会因义务兵役被迫推迟结婚,年轻人的独立生活也不会受到影响,政府不会强迫父母送子女去上学,或者剥夺父母照顾子女的权利。因为美国政府还没有建立审查制度,所以报纸在政治和社会生活中发挥了重要作用。法律面前人人平等,政治地位的差异并不会取代个人的社会地位,而会成为检验个人价值的标准。④

也许由于美国政府各部门单调的年度报告,国会并没有过多关注报告内容。但在大西洋彼岸,许多热切的听众在听美国政府的报告。一位爱尔兰编辑写道:"我们拜读了文件,它似乎与我们的忧虑息息相关。"⑤许多政治煽动者将美国政府的报告作为鼓吹自由主义的教材。在一个主要由记者负责传送新闻、争取业绩的时代,美国政府的报告在西欧得到了广泛传播,甚至没有收到信的

---

① 《美国和英格兰对比》,第40页。——原注
② 《自由思想》,纽伦堡,1832年3月4日。《内卡报》,1827年9月12日。《最新世界知识图书馆》,1830年,第8卷,第50页。查尔斯·巴克利编:《1832年春天前往上加拿大的道金移民信函》,伦敦,1833年,第32页。——原注
③ 《人民》,沃特利,第7期,第53页。——原注
④ 《德意志论坛报》,慕尼黑,1832年1月21日。《知识界晨报》,1828年1月19日。弗雷德里希·朗格编:《来自美国关于移民的最新信函》,伊尔梅瑙,1834年,第133页到第134页。F.A.埃文斯,《移民目录》,第117页。——原注
⑤ 《都柏林早报》,1830年1月11日。——原注

安德鲁·杰克逊

欧洲家庭也知道这份报告。安德鲁·杰克逊执政期间，美国政府的报告对欧洲产生了巨大影响。美国政府报告中的语气有点儿自得，将幸福的美国与腐朽的欧洲做了对比。每一次比较都加强了欧洲人移民的冲动，并且由于每份文件都记录了土地出售、印第安人移民、运河和道路发展情况，整个报告成了当下美国前景的概括。①在一些警告声中，一份保守的德意志期刊敦促依法禁止再版美国总统报告，理由是报告包含了审查机构所禁止的教义。②

---

① 《都柏林早报》，1829年1月1日。《总汇报》，1833年3月3日。《米歇尔·豪森来信》，1833年2月20日，不来梅。——原注
② 《自由思想》，纽伦堡，1832年3月5日。——原注

美国公正的政治声誉曾多次受到污蔑。安德鲁·杰克逊当选总统后，悲观的预言随即流传开来。据说，安德鲁·杰克逊将代表西方半开化的人与东方的贵族斗争，随之产生的社会混乱会与哥特人和匈奴人入侵欧洲时一样。最终，作为一名职业战士，安德鲁·杰克逊会推翻帮助他当选总统的党派，成为一名独裁者。但安德鲁·杰克逊执政早期，美国并没有发生社会战争。安德鲁·杰克逊变成了军事总统。①关于共和政体分裂的无效争议成为爆发冲突的根源之一。爱尔兰自由派报纸的一位编辑满怀忧虑地写道："我们害怕美国解体。"②《总汇报》着重对美国解体进行了哲学探讨。报道称，历史告诉我们，只有君主制才能长久存在，共和政体在辽阔土地上传播时，已经埋下分裂的种子，美国的尝试从逻辑上来说即将结束。③但在短期内，爱尔兰报纸可以欣慰地宣布，危机已经结束，共和主义取得了一个"辉煌的胜利"。④灾难性的预言四起，世界银行首当其冲，纷扰缠身。后来，恐慌席卷了整个美国，甚至击垮了一些谨慎的商业企业，但联邦政府依然成功度过了接二连三的危机。19世纪30年代末，美国共和政体的长久性问题几乎不再遭到质疑。⑤

也许对大多数人来说，经济自由的吸引力比政治自由大很多。新移民接受了海关敷衍了事的入境检查后，美国向他们敞开了大门。新移民可以随心所欲，在各地来去自由，甚至可以不受当地行会约束，自由参加任何贸易或商业活动。不管有没有纳入国籍，都不影响他们行使权利并享受优待。一个人的出身虽然没有高低贵贱之分，但就现存的等级而言，据报道，农场主属于最高层，工匠次之，专家和官员排在最末位。但在欧洲，顺序刚好相反。⑥

美国人不认为工人和仆人属于一个阶级，因为他们的身份只是暂时的。此

---

① 《总汇报》，1829年9月18日、1830年2月6日。《内卡报》，1828年12月15日。《图林根人之友》，1829年4月25日。——原注

② 《自由人报》，都柏林，1833年1月14日。——原注

③ 《总汇报》，1833年3月4日。——原注

④ 《自由人报》，都柏林，1833年4月4日。——原注

⑤ 《总汇报》，1833年11月23日、1837年9月18日、1838年8月30日。《文学娱乐报》，1837年5月29日。——原注

⑥ 《总汇报》，1843年5月29日。《汉诺威杂志》，1834年4月23日。K.E.里克特：《来自美国的投票》，茨维考，1833年，第7页。——原注

外，一旦一个移民受雇于雇主，他受到的待遇是欧洲人难以想象的。雇主像对待家人一样对待雇员。农场主们常说："一个人如果优秀到可以为我工作，那么一定有资格和我一起吃饭。"① 仆人不承认自己有"主人"，总是称雇主为"先生"。一名旅客上门拜访一个纽约人，并且带着一封介绍信，询问回应门铃的女佣道："你主人在家吗？"女佣愤怒地回答："先生！我没有主人！"然后，女佣当着旅客的面，砰的一声关上了门。② 各个阶层的人穿着看似同样质地的衣服，穷人与富人之间的差异并不明显，路上也没有徘徊的乞丐。③ 一个女仆对自己职位唯一的不满是她的雇主夫妇"语法太差"④。

在美国，宗教自由对潜在移民的影响力无法估量。对教会集会和一些渴望脱离基督教掌控的教派来说，宗教自由是刺激移民最重要的因素。然而，在欧洲普通农民的一生中，宗教尽管意义非凡，但并不意味着一切。这些人可能会问："既然美国没有建成的教堂，那么美国人有宗教生活吗？"针对这一问题，一些教派的牧师做出了回应。他们到访旧世界，寻求传教资金，为牧师一职招募人员。他们声称宗教在美国不但兴盛，而且对道德与司法的影响比国家推崇的其他方式更有效力。⑤ 移民们虽然认为在相关法规出台前，他们所在地方的宗教存在缺陷，但描绘了美国光明的宗教前景。许多无意离开家乡的虔诚教徒可能是从激情洋溢的宗教读物中了解了美国。这些宗教读物以传教为幌子，传播到了美国草原上。⑥

当时，由于西欧对流行观点存在独特的接受情况，美国众多的吸引点传到欧洲后，深深扎根在了人们心中。欧洲农民和工匠都渴望提升自我。人们想要摆脱出生环境的渴求是革命年代精神和社会动乱的产物。在革命动乱中开创事业

---

① J.T.格里菲斯：《在俄亥俄州新定居点的两年》，伦敦，1835年，第80页。——原注
② 彼得·尼尔森：《美国六年定居回忆录》，格拉斯哥，1830年，第28页。——原注
③ 《合伙人》，1833年10月11日。《教学》，1833年9月25日。《移民议案续》，第25页。——原注
④ 约翰·韦斯特：《英国各地印第安人使命》，伦敦，1827年，第222页。——原注
⑤ 《教堂总汇报》，1827年5月17日。——原注
⑥ 《教堂总汇报》，1826年4月4日、1826年5月4日、1826年8月6日、1827年3月20日、1827年8月5日、1845年6月22日。《传教报》，1836年3月7日。G.P.斯科罗普：《信函摘录》，伦敦，1831年，第5页。T.瓦尔赫克：《游历美国》，柏林，1820年，第5页。——原注

的一代人已经功成身退。陪伴现在这一代人长大的是社会的急剧变化和空前进步。因此,欧洲各国政府在修整期的保守观念使很多人感到不满。一些人想在新环境中实现远大抱负。从直接意义上来说,美国革命结束后,美国成了欧洲人实现理想的舞台。①

在大多数情况下,失望情绪可能消磨了人们的雄心壮志,很多人选择向命运妥协。但不久后,人们将自己的梦想寄托在了下一代身上。在欧洲家庭中,望子成龙是一成不变的宗旨。父母将自己从上一代人身上继承的知识或财富授予下一代,这是全社会约定俗成的规矩。父母如果不能将每个孩子都培养得青出于蓝,就是失败的。②但到了1830年,这一习俗遭遇了几十年来闻所未闻的困难与打击。当一个有四五个儿子的文官或武将只能守住两三个儿子的职位时,他该怎么办?同样,就业竞争逐渐增大。在汉诺威,每年应聘教堂职位的候选人是空缺职位的十倍。许多农场主无法为所有儿子提供足够的农具,更不用说面积可观的土地。③

对子女众多的父母来说,来自美国的消息十分重要。19世纪30年代初,观察者发现,移民的特点正在逐渐变化。以前的移民主要是单身年轻人,如农场工人、工匠和学徒,或出去深造的年轻夫妻。现在,以年轻力壮、积极活跃的青年为主导的家族移民团体越来越多。发生变化的原因是父母希望孩子和金钱能在一片土地上共存,所有孩子都能有用武之地,缺钱时有钱可花,缺人时有人可依。在欧洲,经常能听到一句话:"生了许多孩子的穷人。"然而,在美国,情况恰恰相反,因为生了许多孩子的人生活逐渐好起来。一个定居者写道:"在这儿,托马斯·罗伯特·马尔萨斯先生不会得到其他人的理解。"④

家庭型移民很容易获得成功,并且比单独的定居者更稳定,可以很快安定

---

① 《文化读者早报》,斯图加特,1838年11月17日。《总汇报》,1834年1月6日。《与1834年吉森移民学会存在特殊关系的北美德意志人信》,阿尔滕堡,1836年,第8卷,第10页。弗里德里希·戴尔曼:《移居美国的斯坦家族来信》,韦赛尔,1835年,第8页。——原注
② 罗伯特·穆迪:《移民的随身伙伴》,伦敦,1832年,第28页到第29页。——原注
③ 《总汇报》,1834年1月6日、1835年11月16日、1837年5月17日。《莱比锡总汇报》,1846年6月19日。《詹姆斯·比尔比来信》,1836年12月10日。——原注
④ 《文学娱乐报》,1833年11月9日。W.T.哈里斯:《1817年、1818年和1819年游历美国见闻》,伦敦,1821年,第91页。——原注

下来。家人携手可以共同面对困难，但独自一人可能早就放弃了。一个家庭中的所有人同舟共济，共同享受繁荣或承受失败。如果孩子们获得了回报，他们的父母会感到无比满足，并且用下面这段话激励同时代的人：

> 人们曾被痛苦而可怕的预言困扰，但现在，到处是一片祥和宁静。预示着风暴即将来临的乌云已经散去。被乌云遮蔽的太阳突然出现，闪耀着万丈光芒。就世俗情况而言，将死之人也许会将头奔拉在枕头上，床边围满哭泣的家人。他们会将灵魂交给上帝，直至眼中光芒一点点散尽。他们不用牵挂自己离世后亲人会何去何从。①

人们隐约觉得欧洲注定会毁灭。在某种程度上，这反映了欧洲人对未来的忧虑。在欧洲，时光的痕迹愈发明显，欧洲人的活力和精神正在慢慢流逝。曾经的亚洲和非洲鼎盛繁荣，现在，欧洲之星日渐衰微。哲学家和农夫都感受到了颓废之气。1831年，约翰·沃尔夫冈·冯·歌德在一首著名的诗中写道："在美国，你会生活得更好。"②几年前，一群苏格兰织工要求政府资助移民，声称自己"在经商的狂热和动荡状态下精疲力竭……逃离现在的苦难，过上平静且美好的田园生活是我们唯一的梦想"。此外，尽管政治家们一直强调现在是和平年代，但大量军团已经进入备战状态，和平只是暂时的休战期。③作家们基于门罗主义原则，强调了大西洋两岸政治制度之间普遍存在的本质区别。最终，这些制度会产生冲突，富有朝气的新大陆将占据优势。④因此，眼光长远的人将自己的财富安置在美国就不足为怪了。

---

① 《钱伯斯提供给人们的信息》，伦敦，1835年，第7页到第8页。——原注
② 《科隆报》，1840年12月6日。——原注
③ 弗里德里希·阿伦德：《密西西比河谷或美国西部的描绘》，埃姆登，1838年，第569页。《移民议案续》，第49页到第50页。《最新文献领域阅读心得》，汉堡，1832年，第3期，第78页到第79页。《弗里德里希·利斯特来信》，汉堡，1823年到1832年，第3卷，1831年1月7日。——原注
④ 《卡里克早报》，1818年1月9日、1818年2月27日。《勒阿弗尔报》，1828年5月4日到5日。《内卡报》，1828年4月16日。亚历山大·利普斯：《美国统计数据》，法兰克福，1828年，第5页。——原注

人们天生不愿背井离乡，但不管怎样，旧的社会关系不会一成不变。欧洲各国的公共领地遭到划分，封建制度和人们的共同义务实现现代化，一系列变化导致欧洲人的情感纽带越来越模糊。在过渡时期，美国出现在了欧洲人的视野中，并为其提供了很多机会。如果必须重新选择祖国，为什么不能是海洋另一边的美国呢？人们认为爱国是一种值得称赞的美德，但什么国家可以称作祖国呢？"祖国不是我们最先睁开眼看见光明的地方，也不是头顶的那片苍穹。不是的！祖国拥有更高的境界。我们的习惯和风俗、亲情和友情，以及语言等构成了真正的祖国。"所有这些都可以在美国保留下来。爱国主义不再是移民的绊脚石，想象力赋予了美国理想国的所有特征，一种新的爱国主义开始刺激欧洲农民移民。[1]

　　对海洋的恐惧使一些潜在移民踌躇不前。大多数移民来自欧洲内陆地区。对这些人来说，大西洋意味着风暴与海难。中介与船商意识到了这种偏见力量很大，于是设法在广告宣传中消除欧洲人对海洋的恐惧。他们强调了运输船的适航性、水手们熟练的技术及卓越的智慧，以及现代航海技术的精确性。[2]曾经穿越大海的人的证词验证了中介与船商的宣传，加深了广告宣传在人们心中的可信度。有了航海经验后，有人写道，跨越海洋就像"穿过羊群"一样。[3]尽管有人将自己的成功归结为天意，但他们的经历仍旧令人鼓舞。"我们有足够的理由感谢上帝，由于上帝的善良，我们所有人平安到达美国。近四百人乘坐一艘船，途中只有一个婴儿不幸夭折。上岸前，我们迎来了四个新生命，这是天大的恩赐。"[4]

　　妇女们经常公开表示对大海的恐惧，但她们犹豫不决的主要原因是担心在海外生活。现在，家乡的老房子变成了一间郊区小屋，她们不再享有在国内时的

---

[1] 《总汇报》，1843年9月7日。《自由移民是解决祖国苦难的唯一途径》，德累斯顿，1831年，第11页。《德意志人思想意识、教育年鉴》，柏林，1847年。《最新世界知识图书馆》，1830年，第2卷，第213页。——原注

[2] H.W.C.易格林：《美国简述》，威斯巴登，1832年，第273页。《钱伯斯提供给人们的信息》，伦敦，1835年，第34页。——原注

[3] 《乔治·艾林来信》，1836年7月24日。——原注

[4] 查尔斯·巴克利编：《1832年春天前往上加拿大的道金移民信函》，伦敦，1833年，第20页。——原注

便利，而是孤独地住在美国偏远地区。这种孤独感若隐若现，与国内舒适的社会生活形成鲜明对比。国内有农村集市、教堂和邻居的厨房。父亲考虑的是孩子的未来，母亲却担心孩子生病没有医生治疗，死时还要忍受没有牧师祷告带来的痛苦。只要将移民计划提上家庭会议，许多丈夫就会遭到妻子的强烈反对。孩子们追求新鲜事物，什么地方都愿意去，但妻子态度强硬，坚决反对。妇女们的态度一直很坚决，但一本流行的移民指南提供了应对妇女们固执态度的方法，即要耐心温和，但必须坚定，如果有必要，丢下她们，自己先走。① 但"抛弃"行为并不常见，因为婚姻誓言要求的不仅仅是爱与荣誉。一位妇女坦言："如果遵从丈夫的意愿还能让我有所选择，我绝不会移民。"这道出了许多妻子和母亲的心声。②

随着时间的流逝，妇女们的抗拒情绪趋于减弱。随着美国越来越为人所知，妇女们知道了偏远山区并不是唯一的归宿，美国也有村庄、集市和教堂。更令人吃惊的是，有传闻说在美国，妇女们干的活很少，不用种萝卜、收亚麻、晒干草和挤牛奶，并且男人们负责劈柴、汲水。农场主的妻子被称作太太，女儿们能"高昂着脑袋"。许多移民者的妻子醒悟过来，决定直面她们一直害怕的孤独与艰辛。她们渴望获得更多尊严，过上舒适的生活。于是，她们欣喜地遵从了丈夫的意愿，启程前往美国。③

不愿离开熟悉的社区生活的情绪影响着当时的欧洲人，尽管男性受影响的程度更小一些。在非英国人中，这种情绪表现得最明显。1830年前后，为了消除这种情绪，一系列"德意志州"或"德意志社区"的方案被打造出来。熟悉美国国情的人警告其他人，成功毫无希望。④ 很多移民虽然经历过失败，但很快为自己开辟出了新道路。⑤ 这一结果并没有看上去那么奇怪。集团企业惨遭失败，因

---

① 罗伯特·穆迪：《移民的随身伙伴》，伦敦，1832年，第189页到第199页。——原注
② 《移民真实描画》，第5页。——原注
③ 乔治·斯特里克兰：《加拿大偏远地区》，伦敦，1836年，第105页。《移民法案续》，第23页。《英国农民杂志》，第9期，第113页。——原注
④ 《科普夫和苏皮格家族游记》，第288页。——原注
⑤ 《总汇报》，1834年9月26日、1836年6月24日。《来自北美德意志人的信》，第154页到第155页。——原注

为领导人忽略了成功最重要的因素——个体企业。失败者得到的教训很清楚，即个人或家庭更容易获得成功。[1]因此，一些企业的失败可能比其成功更能吸引移民。

许多迹象表明，德意志移民的特点发生了变化。十年前，大多数德意志移民都是农民，美国人不分青红皂白，将他们和18世纪的"宾夕法尼亚荷兰人"混为一谈。但十年间，德意志移民带上了不同的日耳曼人气息，逐渐从宗教的繁文缛节中挣脱出来，很快褪去了农民的特征。几年后，德意志移民的日子越来越好，

---

[1] 《总汇报》，1833年8月19日。《德意志季刊文章》，斯图加特，1839年，第1期，第48页。——原注

匹兹堡

并且渴望修建公共设施。他们的社区吸引了同种族的专业人士,如医生、牧师、音乐家和教师。这些人的存在反过来又有助于改善德意志移民的文化生活。在有几千人的城市或乡镇,学校、教堂、书店、歌唱社团和报业都在蓬勃发展。在美国的一些地方,当地社团加入了组建国家组织的行列。[①]1835年,一场全国范围内的运动将德裔美国人聚集到了一起。匹兹堡的德意志人积极煽动民众情

---

① 《文学娱乐报》,1835年10月29日、1837年5月29日。《旧世界与新世界》,1834年1月4日、1835年6月27日。奥古斯特·威特:《美国简述》,汉诺威,1833年,第111页到第112页。——原注

绪,通信委员会安排了相关具体事项。1837年10月,第一届德意志大会在匹兹堡召开。参会代表们认为,通过为下一代提供合适的教育设施,可以更好地保留德意志社区原有的习俗,并且建议成立一所教师培训学校。在宾夕法尼亚州的菲利普斯堡,相关机构逐渐成立。第一届德意志大会激起的热情促成了后面会议的不断召开。1843年8月,第五届也是最后一届德意志大会召开。①

---

① 《西方德意志公报》,圣路易,1843年6月10日。《旧世界与新世界》,1837年1月1日、1837年4月29日、1837年6月17日、1837年7月8日、1837年7月15日、1837年7月22日、1837年10月28日、1837年11月4日、1838年2月17日、1838年8月18日、1838年10月27日、1838年11月3日、1839年6月8日、1839年8月10日、1839年8月17日、1839年11月9日、1839年11月16日、1839年11月23日、1839年11月30日。——原注

辛辛那提

然而，德意志大会并没有对德意志移民产生巨大影响。无论何时，当德意志士兵在纽约、巴尔的摩、匹兹堡或辛辛那提的街道上行走时，入籍选民的政治重要性给当地政客留下了深刻印象。[①]在德意志人聚居的社区，甚至在国会和其他州，以及在全国选举中，入籍的德意志选民逐渐获得了支持。民主党人告诉德裔美国人，是他们的合作帮助推翻了新英格兰的金钱势力，将安德鲁·杰克逊送进了白宫。共和党将1840年的伟大胜利归功于自己。1844年，当民主党重新执政

---

① 《西方德国公报》，1837年7月29日。《旧世界与新世界》，1836年1月9日。——原注

时，德裔美国人觉得自己也有一份功劳。①所有在职人员的友好态度，上至总统，下至基层，推动了德裔美国人团体活动的展开。19世纪30年代后期，试图扩张到几个城市的基层政治之外的本土主义运动的失败增长了德裔美国人的信心。

19世纪30年代末，德意志人自信地认为，参与美国政治和社会生活并不一定会导致他们与英裔美国人合作，也不一定会使独特的德意志文化与其他文化融合。②随着新的年轻血液的不断加入，美国人与德意志人的关系变得越来越亲密，德意志关税同盟条约使双方的贸易关系变得越来越牢固。③在无数个社区中，德意志人的习俗、语言、歌曲和机构蓬勃发展。一个新的"德意志邦联"已经成立，潜在的移民也得到保证，"你会有宾至如归的感觉"④。

显然，在美国，爱尔兰人的情况与德意志人截然不同。爱尔兰人早已熟悉美国的语言，了解了许多政治制度，很早就有了政治组织。此外，19世纪40年代初的"废除运动"增加了爱尔兰人的自信。该运动最初准备筹集资金帮助丹尼尔·奥康奈尔在爱尔兰进行煽动活动，并且承诺会在一定时间内发展成反抗"美国本土人"的起义运动。⑤起义运动虽然从未超出演讲阶段并付诸实践，但激发了原本分散的爱尔兰裔美国人的热情，并且由于权威人士的屈服，促进了爱尔兰裔美国人在政治领域的进一步集体活动。在政治领域，这些人早已游刃有余。

在美国，欧洲移民的兴趣因环境不同各有差异。一般来说，欧洲移民只对某些国家和地区感兴趣。在这些国家或地区，几乎在每一个村庄、茅屋或农舍里，都有人讨论移民的利弊。孩子们在对未来毫不确定而又充满期待的环境中成长。据报道，在英国的一个农村社区，移民"几乎是唯一的话题。许多人不再对讨论本国政治感兴趣"。⑥人们往往选择在过节时离开。没有人会忘记这些场景。⑦

① 《总汇报》，1838年6月22日、1840年6月5日。《科隆报》，1845年5月9日。——原注
② 《德意志季刊文章》，1839年，第1期，第38页。——原注
③ 《总汇报》，1841年2月18日。《科隆报》，1844年6月26日。——原注
④ 《科隆报》，1837年3月17日。《传教报》，1836年11月14日、1837年7月10日。《总汇报》，1844年12月1日。《教学》，1837年8月23日。《旧世界与新世界》，1836年7月30日、1837年9月23日。《西方德意志公报》，圣路易，1847年11月30日。《汉诺威杂志》，1843年7月19日。——原注
⑤ 《自由人报》，1841年11月13日、1842年2月26日、1842年9月17日、1843年6月17日。——原注
⑥ 《利物浦精神》，1842年6月10日。——原注
⑦ 《教学》，1833年3月9日。——原注

对不喜欢看到移民场景的人来说,移民的欲望仿佛是一时的狂热。欧洲很多地区紧跟移民潮流,仿佛跟随现代的花衣魔笛手,鲁莽地朝海港涌去。①在港口,就像在爱尔兰的码头一样,他们等待着,"寻找前往美国的任何船。他们不知道自己将去往何处,乘什么船,似乎什么都不在乎,只要船能带他们远离穷困的家乡就行了"②。偶尔,在一些宁静的乡村地区,移民运动以令人震惊的方式爆发了。乡村地区商业联系很少,可能正是移民兴趣产生的原因。在这种情况下,负责移民的代理人是一个刚从"狂热"地区回来的村民。

群体心理是影响移民运动的重要因素之一。如果有关政府暴力反对移民,那么后果会与其自身目的相违背。政府没有采取激进的禁止措施,但明确表示不赞成移民运动。在德意志的许多地区,随着移民兴趣愈发浓厚,潜在移民会请求财政部划拨资金帮助他们移民。然而,财政部的决定总是出奇一致,即移民运动获得的收益没有开支大,并且成功的可能性令人怀疑,没有一个地区有义务鼓励这种风险投资。③不过,政府并没有阻碍人们私自移民。尽管政府警告人们移民会有风险,但政策方面依旧允许人们前往他国,只有普鲁士政府刻意遏制移民运动。1820年的一项法律规定,任何促进移民的行为都可判处监禁。1845年的另一项法令试图通过禁止人们公开阅读信函或报纸探究移民问题的根源,因为这些信函或报纸直接或间接促进了移民。④

当时的哲学家——其中大部分人是乡村神职人员和校长——采用了完全不同的推理方式。他们认为,美国不是一个拥有更大农场和支付更高工资的地方,而是一个具有社会使命的新国家,其起源是神圣的。年迈的欧洲将在美国重新焕发生机。美国的幼年期已经结束,现在的美国十分成熟,有能力面对即将到

---

① 《粮食交易所快报》,伦敦,1837年5月1日。F.R.艾勒特:《关于美国的思考或移民诗人的自白》,不伦瑞克,1841年,第50页到第51页。——原注
② 《自由人报》,1834年4月5日。——原注
③ 《总汇报》,1832年2月19日、1832年4月1日、1832年10月6日、1833年5月14日、1833年8月14日、1833年11月7日。《科隆报》,1832年5月9日、1833年5月12日。《莱比锡总汇报》,1841年2月22日。——原注
④ 《莱比锡总汇报》,1845年11月10日。《查尔斯·格雷伯来信》,1845年9月24日、1845年12月27日。——原注

来的一切。在困难时期，欧洲的商业和社会发展停滞不前。但现在，人类可以重新开始，遵守简单的《宪法》，过着朴素的生活。在美国，当今时代的政治问题和社会问题都会得到解决。①美国虽然物产资源丰富，但就人力资源和智慧资源来说，尚且不够。现在，有移民作为人力资源和智慧资源主动来到美国，弥补了美国的不足。移民并不是邪恶的，他们是"社会的钟摆"。此外，在三分之二的土地还处在荒芜阶段的前提下，谈控制人口数量的必要性为时过早。②

一些敏感的人心里充满对祖国的热爱，这种情感总是与宗教紧密相关。他们问道："移民离开上帝安放我们的地方，是犯了原罪吗？"无数声音回答了他们的问题："不是！"《创世记》第一条诫令要求亚当和夏娃"生养众多、遍满地面"。巴别塔上语言的复杂多样进一步证明了人口扩散是上帝神圣计划的一部分。③《圣经》中最好的例子当属摩西，他通过带领以色列人逃离埃及，给人们带来了幸福。正如一位乡村牧师阐述的那样："现在，如同《圣经》时代一样，人类正在遭受压迫。"虽然埃及法老已经不复存在，但社会本身如同一个压迫者。今天的以色列人基本上都是贫穷的劳动者和工匠，他们的负担随着人口的增加而增加。对他们来说，自己与埃及的奴隶差不多，移民才是唯一的救赎，而美国是他们的新迦南。如果摩西重现，杖击大西洋海域，那么他们就可能离开，正如传说中摩西执杖分开红海，让以色列人安全通过那样。④甚至有善良的牧师写道，奇迹即将发生，因为商业正在连通大西洋两岸，架起贸易的桥梁。欧洲人的后代可以通过这座桥梁到达他们心中的"应许之地"。

---

① 《知识界晨报》，1832年4月20日。H.W.C.易格林：《美国简述》，威斯巴登，1832年，第16页。《免费移民》，第24页。《钱伯斯提供给人们的信息》，伦敦，1835年，第96页。——原注
② 《移民公报和殖民定居者的通用指南》，伦敦，1842年7月30日、1842年8月27日。帕特里克·马修：《移民业》，爱丁堡，1839年，第7页。《最新文献领域学习心得》，1832年，第3期，第79页。——原注
③ J.F.埃利奥特：《一篇证明移民合理性的论文》，伦敦，1822年，第8页、第10页。G.P.斯科罗普：《信函摘录》，伦敦，1832年，第2版，第6页、第8页。J.H.哈根马赫：《关于移民美国》，海尔布隆，1839年，第9页、第74页。《库塞克来信》，1835年1月21日。——原注
④ 约翰内斯·谢尔：《从宗教社会主义角度看移民问题》，斯图加特，1845年，第57页到第58页、第67页、第69页到第70页、第89页、第100页。——原注

第 8 章
商业连通大西洋两岸

精彩看点

现代商业的崛起——航海业持续发展——导航仪器的进步——航海设备的创新——邮政服务的发展——来到魁北克的欧洲人——移民通过水路或陆路从加拿大前往美国——利物浦作为移民贸易集中地——勒阿弗尔和不来梅——烟草生意利润丰厚——商业动力为移民运动铺平道路

对富裕的冒险家来说，通往美国的是康庄大道。然而，对贫穷的移民者来说，乘公共马车和住旅馆的费用十分昂贵，在登船港口的漫长等待会花费很多钱，并且通舱住宿会带来不适和痛苦。横穿大西洋不但费用高昂，而且能不能坐上船还是个未知数，因为运输船的通航取决于商业的兴衰，而不是乘客的意愿。有时，欧洲港口挤满前往美国的船，但有时又空无一人。只有当欧洲对美国产品的需求稳定，确保有足够的船出海，并且美国的贸易触角向欧洲内陆推进，促进内陆交通发展时，大规模农民移民才有可能实现。19世纪30年代，移民性质的商业扩张连通了大西洋两岸，为无数必须凭借自己的资源、知识和勇气进行伟大冒险的人打开了美国的大门。

17世纪，现代商业——大陆间永恒的关系网开始形成，但其发展不仅受到重商主义法规的限制，还多次遭到战争的破坏。然而，随着1815年和平的降临，商业发展进程恢复。二十年后，德意志人吸食的烟草主要来自美国，瑞士和法兰西工厂纺织的棉花也来自美国，英格兰建造房屋和船舶的木材来自加拿大的森林。为了满足欧洲市场的需求，汽船在欧洲河流上来回穿梭，尖头的驳船在运河上滑行，满载货物的马车行驶在新修的马路上。在大西洋，成千上万艘船来回穿行。欧洲和美洲构筑起了相互依赖关系，没有法律和战争可以阻挠或破坏这种关系。

航海业持续发展的部分原因是1815年结束的长达二十五年的战乱。战时，海上挤满私掠船，各国海军在海洋和岛屿沿岸互相追捕。敢于冒险的商人给予替他们运货的船长丰厚报酬。船长们穿过警戒封锁线，将货物安全送到商人手中。一些水手受过训练后变得胆大心细，不仅提高了航海速度，还设计了新的航行方法。当和平来临时，水手们通过自己的技能和事业对抗竞争对手。新型商业并不是蒸汽的产物。半个世纪内，蒸汽不会取代船帆。

更优良的导航仪器提高了航海的安全性和速度。三百年来，船舶设备中几乎没有新进仪器。北大西洋的许多船长全凭经验冒险出海。许多航海教科书认为，一句关于天气的谚语，以及一支用于测量墨西哥湾暖流的温度计，都是不可或缺的航海设备，但经验丰富的水手对此嗤之以鼻。大多数情况下，老水手对一些航海设备的蔑视合情合理，因为指南针只能在有限范围内使用。当时没有合适的方法消除磁极或船上的铁对指针的影响，或使这种影响最小化，因此，向西穿越大西洋的船常常发现自己处在之前推算航位的南部和东部海域。1820年，英国海军向海军部提交的一份报告称，海军配备的一半指南针毫无用处。虽然在接下来的几年中，英国人对指南针进行了一些改进，但1837年，英国海军部指南针委员会对此进行了调查。1840年7月，英国海军部指南针委员会提交的报告中列举了"海军部指南针"的变化。当时设计的指南针不但是英国海军的必备工具，而且1876年前一直是世界航运界的航海工具。①

另一个航海难题是定位经度的精准性。纬度是赤道向北和向南的距离，可以通过一个相对简单的天文计算公式得出。但经度是格林尼治向东和向西的距离，直到18世纪，有关经度的计算依然涉及一种被称为航位推算的推测。但这种推测几乎不可能考虑迎风、气流漂移及错误的指南针读数对经度的影响，因此，通过航位推算得出的经度只是近似值。利用船尾旋转的桨轮测算经度的机械设计提供了更好的解决方案，但桨轮可能会从船上脱落。②18世纪，专门设计

---

① 《不列颠百科全书》，第11版，第6卷，第806页、第809页。威廉·斯科斯比：《关于指南针偏离的观察》，宾夕法尼亚州富兰克林研究所，1833年，第12期，第41页。——原注
② R.T.古尔德：《航海计时器的历史》，《地理杂志》，1921年，第57期，第253页到第268页。科尼利厄斯·瓦利：《冷凝黄铜的方法》，宾夕法尼亚州富兰克林研究所，1828年，第6期，第211页。——原注

格林尼治

的航海计时器被设置为保持格林尼治时间不变，以便将其与其他位置的时间进行比较。正如通过航海定向仪器六分仪的读数确定的那样，每四分钟的差异代表一个经度。现在的问题是，海上的空气和温度变化干扰了测量的准确度，因此，最精准的预测只是个"大概位置"。为了完善航海计时器，1820年，英国海军部开始提供大量奖金，激励科学家改进计时技术。1834年，更好的解决方案不断被提出，实践也非常成功。于是，英国海军部终止发放奖金。航海计时器越来越精确，水手们可以利用航海计时器进行环球航行。直到航行结束，经度的误差不会超过一英里。[①]

凭借指南针和航海计时器的精准度，航海技术发展成为一门精确的科学。以前，船帆在日落时分降下，船一直停泊到次日清晨。现在，船日夜扬帆前行。除了更优良的科学设备提供的帮助，船本身的速度也得到了提高。但航海仍然保留了一些传统特色。19世纪初，欧洲船还留有中世纪地中海帆船的遗风，采用宽阔的头重脚轻结构，从而减小了海水和空气带来的阻力。但由于长期战乱，许

[①] 《航海计时器》，《艺术与科学杂志》，1836年，第29期，第302页到第303页。《1831年格林尼治航海计时器的试验》，宾夕法尼亚州富兰克林研究所，1832年，第5期，第411页到第412页。《通用计时》，《科学晨报》，1913年，第109期，第450页。——原注

多船的传统特征逐渐消失。1815年后,为了提高船速,美国人陆续采取了改进措施。船身变得越来越窄,越来越长,甲板上的阻碍因素被消除,全新的桅杆和船帆能够利用空气的流动将航行中受到的阻力降到最低。最终,这种船演变成历史上著名的快帆船。①

然而,水手不仅关心自己的船,还知晓地平线以外隐藏着岩石和多变浅滩的外国海岸。相比之下,深水区的危险似乎微不足道。寻找和登陆任何一个港口需要的不仅是航海技术,还有岸上当局的合作。因此,灯塔、图表和海岸巡逻技术取得的进步,证明它们拥有像新航海技术那样划时代的意义。直到1807年,英吉利海峡最重要的灯塔之一——埃迪斯通灯塔依然依靠二十四根蜡烛照明。

埃迪斯通灯塔

① L.C.康福德:《海上承运人》,1825年到1925年,《阿伯丁林》,1925年,第34页到第35页。《伟大的百科全书》,第24卷,第871页。《美国百科全书》,费城,1840年,第11卷,第367页到第368页。——原注

奥古斯丁-让·菲涅耳

没有反射镜，也没有透镜加强或引导光束，更没有闪光代码将埃迪斯通灯塔与邻近的灯塔区分开来。①1815年，情况稳定下来后，各国政府首先关注的是海岸照明问题。1819年，法兰西海军部部长指派委员会对该问题进行研究，同时试验新仪器。②委员会成员奥古斯丁-让·菲涅耳设计了一个透镜，原理是运用透镜将灯头产生的强烈光束分散开来。他还制定了一套系统，用不同时间段之间的特殊闪光识别站点。虽然奥古斯丁-让·菲涅耳的科学生涯只持续了十几年，但他对透镜改进做出的巨大贡献不容忽视。在奥古斯丁-让·菲涅耳的研究基础上，后来对透镜的改进只涉及机械细节和光源方面。③

---

① 奥古斯丁-让·菲涅耳：《文艺作品全集》，巴黎，1870年，第2卷，第5页、第17页。艾伦·史蒂文森：《斯凯力沃尔灯塔记录与灯塔照明笔记》，爱丁堡，1848年，第195页。——原注
② 奥古斯丁-让·菲涅耳：《文艺作品全集》，巴黎，1870年，第3卷，第29页。——原注
③ 艾伦·史蒂文森：《斯凯力沃尔灯塔记录与灯塔照明笔记》，爱丁堡，1848年，第241页、第248页、第286页。F.奥诺雷：《奥古斯丁-让·菲涅耳百年纪念》，《插图》，1927年，第491页。——原注

航海设备的创新很快得到普及。1825年，法兰西政府采纳了委员会提出的建设方案。①1836年，英国议会通过将灯塔控制权集中在海事局，大大改善了所有灯塔的管理。②1820年，美国只拥有五十五座灯塔和一些浮标，到1842年，灯塔的数量已经增加到二百五十六座，轻型船增加到三十艘，浮标增加到一千个。③船长和乘客们即使在夜间意外进入漆黑的海岸，或因没有收到警告信号进入可怕的浓雾，也无须感到害怕。

当水位线以上的海岸被照亮时，人们开始探测隐藏在浅水区的谜团。大多数船长早已习惯使用的地图只显示岸边的大致轮廓，以及经过港湾和浅滩的一些比较重要的航道。没有任何机构曾系统地将这些潜藏的危险点标注在地图上，或者参与监测海浪下不断变化的情况。美国人尤其需要此类信息，因为潮汐和洋流持续影响着美国海岸。1816年，联邦政府开始对新泽西州海岸进行勘查。但1818年，由于经济原因，联邦政府中止了勘查。不过，1832年，该勘查项目重新启动，拨款金额也增加了，调查范围扩展到了沿海其他地区。④与此同时，欧洲国家也采取了类似的措施。1828年，当弗朗西斯·蒲福成为英国海军部的水道测量员时，他的注意力跟随英国船深入世界各地。即使是当地政府无法勘查的地方，弗朗西斯·蒲福手下的人也能编制出信息。正是凭借细心与勤勉，弗朗西斯·蒲福等人制作的一系列导航图成为七大洋的指南。⑤

尽管采取了预防措施，但事故仍有发生，不过并没有像以前那样造成重大伤亡，或导致相关船长及商人破产。现在，在海洋贸易中，救生船和海上保险发挥了重大作用。1824年，英国皇家海难救生协会在伦敦成立。接下来的几年中，不列颠群岛附近的所有危险点都配备了救生船、运输舱和传动装置，由一名付

---

① 《参议院执行官》，第28号文档，第6页。——原注
② 《英国灯塔》，《英国北部启示录》，1860年，第32期，第513页。——原注
③ 《参议院议员》，第428期，第9页。《众议院议员》，第811期，第1页、第23页。——原注
④ F.R.哈斯勒：《美国沿岸调查》，《美国北部启示录》，1836年，第42期，第76页到第78页、第81页到第82页、第84页、第86页。约瑟夫·亨利：《亚历山大教授颂词》，史密森尼学会，第100页。A.D.贝奇：《美国沿海岸调查进展》，先进科学协会，1849年，第164页到第165页。——原注
⑤ 《水文地理学》，《大众科学月刊》，1875年到1876年，第8期，第520页。《不列颠百科全书》，第19卷，第293页。——原注

弗朗西斯·蒲福

费的舵手负责，并且由舵手从邻近居民中招聘员工。[1]在美国，马萨诸塞州人道协会是海难救生方面的先驱机构。受其影响，大西洋沿岸其他地区在州政府的资助下，也采取了类似的行动。最终，在华盛顿的直接监管下，救生行动合并成海岸警卫队服务。[2]1834年，劳埃德船级社的形成实际上推动了造船技术的发展。此外，劳埃德船级社设计的保险制度避免了个体破产的悲剧。之前，个体破产都是由货船及其货物的损失导致的。[3]

---

[1] 《救生艇、避雷针、灯塔》，《英国北部启示录》，1859年，第31期，第498页到第500页、第502页到第503页。——原注
[2] M.A.豪：《马萨诸塞州联邦人道协会》，波士顿，1918年，第5页。R.B.福布斯：《个人回忆》，波士顿，1882年，第254页。——原注
[3] 弗里德里希·马丁：《英国劳埃德和海洋险史》，伦敦，1876年，第161页到第162页、第342页、第346页、第354页。——原注

波士顿

邮政服务的发展象征着大西洋新贸易时代的到来。18世纪，邮船定期往返于英格兰及其殖民地之间，但所有邮船都是英格兰政府派出的。当时，指派的邮船主要运载邮件、客舱乘客和轻型货物，并且无论客舱和货舱是否已满，其航行都是定期的。1815年，第一艘邮船投入运营。1829年，邮船每月三次从纽约驶向利物浦和勒阿弗尔，每月两次从纽约驶向伦敦，每月一次从波士顿驶向利物浦。从纽约到汉堡和从巴尔的摩到利物浦的邮船很少。邮船之间的积极竞争带来了更好的服务、更快的速度和更熟练的航海技术。[①]由于没有铺位供统舱乘客住宿，上述航线给移民带来了间接影响。大多数离境的欧洲人继续依靠货船前往美国。此外，因邮船发展起来的导航技术和商业贸易逐渐影响到各国的航运

---

① 《总汇报》，奥格斯堡，1828年3月28日。《文化水平较高的阶层晨报》，斯图加特，1829年7月1日。《勒阿弗尔报》，1815年1月24日。R.G.阿尔比安：《进度表上的横帆船》，普林斯顿，1938年，第1章、第2章、第4章、第7章。——原注

界。年复一年,商业桥梁不断拓展。与此同时,在邮船的客舱中,不断出现带资奔向美国的小型资本家、更富裕的技术型移民和农业移民。

1830年到1840年,从欧洲前往美国的人数是十年前的五倍。在大西洋贸易中,输送移民已经司空见惯。人流量虽然出现了剧烈波动,但规模发生了变化。相比1842和1844年,1843年的移民季属于萧条期。1843年的移民人数约是1832年的两倍,但1832年的移民人数在当时是史无前例的。现在,商业贸易已经成为移民理由之一。每年春天,无论美国的前景如何,成千上万欧洲人都会带上路费,出现在欧洲港口。人数有了保证,加上规划明确的航行路线和时间表,以及招募到的专业人士,移民贸易成为一种贸易形式,并且成为一项主要贸易。①

跨大西洋的欧洲人口迁移满足了海洋运输经济的巨大需求。美国一直向欧洲出口产品,尤其是烟草和棉花。与此同时,欧洲将工厂和车间生产的货物输入美国。但在这种交换中,双方的货物并不对等。美国船满载货物驶往国外。返航时,船上的货物质量更好,体积更小,除了船底压舱物,大部分空间都没有被占用。在殖民时期,这种差异导致许多航运人从事非洲奴隶贸易,形成了新英格兰三角贸易的南部基地,也带来了英国西部港口的繁荣。新形势下,移民带来了西行航线的繁荣。此外,美国的烟草、谷物和棉花出口量增加,有助于将移民的船票价格降低到欧洲农民能够接受的水平。粗犷冷静的船长没有意识到自己已经放弃传播欧洲文化的使命。利物浦货运代理人向调查委员会表示:"除了我感兴趣的回运货物,我没有其他动机。"②美国船长遭到指责,有人说他们只是将乘客当作包裹,尽可能快速完好地将乘客送达目的地。③

一个国家的移民能否登船取决于这个国家能提供哪些对美国船具有吸引力的市场。在18世纪的爱尔兰,阿尔斯特的亚麻布制造业正值鼎盛时期。爱尔兰人很少种植亚麻,于是将目光转向宾夕法尼亚州。来自美国的船在伦敦德里、贝尔法斯特和纽里卸下货物,然后返回特拉华州的港口。其间,希望低价出行的

---

① 《莱比锡总汇报》,1841年8月28日。——原注
② 《大不列颠王国移民专责委员会的报告》,《议案》,1826年,第4卷,第175页。——原注
③ 《通过德意志港口运送德意志移民》,《德意志季刊文章》,斯图加特,1851年,第3期,第69页、第332页。——原注

爱尔兰人会在沿岸登上美国船。19世纪早期，这种贸易仍在继续。报纸上的广告表明，派遣移民船的经纪人也是大西洋中部各州亚麻、三叶草种子、盆罐、珍珠粉、烟草和鹿皮等特色产品的进口商。①

但到了19世纪40年代，在很大程度上，亚麻等商品被木材和木制品取代。当时，大自然恩赐给爱尔兰的原始森林已经消失。虽然泥炭沼泽为劳动者和农夫提供了足够的原料，但房屋不能全靠泥土和石头建造，至少一些横梁是必不可少的。随着人口的增长，爱尔兰需要不断进口木材，爱尔兰南部和中部郡县的制桶业也加剧了对木材的需求。在爱尔兰南部和中部，猪肉、鸡蛋和黄油需要装在大琵琶桶、小木桶和板条箱中。由于圣劳伦斯地区是生产制桶所需的松木和桶板的主要地区，魁北克商船的数量迅速增加。②春天是一年中的移民季，也是航运人可以找到冬季过后可供砍伐的木材的季节。由于船舶供应量很大且竞争激烈，船票价格被迫下降。1816年，英国移民到达美国需要支付十英镑。19世纪30年代初，从爱尔兰到魁北克的票价有时会降到十五先令，但通常徘徊在两镑十先令左右。③由于这只是通往纽约的一半费用，低价船票将爱尔兰移民推向了美洲英裔聚集地。④

来到魁北克的欧洲人发现当地有许多工作机会。春天返航的船队，包括新移民乘的船，都必须装满木材返航，这意味着新移民能快速找到工作。在接下来的冬季，新移民可以在魁北克附近的森林中伐木，或在魁北克水域造船，深入内陆地区还能在运河、公路和农场中找到工作。⑤但许多来到魁北克的欧洲人的真正目的是步行到美国。一些人的计划没有那么明确，只要"跨过边境就可

---

① 《卡里克早报》，都柏林，1817年7月8日、1819年2月27日、1819年6月14日、1820年10月24日。——原注
② 《魁北克精神》，1830年2月20日。——原注
③ 《泰晤士报》，伦敦，1816年5月14日。《魁北克精神》，1832年3月15日。《伦敦德里保卫》，1831年4月23日。《自由人报》，都柏林，1830年4月26日。A.C.布坎南：《移民实际考虑因素》，伦敦，1828年，第84页。——原注
④ 《魁北克精神》，1830年7月17日。A.C.布坎南：《移民实际考虑因素》，伦敦，1828年，第84页。约翰·芬奇：《利物浦沃克斯豪尔沃德的统计数据》，利物浦，1842年，第22页到第23页。——原注
⑤ 《魁北克精神》，1824年12月11日、1830年5月18日、1842年12月27日。——原注

以了"。①这些人所占的比例并不确定。当时,有人主张大多数移民应该离开加拿大。②与加拿大相比,美国的土地更容易获得,就业机会也更多。③然而,很明显,直到19世纪40年代,通过途经纽约到加拿大的反向移民运动才逐渐找到平衡。④交叉式移民并没有看上去那么令人费解。一些移民对欧洲有着强烈的政治依恋和向往,对他们来说,加拿大是一个有吸引力的地方。许多欧洲人登上途经纽约的邮船,他们喜欢更舒适和更快的旅程。然而,贫穷的欧洲劳动者别无选择,在前往魁北克的途中,他们只能将"美国"当作终极目的地。⑤

并不是所有从爱尔兰航行到美洲英裔聚集地的人都会深入像魁北克这样的内陆地区,因为随着欧洲对木材的需求越来越大,对新不伦瑞克森林的砍伐也开始了。欧洲人到哈利法克斯、圣约翰和圣安德鲁斯的旅程更短,竞争更激烈,票价甚至比去魁北克更低。因此,贫穷的人选择前往新不伦瑞克。然而,当人们到达新不伦瑞克时,未来几乎一片渺茫。森林中可以找到工作,码头上有时也有工作机会,但很少有地主帮助身无分文的移民成为当地定居者。⑥因此,沿海地区只是前往美国内陆的一个站点。登陆后,一些人继续前行,另一些人为了赚取路费,会停下来工作一段时间。

北美洲沿海地区的商业也很繁荣,因为在缅因州和新不伦瑞克之间的路线上,英国的木材贸易和美国的沿海贸易对口。⑦沿海贸易非常活跃。美国东部各州改良的耕种方法增加了对当时的一种无机肥料的需求,即当时广为人知的巴黎的石膏或石膏肥料,新不伦瑞克恰好大量供应此类无机肥料。原材料从矿场

---

① A.C.布坎南:《加拿大移民和移民监督局常驻代理人、道路和内部通信委员会面前的证据》,1828年12月,加拿大公共档案,第173页。《爱尔兰贫困阶级状况调查专员的第一次报告》,《议案》,1836,第33卷。——原注
② A.C.布坎南:《加拿大移民和移民监督局常驻代理人、道路和内部通信委员会面前的证据》,1832年1月,加拿大公共档案。——原注
③ 《魁北克精神》,1830年7月20日。——原注
④ 《魁北克精神》,1830年12月11日。——原注
⑤ 《詹姆斯·布坎南来信》,1828年12月31日。《到达纽约但希望在加拿大定居的移民官方信息》,蒙特利尔,1834年。《上加拿大定居者的书信摘录》,伦敦,1834年,第7页。——原注
⑥ 《约翰·马丁来信》,1842年2月25日。《魁北克精神》,1831年3月15日。《都柏林早报》,1830年4月14日。罗伯特·穆迪:《移民的随身伙伴》,伦敦,1832年,第201页。——原注
⑦ 《移民到英国殖民地新斯科舍和新布朗斯维克的优势》,伦敦,1832年,第48页。——原注

帕萨马科迪湾

装货运往东港和帕萨马科迪湾，然后转移到美国沿海船上，再将其南运至新泽西州和宾夕法尼亚州。由于这些船还可以搭载舱面乘客，于是一小群劳动者搭船前往最需要劳动力的美国港口。①

但移民也可以通过陆路从加拿大前往美国。穿过缅因州东北部的荒野，移民们跋涉到了新英格兰人口较密集的地区。途中只要有机会，他们就会努力工作，或乞讨食物并借住在别人家。这些赶路人中的大部分人得到了沿途社区提供的帮助，或在沿途定居下来，成为帮助后来移民的主力军。缅因州的天主教教堂明确划定了一条线路。来自沿海地区的爱尔兰移民的加入有助于打破新英格兰的英裔美国人特色。从这个意义上讲，将新英格兰视为新不伦瑞克木材贸易的产物可能并不夸张。②

---

① 《D.麦金托什报告》，1826年12月。《D.麦金托什来信》，1832年1月20日。A.C.布坎南：《移民实际考虑因素》，伦敦，1828年，第59页。——原注
② 《詹姆斯·舍伍德来信》，1839年9月28日。《罗伯特·曼纳斯来信》，1839年1月9日。《移民指南》，韦斯特波特，1832年，第96页。威廉·伯恩等：《新英格兰天主教会的历史》，波士顿，1899年，第1卷，第597页；第2卷，第551页。——原注

与此同时，爱尔兰移民开始寻求更稳定的移民渠道。爱尔兰的木材市场虽然很大，但不可能进行无限扩张。随着木材运输贸易的快速发展，一种新兴商业逐渐兴起。兰开夏郡通过在利物浦的门户，进口美国棉花，同时将境内工厂生产的各种产品送到美国。这些船虽然在新奥尔良和查尔斯顿装载棉花，但在偏北港口卸下从爱尔兰带来的货物。由于西行货运主要是压舱物，船主们看着爱尔兰输出的大量劳动力，心生妒意。起初，船主们规划好了航行路线，经过爱尔兰港口时只停下来接收移民。①但在航海时代，这往往会导致严重的延误。默西河的风和其他地方的风一样，风向多变。当风向利于航行时，船长们渴望尽快清除障碍，穿过航道。在爱尔兰岬角或港口所在的河流上浪费时间往往会造成重大经济损失。显然，将爱尔兰人运输到利物浦更合理，并且爱尔兰和利物浦之间蒸汽航行的迅速发展也加速了这一计划。作为引诱移民的一种手段，移民经纪人承担了旅程第一站的费用，迂回的魁北克航线也成为早期航行的标准路线，尤其在爱尔兰南部地区。②英国政府统计发现，1832年以来，来自利物浦的90%的移民都是爱尔兰人。③

　　其他客观情况也促进了移民进程。根据美国法律，从北部港口到南部棉花装载港口，美国船享有沿海贸易的垄断地位。因此，棉花贸易中的大多数货船都是美国船。此外，在英国人看来，美国船提供的价格并不合理。④因为爱尔兰港口很少有美国船停泊，所以不管出于感性还是理性，移民们都倾向于前往利物浦港口乘船。英国人也承认美国船长比英国船长优秀。在大多数情况下，美国人至少持有货船的部分所有权，对船长的选择也更谨慎，因为美国保险公司在冒险投保前，会仔细调查船长们的品行。⑤最受欢迎的移民指南建议道："让这艘船为美国人所有……记住，它就要回家了。在整个航程中，船长可能永远不会

---

① 《利物浦精神》，1818年4月17日。《伦敦德里保卫》，1831年4月23日。——原注
② 《斯莱戈报》，1833年6月14日、1833年11月15日、1834年2月21日、1834年2月28日。《纽里电讯报》，1837年3月23日。《自由人报》，1834年4月9日。——原注
③ 《移民专员的第二十四次总报告》，《议案》，1864年，第16卷，第13页。——原注
④ 《T.C.格雷顿来信》，1844年1月。——原注
⑤ 《乘客法专责委员会的报告》，《议案》，1851年，第19卷，第75页到第156页。——原注

脱掉衣服睡觉。"①魁北克航线上的许多事故使移民指南的建议越来越具说服力。②毫无疑问，美国船长的商业竞争力比英国船长强。美国船长与爱尔兰经纪人结盟，任命公共机构的管理员担任自己的代理人，并且通过这些人在美国的广泛人脉圈，获得了大部分预付票价的乘客。③

这些重要因素对英国移民贸易集中地——利物浦产生了一定影响。其他港口的条件设施没有利物浦齐全。只有在个别年份，从南方出发的人才能在航线港口发现大量船。除了定期出行且价格昂贵的邮船，从伦敦前往美国的船很少。有时，一艘船从赫尔港起航，但从赫尔港出发和从伦敦出发一样，必须穿过英吉利海峡或苏格兰，从而导致旅程时长不定。船上乘客的饮食开销也使出航利润变得不确定。④有时，虽然利物浦会从苏格兰运送移民，⑤但一般情况下，格陵诺克、格拉斯哥、克罗默蒂和阿伯丁等港口就能满足航运需求。装载木材和棉花的船定期到达这些港口，移民人数很少超过货船的容量。然而，苏格兰大多数商业来往都与加拿大有关，大多数苏格兰高地人也去了安大略省的边境。⑥

即将移民的欧洲人提出的第一个问题是："我们怎样才能抵达大西洋对岸？"他们中的大部分人都是居住在瑞士及德意志周边地区的农民。事实上，大自然为他们提供了一条道路。从巴塞尔到荷兰港口的莱茵河支流可以通行。这条支流与莱茵河主流及内卡河形成了一条通往德意志和瑞士所有移民地区的路线。一直以来，荷兰船商充分利用天然优势，发展以出卖劳动力抵偿船资的移民为主要对象的客运业务。但这条航线被废除后，船商们发现很难与港口进行竞争，毕竟港口在与北美洲保持稳定商业关系的同时，主要目的是将移民输送出去。荷兰人用欧洲北部的产品交换南部的产品，同时进口远东的香料、南美洲的糖和咖啡。然而，由于荷兰国内的农业化水平与美国不相上下，两国之间几乎没

---

① S.H.柯林斯：《美国移民指南与描述》，赫尔，1830年，第4版，第80页。——原注
② 《布坎南来信》，1834年6月14日。——原注
③ 《N.W.费格森来信》，1834年11月15日。《自由人报》，1834年4月10日。——原注
④ 《J.F.埃利奥特来信》，1837年10月17日。——原注
⑤ 《利物浦精神》，1844年4月19日。——原注
⑥ 《M.麦克唐纳书信》，第384页。《苏格兰新统计数据》，爱丁堡，1845年，第4卷，第539页；第14卷，第152页到第208页。——原注

有什么往来。一直到1820年海关条例颁布,荷兰移民才和之前已经移民的亲友一样,选择了莱茵河路线。但19世纪30年代初,荷兰政局动荡,比利时赢得了独立,独占一方。几年来,荷兰的常规贸易停滞不前。与此同时,德意志移民积聚力量,不走常规渠道,开通了海上的两个港口,即勒阿弗尔和不来梅。①

在这两个港口中,勒阿弗尔尤为重要。事实上,勒阿弗尔是"美国的孩子"。1519年,法兰西国王弗朗索瓦一世在塞纳河河口开设了"海港"。探险队从塞纳

弗朗索瓦一世

---

① 《总汇报》,1833年1月19日、1833年5月13日。——原注

弗里德里希·利斯特

河河口出发,前往北美洲。三个世纪以来,探险家、海盗及殖民者都是从勒阿弗尔出发。滑铁卢事件后,勒阿弗尔开始扮演另一个角色。在阿尔萨斯山区,一种生产棉花的新工业正在兴起。很多工厂必须从美国南部各州买进原棉。莱茵河虽然是一条天然航线,但由于流经的各个州都要收税,成本十分高昂。因此,大批原棉从勒阿弗尔进入,转运到法兰西内陆地区。弗里德里希·利斯特对这一业务的规模感到吃惊。他指出,每年,斯特拉斯堡和勒阿弗尔之间贸易往来的货物价值超过五亿法郎,运费近五千万法郎。[1]为了促进贸易发展,法兰西人建造了新的越洋商船,扩建了勒阿弗尔的港口,塞纳河岸的汽船和驳船成倍增加,法兰西东部地区的道路上出现了数百辆货车。[2]

---

[1] 《弗里德里希·利斯特来信》,汉堡,1831年1月20日,第3页。——原注
[2] 《勒阿弗尔日报》,1828年1月11日、1829年5月29日、1830年7月26日。《总汇报》,1825年6月23日。《R.G.比斯利的信》,1832年8月1日,《领事信函》,勒阿弗尔,第2页到第5页。——原注

商业路线的拓展很快对移民产生了影响。愿意慢行的乘客搭乘从巴塞尔和斯特拉斯堡返回勒阿弗尔的货车,富一点的人先用货车将重行李运走,自己走更快的路线。然而,大多数移民与其同时代的美国人一样,乘坐有篷货车前往美国西部地区。家庭马车上面盖着帆布,马车上载着妇女、孩子及他们的行李。男人和年龄大一点的男孩在旁边牵着马。就这样,长长的篷车队从法德边境出发。移民们夜晚在路边露营,尽量省着吃支撑他们跨越大西洋的食物。①

这些移民可能会在巴黎停留十天。巴黎每星期有两次赶集。移民们会在赶集时卖掉马。在巴黎停留期间,德意志人在塞纳河畔或卢浮宫的花园里游荡,趁机逛逛博物馆和美术馆,参观在他们童年时期发生过很多历史事件的地方。久经世故的时髦男性转头看向街上闲逛的农民,好奇的人经常围观河边露营的赶

巴黎的集市

---

① 莉娜·B.塞勒:《麦克亨利县的先驱》,《德美历史表》,芝加哥,1901年,第1卷,第2页、第20页。海因里希·博恩曼:《德意志昆西历史》,《德美历史表》,芝加哥,1902年,第2卷,第4页、第44页。《勒阿弗尔日报》,1830年4月30日。《知识界晨报》,1832年9月25日。《洛桑公报》,1824年10月25日。——原注

勒阿弗尔

路人。①在接下来的旅程中，大多数人登上塞纳河的蒸汽船，或先登上驳船，再乘蒸汽船前往港口。驳船一天三次开往勒阿弗尔，但乘驳船的费用很昂贵。穿越莱茵河前往大西洋的航行需要花费几个星期时间。当然，一些大篷车会绕开巴黎，直接沿公路前往勒阿弗尔。在这种情况下，货箱经常被拆开放在货舱里，然后在到达美国海岸后重新组装，以便移民越过山区进入美国西部地区。②

由于移民贸易，勒阿弗尔逐渐呈现出德意志小镇的风格。在棉花贸易和移民贸易的共同影响下，勒阿弗尔不仅吸引了更多商品房经纪人，还吸引了大批德意志店家、小商人和船舶业务代理人。有时，移民们走不了多远。很多人因钱财被骗滞留下来，一些人算错了成本，另一些人害怕上船，还有一些人故意留下来

---

① 《知识界晨报》，1832年4月14日、1833年11月19日。《伯尔尼州已故女教师尼古拉斯·雅斯的北美俄亥俄之旅》，伯尔尼，1833年，第2页到第4页。——原注
② 《知识界晨报》，1828年1月3日。古斯塔夫·洛格：《北美自由国家》，海德尔堡，1833年，第62页。《前往俄亥俄州的旅程》，奥斯纳布吕克，1834年，第10页。——原注

挣移民的钱。每个季度都有一些人不得不依靠法兰西慈善机构的救济生活，或者踏上回乡的路。[1]为了解决这个问题，法兰西政府命令所有进入法兰西境内的人必须拥有一张合同票证或足够的财产，确保自己的生活。然而，这条法规很容易遭到规避，因为地方政府认识到了交通运输在促进法兰西商业发展中的有益作用，所以没有严格执行这条法规。

在移民运动活跃的季节，总有几千人等待着出发。如果遇到逆风或交通堵塞等问题，那么货船可能会耽搁一星期到六个星期。与此同时，移民们租住在最廉价的房子里，有时好几个家庭挤在一个房间。因此，做饭、洗衣、饲养家禽等事情只能尽量在室外完成。等到船起航后，移民们欢欣鼓舞，终于摆脱了无奈的闲散日子，告别了旧世界寥寥无几的工作机会。

由于勒阿弗尔跨大西洋贸易的主要商品是棉花，并且返回美国的商船上很少载有货物，因此，很少有货船会将纽约当作航程终点。当时，新奥尔良是棉花交易的重要港口，每年有成千上万德意志人在新奥尔良登陆。无论是美国南部低地的气候还是经济生活，都无法吸引德意志农民。因此，大部分德意志农民继续前往美国内陆地区。走河道的价格很便宜。根据水位不同，前往圣路易和辛辛那提的费用在两美元到二点五美元之间。[2]因此，密西西比河及其支流成了德意志人通往美国内陆地区的路线。德意志人打算在密西西比河流域根植自己的文化。正如加拿大的伐木业成就了新英格兰的先驱者爱尔兰人，爱尔兰人后来又吸引了更多追随者，勒阿弗尔的棉花贸易也让密西西比河谷增添了更多具有日耳曼血统的社区。

然而，尽管勒阿弗尔拥有独特优势，但在19世纪中叶的德意志移民浪潮中，勒阿弗尔的优势并不突出。相比之下，不来梅作为世界港口的崛起证明了其市民具有很强的恢复力。虽然大自然赋予了不来梅通向北海的入海口，以及穿过

---

[1] 《勒阿弗尔日报》，1831年9月3日、1832年4月2日。《科隆报》，1832年7月8日、1837年11月17日。《知识界晨报》，1832年9月25日、1837年7月21日。《外交报》，巴门，1838年1月29日。T.B.贝廷格：《移民美国指南》，勒阿弗尔，1834年，第28页。《科普利夫和苏皮格家族游记》，第51页。——原注
[2] 《移民总汇报》，鲁多尔斯塔特，1852年1月27日。——原注

汉诺威和威斯特法利亚的田地，并且流向图林根州山脉的威悉河，但人们未能恰当利用这些资源。19世纪初，河流贸易开始走下坡路。很多船质量很差，繁重的通行税妨碍了交通。此外，船主漫天要价阻碍了贸易的发展。不来梅港没有直接开展海外贸易，并且认为有必要将当地产品输送到荷兰，然后经过莱茵河送达德意志南部。不来梅的贸易范围只限于邻近地区，其港口腹地主要通过汉堡进行商业活动，导致不来梅的历史和经济地位并不突出。[①]拿破仑战争结束后，不来梅的前景依然黯淡。不来梅脱离了欧洲体系，不得不从事更冒险的跨大西洋贸易。至此，不来梅找到了"救赎之路"。

不来梅

[①] 《科隆报》，1832年9月17日。《爱国手册》，1846年，第158页到第166页。弗里德里希·劳尔斯：《大型货运厂时代的不来梅内陆交通》，《德意志地理报》，不来梅，1907年，第30期，第78页到第131页；1908年，第31期，第37页到第92页、第194页到第245页。J.J.奥迪：《欧洲商业》，伦敦，1807年，第21页、第182页。——原注

不来梅的第一个成功举措是1827年与美国签订贸易条约。①根据条约，双方要为对方公民提供与本国公民同等的港口经商权。事实上，这项规定是从不来梅的自身利益出发制定的，因为不来梅港的造船成本和海员工资很低。德意志人认为，美国港口无法与不来梅港竞争。此外，不来梅商人了解市场。因此，美国船逐渐丧失了与不来梅进行贸易竞争的机会。②不来梅为了充分利用自己的优势，加强了与海洋之间的联系。由于威悉河的河口逐渐淤塞，横跨大西洋的船无法接近不来梅港，并且疏通航道也不现实，于是，不来梅当局计划新建一个港口。不来梅与汉诺威市签订了协议，获得了威悉河下游二十英里的土地，同时从荷兰引进了精于疏浚筑堤的工程师。1830年，不来梅港向世界贸易市场开放。③

接下来，不来梅港的主要任务是为商业贸易铺平道路，拿下中欧的烟草贸易。一位美国官员称："吸烟是德意志人天生的需求。"④为了满足德意志人的烟草需求，大批年轻商人离开德意志前往美国，成立了分支机构或联合商行。他们用一丝不苟的精神研究美国当地的经济状况。⑤巴尔的摩是马里兰州与弗吉尼亚州进行贸易的中转港口，无须信用凭证就可以在此地购买烟草，现货价格和简单的交易方式吸引了很多种植者。不久，德意志商人控制了德意志的烟草供应。烟草运到不来梅后制成雪茄，剩余的烟草大批转运到内地。几年内，不来梅向德意志、奥地利和瑞士几个国家供应烟草，其中一半烟草是从美国进口的。⑥

由此，不来梅与爱尔兰木材商及勒阿弗尔棉花进口商面临同样的问题，即

---

① W.M.马洛伊编：《与汉萨同盟的条约》，《国际法案》，华盛顿，1910年，第901页到第905页。——原注
② 《H.惠顿的信》，1841年9月24日。约书亚·道奇：《外交通信》，华盛顿，1838年2月14日，第1839页到第1841页。《约书亚·道奇的信》，1835年12月19日，《领事信函》，不来梅，第3页。《马库斯·德克汉姆报告》，1841年10月28日。《弗朗西斯·格伦德报告》，1841年12月24日。《总汇报》，1837年2月1日。——原注
③ 《晚报》，德累斯顿，1827年5月16日。F.A.罗德：《关于不来梅贸易的急剧增长》，《经济学家》，曼海姆，1835年，第3期，第40页到第46页。——原注
④ 《查尔斯·格雷柏的信》，1835年8月25日、1849年4月2日，《领事信函》，黑森-卡塞尔。——原注
⑤ 《精神与意志报》，柏林，1836年1月29日。——原注
⑥ 《H.惠顿的信》，1841年9月24日。《查尔斯·格雷柏的信》，1836年1月14日，《领事信函》，黑森-卡塞尔。《马库斯·德克海姆报道》，1840年6月2日，《领事信函》，不来梅。《总汇报》，斯图加特，1843年2月27日。《德国与美国的贸易》，慕尼黑，1828年4月27日。——原注

如何才能赚回返程的运费？移民再次给出了答案。之前，不来梅并没有进入移民的视野，来到不来梅港的人往往需要经历漫长的等待，才能得到前往美国的膳宿供应。[1]但今时不同往日，不来梅港进口烟草的价格降低了，并且以远远甩开竞争对手的价格出售烟草。同样，在不来梅港，移民的输出速度与其他港口相当，而输出时间更固定。[2]移民转运公司的雇员由许多小经销商组成。正是由于这些小经销商，德意志内地的烟草贸易才得以进行。

荷兰面临的诸多麻烦促进了不来梅客运业的繁荣。比利时独立及随后的敌对封锁政策迫使以前经由莱茵河进入欧洲大陆的商人转向北海港口，寻求贸易准入。因此，移民们被迫前往有船停靠的地方。于是，很多移民涌入了不来梅。[3]过去，船运业并不看好移民业务，现在却对移民业务充满热情，因为意想不到的客流量确实有利可图。此外，大公司的参与给不来梅船运业带来了交易安全、公正的好名声。1832年和1834年颁布的条例规定对船舶的适航性进行了正式审查，还规定在发生事故的情况下，用其他方式为乘客提供担保并规定代理人的委任事宜。几年后，当德意志一些地区决定将囚犯送到美国时，不来梅的船被禁止押运囚犯，以保留不来梅贸易的美名。在德意志境内，不来梅颁布条例及货船安全抵达美国的消息广为流传。1843年，不来梅的声名即使没有超过勒阿弗尔，也与其持平。[4]

从德意志内地到不来梅的交通条件得到了稳步改善。以前，移民主要局限在德意志西南部地区。但19世纪30年代，移民运动在德意志北部地区，尤其是汉诺威地区，进展很快。这一发展加强了不来梅与德意志南部地区的联系。直到1843年，威悉河的天然大道才得到充分利用。1832年后，相对较短的威悉

---

[1] E.L.布劳恩斯：《为旅行者和美国移民提供实用的教学和建议》，不伦瑞克，1829年，第48页到第49页。——原注
[2] 《莱比锡总汇报》，1846年8月26日。《总汇报》，1839年7月26日。《J.H.阿达米给H.惠顿的信》，1843年1月10日，《外交函件》，普鲁士，1841年到1846年。《马库斯·德克海姆报道》，1841年3月13日，《领事信函》，不来梅。——原注
[3] 《总汇报》，1833年1月19日、1833年5月13日。《弗里德里希·利斯特的信》，1831年1月7日，《领事信函》，汉堡。——原注
[4] 《总汇报》，1832年6月25日、1835年3月1日、1835年9月6日、1839年9月4日。《科隆报》，1832年7月24日、1834年8月3日、1838年1月25日、1843年3月14日。——原注

河途经二十二个收费站，航行时间减少到九小时，越来越多移民开始走这条水路。①然而，1843年到1844年，汉诺威不允许蒸汽船通过其领地。因此，不来梅早期试图建立班船客运体制的计划以失败告终。于是，大多数移民选择走陆路。由于巴黎的马市可以提供相应设备，途经勒阿弗尔的移民可以乘坐自己的马车。不过，走北边路线的人没有这样的机会。然而，返回不来梅的大型空货车为移民提供了睡觉的地方。②此外，移民转运公司为南方移民提供了货车服务。移民可以在斯图加特租到一辆能搭乘两个人的马车，并且外带一个车夫。当为期两个星期的行程结束后，车夫可以在马车上带点南方货物返回。然而，这样的旅程很辛苦。直到铁路和轮船时代到来，不来梅才展现出其地理优势。③

巴尔的摩是弗吉尼亚州和马里兰州烟草交易的航运点，也是从不来梅起航的船的目的地。④但对移民来说，巴尔的摩和邻近地区的机会寥寥无几，只有在这里有生意或没钱继续前行的人才会留在此地。大多数移民翻山越岭，在密西西比河流域上游落地定居。其中，来自德意志北部的人居多。

烟草生意利润丰厚。作为北欧商业同盟的老城市，不来梅逐渐兴旺起来。货船在威悉河下游、小溪和海湾中穿行。建造这些船主要是为了运送乘客，适应时代的要求。⑤然而，德意志人的吸烟量有限，从事烟草出口的供应商供过于求。⑥一直到1849年，英国《航海法案》被废除后，不来梅为英国供应烟草才变得合法化。

---

① 海因里希·梅德格尔：《德意志移民潮》，莱比锡，1853年到1854年，第4页、第32页。《科隆报》，1832年5月20日。——原注
② 弗里德里希·劳尔斯：《大型货运厂时代的不来梅内陆交通》，《德意志地理报》，不来梅，1907年，第30期，第30页、第85页。——原注
③ G.波赛特：《北美徒步旅行手册》，罗特威尔，1842年，第17页。——原注
④ 1838年，巴尔的摩成为很多商船的目的地，其重要性逐渐凸显出来。载有五千三百七十六名乘客的四十六艘船在巴尔的摩靠岸，其中二十六艘船去了纽约，载有一千三百四十名乘客，十七艘船去了新奥尔良，载有两千零二十二名乘客，六艘船去了费城，载有一百八十九名乘客，三艘船去了查尔斯顿，载有三十名乘客，三艘船去了波士顿，没有搭载乘客，只有一艘船去了里士满，仅载有七十七名乘客。汇编自《关税同盟杂志》，1843年2月27日、1844年12月2日到9日。《莱比锡总汇报》，1839年1月16日。——原注
⑤ 《总汇报》，1839年4月8日、1839年7月26日。《约书亚·道奇的信》，1835年12月19日。——原注
⑥ 《总汇报》，1837年7月7日。——原注

坐落在易北河河口东边几英里处的汉堡是当时的大型商业中心，在附近的城市中鹤立鸡群。由于汉堡已经取得重要的商业地位，因此，在很长一段时间内，汉堡对移民运输带来的商机不屑一顾。汉堡到美国有定期游轮，只在极少情况下，当旅客超过船的容量时，才会另租一两艘轮船。①汉堡的移民运输似乎并不稳定，是一种在特殊情境下催生的客运需求。这种不稳定性难以吸引腰缠万贯的商人。汉堡人强烈反对乌合之众践踏他们的城市，也不鼓励发展商业贸易，禁止"像入侵的军队"一样的商人做生意。②甚至在1837年，关于移民保障措施的条规颁布后，汉堡警方依然严格监控、禁止商人在港口停留。③

汉堡商人曾经以为不来梅人很穷。然而，当他们看到不来梅人其实很富有，而且不来梅变成了一座繁忙的港口时，惊讶不已。汉堡商人曾经鄙夷不屑的贸易成了现代贸易的主业之一，他们却让这样的机会白白从手中溜走。④与此同时，移民运动向德意志北部和东部扩展，前往汉堡码头的乘客随之增多。然而，这些移民孤立无援，跨越大西洋的船票也很贵。1838年，六百个来到易北河的撒克逊人不得不经由陆路前往不来梅，在不来梅港登船出海。人们抱怨汉堡的河流让竞争对手抢了生意。汉堡商人认为必须采取行动，但没有抓住移民运动的本质，对移民抱着陈旧的观念。直到1842年的大火后，汉堡商人才开始转变思想。⑤

汉堡的贸易存在一个根本性的地理难题。1840年，二千四百八十四艘船驶入汉堡港口。其中，一千零三十八艘船来自大不列颠群岛，二百六十八艘船来自西印度群岛和南美洲，八十五艘船来自北美洲零散的几个港口。⑥在与美国的贸易流通中，无论是木材、棉花还是烟草生意，汉堡都没有足够的、有组织的贸易分公司，但移民运动正好可以填补这些空缺。移民们要到达英国就必须途经

---

① 《总汇报》，1839年5月31日、1841年6月3日。《科隆报》，1841年6月6日。——原注
② 《H.惠顿的信》，1841年9月24日。《约翰·卡斯伯特的信》，1837年7月28日，《领事信函》，汉堡。——原注
③ 《关于通过汉堡向世界范围内输送移民的规定》，1837年2月27日。——原注
④ 《莱比锡总汇报》，1841年12月5日。——原注
⑤ 《总汇报》，1838年11月20日，《莱比锡总汇报》，1841年12月5日。弗雷德里希·朗格编：《来自美国关于移民的最新信函》，伊尔梅瑙，1834年，第7页。——原注
⑥ 《莱比锡总汇报》，1841年1月9日。——原注

汉堡。因此，汉堡必须为来港的移民提供商品，而来自英国的上千艘船为汉堡人指明了方向。汉堡与英国的关系一直很密切。1838年，从汉堡到赫尔港的班船每天有三四趟。通常情况下，从汉堡到赫尔港的船需要航行三天，然后继续航行三天将乘客送到利物浦。随后，乘客可以立即登船前往纽约。每次航行的时间一般需要三十五天到四十天，但航程总共持续的时间不会超过五十天。直接从汉堡或不来梅到美国的平均航行时间是五十天到六十天，有时航行时间会更长。"赫尔航线"不仅经济、省时，还能让乘客享受到一场趣味无穷、丰富多彩的旅行。①

在汉堡，移民们可以从代理商手中购买船票。但在赫尔港，讲英语的德意志导游会接待移民，带移民们穿过海岛前往利物浦候船。先穿过北海，再经过运河从赫尔港到利物浦，最后跨越大西洋的航程中，移民们为已有的贸易活动贡献了一分力量，同时从中获利。然而，这条航线上也会出现违规行为和诸多麻烦。汉堡当局虽然试图避免麻烦，但收效甚微。随后几年，汉堡的航运业发展迅猛，并且在19世纪中叶的大迁徙运动中发挥了重要作用。

1842年，欧洲大陆的移民潮持续高涨，移民经由勒阿弗尔、不来梅和汉堡向外迁徙。莱茵河航运的开放加速了移民外流。几百年来，这条天然路线因无数收费站被堵。1815年，虽然维也纳国会派了一个调查团解决这个问题，但荷兰和普鲁士代表因利益问题产生了分歧，导致行动推迟。最后，双方商定好了条约，打算建立一条不受限的过海通道。"1831年，莱茵河流域的发展迈出了一大步，从中世纪开始一直蒸蒸日上。"②莱茵河两大支流中的一条流经黑森和巴伐利亚，另一条是流经符腾堡的内卡河。两大支流上的障碍已经被扫除。19世纪30年代中期，德意志南部的偏远城市与荷兰港口之间定期会有贸易来往。③科隆和鹿特丹之间每天都有轮船穿梭，货船频繁活跃在德意志人的视野中。④

---

① 《莱比锡总汇报》，1838年2月1日、1840年3月27日。——原注
② E.J.克拉普：《通航莱茵河》，波士顿，1911年，第13页至第14页、第22页。——原注
③ 汉斯·海曼：《内卡尔船员》，海德尔堡，1907年，第1页、第176页、第179页。——原注
④ 《总汇报》，1825年7月9日、1828年1月24日。《慕尼黑政治报》，1835年5月9日。《莱比锡总汇报》，1838年7月4日。艾米丽·雅克曼：《德意志农业、工业和政治》，巴黎，1842年，第83页。——原注

因为大多数移民走的是莱茵河路线，所以荷兰港口并没有盈利多少。1842年，安特卫普通往科隆的铁路竣工。通过采取实施特价优惠、管控移民、颁布安全卫生条例等措施，安特卫普成功输出了一批数量可观的移民。[1]在杜塞尔多夫和科隆，一些人也被不来梅吸引。[2]已经抵达鹿特丹的移民通常乘渡轮前往勒阿弗尔。[3]因此，相比河口的老城市，莱茵河的开放更有利于不来梅和勒阿弗尔移民流量的增加。

各种中介不仅为移民提供了船，还提供了一系列服务人员。初到新世界的移民有些无所适从，认为酒馆老板、货运代理人、船运经纪人、船长、船员和土地代理人都阴险狡诈，一旦从移民身上榨取到钱财就会将他们转交给下一个人。许多情况下，这种观点有理有据；不过，对整个社会而言，服务人员发挥的作用至关重要。服务人员高效率地将移民安顿在美国无人居住的地区，让移民从过去的环境中抽离出来，带他们穿过大西洋，辗转各地后，迫使他们与新的社会团体建立联系。移民中介并不是新兴职业。在18世纪，移民中介以"灵魂贩卖者"的形式出现。他们在莱茵河上游走村串户，用天花乱坠的承诺诱使以出卖劳力偿付船资的移民登上荷兰船。19世纪，他们成为眼界狭隘的农民与全球贸易之间的媒介。

起初，船长和移民达成了直接协议。报纸上的广告大肆宣传道："船上的一切事务请与船长联系。"[4]同样，早期的指南手册也警告读者不要和中间人打交道，只跟船长谈判。船方按照承诺，负责为乘客提供食宿。也许因为许多船由船主直接指挥，所以相比其他地方，在驶离爱尔兰的船上，船长和乘客之间的关系更密切。船方会将提供的服务一一列出来，如照顾晕船的乘客，以及将乘客介

---

[1] M.E.佩罗：《比利时铁路》，中央统计委员会的《公告》，1845年，第3页到第6页。《比利时监控》，《官方新闻》，布鲁塞尔，1849年6月4日。《德意志移民》，达姆施塔特，1847年，第743页；1848年，第273页。——原注
[2] 赫尔曼·阿亨巴赫：《我的北美自由城市游记》，杜塞尔多夫，1835年，第14页。——原注
[3] 《总汇报》，1841年5月2日。——原注
[4] 《卡里克早报》，1817年6月11日、1817年7月8日、1817年12月17日、1818年3月5日。《都柏林晨报》，1830年3月2日。——原注

绍给美国的生意伙伴等。①移民们逐渐发现了隐藏在慈善面具下的雇主和土地所有者之间的秘密联盟。

尽管利物浦的房产商试图通过中介扭转局面，但爱尔兰人的移民贸易往往缺乏组织性。爱尔兰人不相信纸质收据，在到达利物浦亲眼看到船之前，他们不会轻易将辛苦挣来的钱交出去。爱尔兰人一点也不着急，因为利物浦的船价有时会在最后关头"崩溃"，因此，推迟登船通常更有好处。在起航前两个小时，预订船票的乘客往往有上百人，并且票价减半也是常有的事。②

但欧洲移民只有签完十多份文件，才能合法离开他们所在的行政区。这样做意味着他们放弃了祖国及所在社区的一切。因此，潜在移民发现，必须谨慎且明智地考虑各段航程中的通行方式，提前知道通行费用也很有必要。停泊在遥远港口的船无法为移民提供准确信息。不过，无论如何，不懂外语的美国船长与德意志人和瑞士人谈判肯定会处在不利地位。于是，移民中介作为中间人出现了。起初，移民中介通常只扮演"跑腿"角色，将乘客带到船长面前并收取两者的佣金。③但随着时间的推移，船长或商人直接将整个舱位出售给中介，不再负责船票等事宜。船长与中介收取的提成毫无关系。即使乘客没有及时登船，船长也会驾船按时起航。④

起初，争夺乘客的行为主要集中在港口地区。但随着竞争越来越激烈，大公司在市场中的地位显得尤为重要。在勒阿弗尔，移民中介曾为了赶上德意志移民，在路上辗转一两天。后来，他们在德意志和瑞士开设了办事处，扩大了中介业务。1837年，法兰西政府颁布的一项法规推动了移民中介业务的开展。法规要求每个移民过境时，必须提供一张勒阿弗尔当局开具的合同票。⑤不来梅也采

---

① 《卡里克早报》，1819年6月10日。《斯莱戈观察者》，1830年4月15日。《斯莱戈报》，1830年9月10日。《都柏林商业广告》，1833年5月11日。——原注
② 通行者行为委员会：《报道》，第36页、第267页。——原注
③ 《晚报》，德累斯顿，1832年5月30日。《伯尔尼州已故女教师尼古拉斯·雅斯的北美俄亥俄之旅》，伯尔尼，1833年，第6页。——原注
④ 《莱比锡总汇报》，1850年4月28日、1852年5月24日。——原注
⑤ 《知识界晨报》，斯图加特，1837年7月31日。T.B.贝廷格：《移民美国指南》，勒阿弗尔，1834年，第31页。《前往俄亥俄州的旅程》，第6页。——原注

取了类似措施，当地立即涌现出几百名移民中介。①移民中介不仅参与了移民机制，还从移民运动中谋取私利。他们印刷报纸，分发传单，在集市和公共场所游说。因此，许多人误以为大规模移民是由移民代理商的商业行为导致的。②

强大的商业动力为移民运动铺平了道路。此前，很多没钱支付船票的移民通过出卖劳力抵偿船资。1816年到1819年，从英国港口出发的二等舱票售价为十英镑到十二英镑不等。③1832年，移民只要花六英镑就能在前往纽约的邮轮上获得食宿供应，一般商船只需要四英镑。④1818年，勒阿弗尔的船费是三百五十法郎到四百法郎，19世纪30年代初，只要一百二十法郎到一百五十法郎。⑤船费的变化说明了一个事实，即商业关系的扩展导致移民中介的提成大幅下降。毫不夸张地说，十五年内，移民中介的提成削减了一半。⑥

基于上述原因，数百万欧洲人将发财致富、过上幸福生活的希望寄托在北美洲。1845年，商业贸易的发展使欧洲人不需要放弃个性就能移民美国。正如政治哲学以前宣扬的那样：只有拥有个性，才能获得幸福和财富。

---

① 《F.J.格林的报道》，1842年2月10日，《领事信函》，不来梅。——原注
② 《总汇报》，1833年3月28日。《知识界晨报》，1833年11月19日。《晚报》，德累斯顿，1832年5月30日。——原注
③ 《原信及最近的信函摘录》，贝尔珀，1819年，第90页到第91页。——原注
④ 卡尔文·科尔顿：《移民美国指南》，伦敦，1832年，第186页。《移民委托人的报道》，议会文件，1831年到1832年，第32卷，第9页。——原注
⑤ 《知识界晨报》，1829年7月1日。《美国旅游手册》，巴黎，1818年，第17页。——原注
⑥ 《知识界晨报》，1831年9月26日。布劳恩斯：《实用教学》，第5页。——原注

第 9 章
三十年和平岁月的期望与恐惧

> **精彩看点**

欧洲迎来三十年和平期——"人口过剩"——激冷效应和土地贬值——作为主食的马铃薯——爱尔兰的土地租佃制度——英格兰与爱尔兰的农产品交换——分割土地问题——德意志农民的生活条件——对更好事物的渴求——德意志农民遭受深重苦难——丹麦的农业发展模式

拿破仑·波拿巴战败后，欧洲迎来了三十年的和平期。没有行军部队蹂躏村庄，没有驻军传播瘟疫，商店和家庭不再承受征兵和征税的负担。不时有谣言称战争一触即发。虽然十几次的外交危机将欧洲各国推向了战争边缘，但随着时间的流逝，欧洲各国之间并没有爆发武装冲突。从盖乌斯·屋大维·奥古斯都统治以来，整个西方世界从未像现在这样享受普遍的太平盛世。和平的列车已经开来，本该降临的福祉又在哪里？

在公共政策方面，解决贫困问题成为欧洲各国的当务之急。贫困问题不仅存在于城市的贫民窟中，还蔓延到了农村地区。农业日益衰败，村庄里全是无产阶级和一群群失业的年轻人。收成好的时候，农民们因农产品销售价格低廉遭受损失。农作物歉收的时候，农民们又因饥荒饱受苦难。十年一个循环，欧洲农村地区的境况越来越糟。每家都有窝在家里的年轻人。这些年轻人没有土地，就业无望。古罗马文明被外来的野蛮人摧毁，现在的西方文明却孕育出了新的野蛮人。一旦一个社会阶层彻底陷入穷苦境地，其秩序就会变得难以维持。欧洲似乎即将面临巨大灾难。

对许多欧洲人来说，"人口过剩"一词能恰当解释当下的苦难。18世纪的重农主义者认为，一个国家的财富随人口数量的增长而增长，促进财富增长是国家的一项义务。现在，这一理论已经发生彻底变化。作为新时代的先知，托马斯·罗伯特·马尔萨斯早已对此做出预言。17世纪，三千万新增的欧洲人需要解决食物和工作问题。18世纪,欧洲人口增至六千万。19世纪,欧洲人口总数达到两亿一千三百万。20世纪初,欧洲人口仅有一亿八千七百万。但到了20世纪末,欧洲人口增长至四亿。①

当代一些人用战争时期的"好日子"解释人口过剩现象,认为人口激增会增加早婚的可能性,导致大家庭的出现。一些人将人口过剩问题归因于和平盛世,因为男人们不必远离家乡征战,家庭生活的连续性也不会被打破。②然而,与19世纪科学进步带来的影响相比,战争、和平对人口增长影响甚微。公共卫生的发展降低了疾病发病率。即使患病,病人也可以通过手术和药物得到治疗。世界上的各种资源被运输到了饥荒地区。防治瘟疫的措施主要是清洁、隔离和注射疫苗,其次是祈祷和斋戒。新的医疗方法和新的认知降低了婴儿的夭折率,加上出生人口逐渐增多,甚至超过了死亡人数,一种累积效应逐渐形成。③研究人口增长共性没有什么意义,因为每个国家,甚至每个地区的发展都是独一无二的。人口增长对农村生活的影响促使政治家和人道主义者采取了适当的补救措施。

爱尔兰的情况尤其引人注目。1782年,爱尔兰议会成立,新时代的精神加快了国家的发展节奏。城市里耸立起一幢幢高大壮观的公共建筑,各地区通过运河网络系统连接起来,应运而生的新兴市场刺激了农业的发展。1783年,爱尔兰议会制定了粮食出口补贴制度。随后,战争期间,英国城市和英国军队对粮食的需求再次刺激了爱尔兰粮食产量的增长。④1805年,托马斯·纽厄纳姆表示,当时,爱尔兰的耕地面积"至少是二十一年前的六倍多"。⑤最终,爱尔兰佃农一边从邻近庄园中赚取丰厚的工资,一边通过出售自己种植的余粮盈利,以此发家致富。很多爱尔兰佃农租下了大农场,承担着高额租金带来的责任,希望

---

① 安东尼·利亚诺:《人口与工资》,《社会学杂志》,1900年,第5期,第669页。——原注
② 赫尔曼·狄特里奇:《欧洲17世纪中后期人口增长》,《皇家科学院年度文献历史》,1850年,第84页。——原注
③ 儿童出生率下降的问题在"1751年到1870年的年度活动"中做了陈述。《经济统计年鉴》,耶拿,1874年,第22期,第141页到第144页。——原注
④ 托马斯·纽厄纳姆:《关于爱尔兰政治经济及自然情况的看法》,伦敦,1809年,第201页到第202页、第210页。艾萨克·巴特:《废除工会》,都柏林,1843年,第38页到第39页。——原注
⑤ 托马斯·纽厄纳姆:《关于爱尔兰人口数量及发展的历史性数据调查》,伦敦,1805年,第181页。——原注

战争能持续更长时间。1851年，一位报刊编辑回顾过去时叹着气说："唉，那时候真是爱尔兰的好日子啊！"①

伴随和平而来的是激冷效应和土地贬值。新增的人口需要大量工作和充足的食物。对此，爱尔兰注定要进行近半个世纪的痛苦调整。人口持续增长，调整变得愈发困难。年轻人没有耕地，没有屋子，也没有维持生计的收入。尽管如此，很多人还是轻松愉快地承担着家庭义务，这令其他国家的人惊叹不已。②当时，一些爱尔兰人将人口增长归因于天主教神父的影响，认为基于个人道德及教会政策，天主教神父鼓励早婚。③另一些爱尔兰人批判因贫困引发的一系列问题，认为"我们的情况糟透了"。④公众舆论、生活水平及法律可能只是一种自然而然的现象，不会在社区成为阻碍。此外，亲人是友好的，大自然是慷慨的。

田野中的马铃薯藤蔓生长旺盛，这是大自然的馈赠。无论好坏，马铃薯都已经成为爱尔兰人生活中不可或缺的一部分。1845年，据估计，在九百万爱尔兰人中，至少有四百万人离不开马铃薯。⑤饥荒期间，爱尔兰人回顾了过去的美好时光，感叹道："哦，马铃薯确实满足了我们的一切需求。上帝保佑，我们只需要扔几个马铃薯到炙热的灰烬中，再将它们翻个面，就能吃晚餐了。"⑥马铃薯吃多了，爱尔兰人对面包和肉类就没什么胃口。在满载移民的船上，上等客舱中的一些乘客向船外扔巧克力、葡萄干布丁和奶酪等，因为这些食物的费用包含在船费中。与此同时，下等客舱中生病的孩子因吃不上马铃薯饿得直哭。目睹此情此景的移民船长十分震惊。⑦

马铃薯不仅健康、营养，还比其他农产品更容易烹饪，而且马铃薯的每个部分都可以利用。马铃薯的秸秆可以搭成茅屋，马铃薯皮可以喂猪、牛和鸡，种植

---

① 《英国农民报》，1851年1月4日。——原注
② 《英格兰农业郡的观点》，科克郡，1816年，第18页、第40页。——原注
③ 《爱尔兰农民的生活条件》，伦敦，1831年，第6页。威廉·班尼特：《关于爱尔兰六星期之旅的记叙》，伦敦，1847年，第31页到第32页。——原注
④ 《伦斯特省快报》，马里伯勒，1847年2月27日。——原注
⑤ 《爱尔兰农民公报》，1845年2月27日。——原注
⑥ 《爱尔兰农民公报》，1848年5月27日。——原注
⑦ 《鲁滨孙报道》，1824年4月2日，第138页到第139页。——原注

收获马铃薯

一英亩半或一英亩马铃薯就可以养活一个家庭。一种特殊马铃薯品种能够在碎秸、未施肥的土壤中茁壮生长,并且由于产量惊人,种植面积不断扩大。① 对马铃薯赞不绝口的人认为,马铃薯种植能够确保爱尔兰免遭过去周期性爆发的饥荒的困扰。②

然而,这是一种缺乏远见的盲目乐观,因为将马铃薯作为主食存在一定风险。马铃薯最多能保存几个月。这样一来,第一年的大丰收并无法弥补第二年的歉收。此外,马铃薯体积较大,运输起来不划算。因此,区域性马铃薯短缺有可能给当地成百上千个家庭带来灾难。③ 更重要的是,马铃薯对土壤的影响几乎

---

① 《都柏林晨报》,1821年10月27日。——原注
② 《都柏林晨报》,1821年10月27日。——原注
③ 《贫穷的爱尔兰南部》,伦敦,1843年,第125页。——原注

是毁灭性的，因为马铃薯和粮食种植一般交替进行，马铃薯逐步侵蚀土地，会导致小麦、燕麦的产量逐渐下降。① 虽然一些爱尔兰人倡导农业改良，但爱尔兰地主和农场主发现，大多数人对此无动于衷。有人反映，过去，马铃薯属于外来品种，很多爱尔兰农村家庭并不重视马铃薯种植。②

在文学作品中，马铃薯总是与家庭及家园紧密联系在一起。一部小说的主人公描述道：

> 严寒冬日，风暴席卷山峦，暴雨肆虐，拍打着门窗。大家围着火堆坐成一个圈，锅里的水翻滚沸腾，叉上的鲱鱼即将入口，牛奶也倒好了。孩子们在嬉笑，人们脸上洋溢着幸福的笑容。田里的种子撑破外壳，露出美

吃马铃薯的人

---

① 《爱尔兰农民公报》，1851年7月26日、1954年7月8日。——原注
② 《工农业日报》，英格兰皇家农业协会，1848年到1849年，第19页。——原注

丽的幼芽。这一切的一切是多么愉快、多么幸福啊！ 啊！ 请给我一个冬夜，给我一个大泥炭炉、一块培根肉，还有一碗马铃薯泥！①

对爱尔兰农民来说，土地尤为重要。如果有可能，每个爱尔兰农民都渴望终生拥有一块土地，或者至少在种植季拥有一块土地。然而，由于19世纪30年代的土地合并运动，爱尔兰农民的愿望变得越来越难以实现。此外，开拓荒原、泥炭沼地和山区的机会也越来越少。换句话说，随着人口压力增大，土地供应逐步减少。由于害怕失去土地，租赁竞标时，无论多高的租金，佃户们都会应允。然而，一旦土地得到保障，佃户们就试图逃避合同中的义务，从而引发了新的问题。国家因农民暴动深受其害，主要原因是地主和佃户之间互生畏惧、互不信任。②

在寻找解决方案时，"地方关系"一词陷入了法内法外条例的迷宫。1845年，德文委员会对爱尔兰农村土地租赁情况进行了调查。这次调查收集了一万多份证词，装订成厚厚的五本。限制土地承租期的历史可以追溯到亨利二世、伊丽莎白一世、奥利弗·克伦威尔，以及威廉三世统治时期。这些君主将一些地区和领地赏给下属或用来偿还债务。得到土地的人从苏格兰、英格兰引进移民，或者成为新地主。习俗和法律确定了农民的地位。到了18世纪，阿尔斯特的"佃权"制度允许佃农享有法律不承认的部分特权。有了特权的佃农可以终生拥有土地，并且佃农可以将在土地上获得的收益传给继承人。然而，土地继承的习俗并没有在阿尔斯特地区盛行。不过，阿尔斯特以外的一些地区一直保留着土地继承风俗。③

在爱尔兰其他地方，由于叛乱及新教徒地主与天主教佃农之间互不配合，农民得不到基于传统的土地长期租赁保证。大多数佃农无权反抗地主。这通常

---

① 《都柏林便士报》，1832年8月19日，第58页。——原注
② 《伦斯特省快报》，1849年4月28日。《都柏林便士报》，1832年6月21日，第28页。J.P.肯尼迪：《指导，雇佣，不要吊着他们》，伦敦，1835年，第8页到第9页。威廉·斯达奇：《爱尔兰的不满、成因及补救措施》，伦敦，1826年，第25页。《上议院委员会关于英格兰犯罪问题的调查报告》，《议案》，1839年，第7卷，第1202页。——原注
③ W.N.汉考克：《阿尔斯特经济方面的租用权》，都柏林，1845年，第7页、第11页。——原注

奥利弗·克伦威尔

意味着，无论佃农是否违反法律，都必须遵从地主的意愿。佃农不确定自己持有土地的租期长短，因此无暇顾及土壤保护，只是最大限度地利用土地，并且通常可能随时以自己租下的价格将部分土地转租给其他佃农。这样一来，佃农也可以成为地主，甚至等级比地主更高。[1]1841年的调查结果显示，爱尔兰超过42%的土地面积介于一到五英亩之间。[2]此次调查并没有涉及面积较小的土

---

[1] 《关于改善爱尔兰的建议》，伦敦，1824年，第31页。威廉·斯达奇：《爱尔兰的不满、成因及补救措施》，伦敦，1826年，第6页。《政府委员对爱尔兰贫困阶级生活条件调查的第一次报告》，《议案》，1836年，第33卷，第220页。——原注

[2] 《政府委员对爱尔兰土地征用法的调查数据统计证据纪要》，《议案》，1845年，第22卷，第274页到第275页。——原注

地。但随着无地阶级人数的迅速增加,成千上万块小面积土地开始出现。无地阶级都是一些没有不动产的人和拥有五英亩土地的佃农的后代。

考虑到无地阶级,爱尔兰政府制定了土地租佃制度,租期为十一个月。制定该制度的依据是:个人信誉或许不值一提,但一群人能够共同承担合理的风险,因为每个人都必须对总租金负责。①由于受人尊敬的代理人或地主不愿介入土地租赁的肮脏勾当,在一位"征收者"的指导下,十个或十五个佃农组成一个公会,他们合租下一亩肥沃的土地,或一个新近开垦的水草丰茂的牧场。正常情况下,马铃薯产量很高,土地租金也不菲,价格通常是一英亩七到十英镑。②至于以信贷方式获得的种薯,丰收时,农民必须偿还比种薯原价多一半到一倍的费用。③在丰收年景,土地租佃制度是起作用的,不仅劳动者获得了食物,地主也获得了财富。但与爱尔兰所有的经济活动一样,土地租佃只是一场仅够糊口的博弈。由于公会组织内部分歧不断,公会对一些人卑劣的行径不管不顾,再加上地主因收不到租金痛苦万分,公会不得不采取法律措施,强制佃农支付租金。因此,相比其他经济制度,土地租佃制度更缺乏人们的信任。许多土地持有者因害怕遭人怨恨,被迫承认了土地租佃制度。④

爱尔兰的外居地主和短租佃农是土地租佃制度的一部分。虽然这些人的生活环境和思维方式存在差异,但他们有一个利益共同点,即租金。租金是将多个结构连在一起的链条,是农民和小土地持有者最关注的话题,也是以收佃农租金为生的二手地主焦虑的对象,并且伦敦的爱尔兰上层交际圈只有依靠租金才能维持地位。一旦这个链条破裂且无法修复,土地租佃制度就会不可避免地瓦解。幸运的是,当时,土地租佃制度已经十分灵活。通常情况下,地主会给予佃农一年的宽限期。只要拖欠的土地租金能在一年内偿还,地主就不

---

① 《约翰·威金斯给爱尔兰地主的小建议》,伦敦,1824年,第13页。——原注
② 《爱尔兰济贫法的影响》,伦敦,1849年,第7页。《粮食交易所快报》,伦敦,1835年8月3日。《弗里曼报》,都柏林,1850年4月1日。《利默里克纪事报》,1841年2月10日。《爱尔兰园林农业工作者杂志》,都柏林,1835年,第2期,第10页。——原注
③ 威廉·班尼特:《关于爱尔兰六星期之旅的记叙》,伦敦,1847年,第7页。——原注
④ 《爱尔兰园林农业工作者杂志》,第2页、第9页。《贫困法代表委员会的第七次报告》,《议案》,1849年,第15卷,第38页。——原注

会采取任何行动。与此同时,大面积土地持有者既要宽限债务人,又要向债权人支付利息。①

对拥有约五英亩土地的农民来说,他们可以通过交替种植小麦和马铃薯获得稳定收入。在爱尔兰,小麦的产量和出口量均在不断增加。1815年到1820年,小麦的年平均出口量为十五万夸脱②。1827年到1830年,小麦的年平均出口量增至六十万夸脱。③到了19世纪30年代,小麦出口量持续增加。也许是因为爱尔兰的种植成本较低,所以爱尔兰粮食在英国的售价比英国本地的粮食更便宜。更重要的是,在英国,城市增多导致粮食需求增加。由于不列颠群岛存在关税壁垒,爱尔兰又是唯一在贸易范围内扩张的地区,英国从爱尔兰进口粮食便成了必需。因此,爱尔兰从英国不断增加的粮食需求中获利不少。④爱尔兰人将沼泽地、山坡和山谷开垦出来种植小麦,原来的牧场也成了农田。⑤只要有瀑布的地方就有一座磨坊。不久,两千多家磨坊研磨出了高品质的面粉,稳占英国市场。⑥爱尔兰佃农越来越富有。每两三英亩的小麦相当于一英亩马铃薯,意味着能养活一个英格兰家庭。

因土地面积太小无法种植小麦的农民能够从所谓的条款贸易中获得现金收入。一个农民如果有幸拥有一头奶牛,就可以指望高产量的牛奶维持生计,并且还能获得稳定的黄油产量。在英格兰,黄油早已有了现成的销路。过去,人造奶油一直垄断着伦敦市场,现在却遇到了黄油。黄油是由新型班船从爱尔兰运到伦敦港口的。⑦然而,奶牛是大多数佃农无法承担的一种资本投资。为爱尔兰农

---

① 《自由人报》,1834年2月27日。威尔莫特·霍顿:《英国贫困的缘由及补救措施》,伦敦,1829年,第134页。G.P.斯克罗普:《英格兰、苏格兰及爱尔兰游记》,伦敦,1849年,第26页。——原注
② 夸脱(Quart)是液量单位,在英国和加拿大,一夸脱等于二品脱或一点一四升。
③ 《粮食交易所快报》,1834年9月29日。——原注
④ 《粮食交易所快报》,1837年1月16日。 J.G.V.波特:《爱尔兰》,伦敦,1844年,第19页。亚历山大·蒙代尔:《谷物法的必要操作》,伦敦,1831年,第73页。——原注
⑤ 《加克里晨报》,都柏林,1818年9月21日。《自由人报》,1833年6月2日。《爱尔兰园林农业工作者杂志》,1833年到1834年,第1期,第557页。——原注
⑥ 《粮食交易所快报》,1837年3月6日、1837年10月9日、1840年2月17日、1851年5月12日。——原注
⑦ 《粮食交易所快报》,1844年7月22日、1844年11月4日。《爱尔兰园林农业工作者杂志》,1837年,第4期,第11页。——原注

民赚钱的是更低贱的牲畜。每个从爱尔兰回来的人都对爱尔兰的猪印象深刻。爱尔兰人十分重视猪，甚至忽视了忍饥挨饿、衣衫褴褛的孩子，激起了其他人的愤慨。然而，外国人并不了解真相。在爱尔兰，父辈们都知道，秋季家里如果无法宰杀一头大肥猪，子女们的生活就会受到威胁。猪很容易喂养，可以在谷仓前的空地上和邻近的沼泽里刨食物吃，也可以吃人们剩下的马铃薯。猪就像农民的储蓄银行一样，农民买猪的成本很快就会全部赚回来。因此，即使是短租佃农，也会想方设法养一头猪。

英格兰工人喜欢用火腿和培根做早餐。爱尔兰肉制品的质量普遍很好，甚至英格兰饲养员也承认爱尔兰肉制品的质量可以和英格兰肉制品媲美。爱尔兰猪肉成了英国海军的主食，科克郡的包装工人为舰队及许多商船提供了无数腌猪肉。每年秋季，圈养在数十万间屋子里的牲畜被成群结队地赶到海港，然后被当地的牲畜屠宰加工厂买走，或被运到利物浦。到了英格兰，火车将牲畜运到郡级市场，以低于英格兰畜牧业主预期的价格卖出。即使这样，爱尔兰人也挣到了可观的利润。[1]

英格兰工人用火腿换鸡蛋，爱尔兰佃农用鸡蛋换火腿。母鸡在谷仓空地上觅食。从这一点看，母鸡比猪更容易养活。只需要家庭主妇和孩子们的悉心照料，母鸡就能产蛋。在爱尔兰港口腹地，代理商们建了一个鸡蛋收购网。爱尔兰男孩通常是鸡蛋收购网的主要成员，每天沿着既定路线收集鸡蛋，然后将钱留在农舍门口。于是，鸡蛋通过这种供应方式成吨出口。鸡蛋交易产生的每分钱都进入了农民宝贵的囤仓中，这笔钱是他们一点一滴耐心积攒起来的。[2]

夏季是农民劳作的间歇期。其间，农民们可以找一些零活赚点现钱。爱尔兰庄稼收成期比英格兰晚一个月，地里的马铃薯可能要到初冬才能收。于是，英格兰庄稼丰收时，爱尔兰农民可以趁机找一些零活。不过，一直到1825年，爱尔

---

[1] 《爱尔兰农民公报》，1845年1月4日、1845年4月12日。《粮食交易所快报》，1834年8月4日、1843年3月6日、1844年9月9日。《爱尔兰园林农业工作者杂志》，1836年，第3期，第418页；1841年，第8期，第575页。史蒂芬斯先生：《爱尔兰农业状况》，《农业季刊》，1831年到1832年，第3期，第764页到第765页。——原注

[2] 《都柏林商业广告》，1832年4月23日。《爱尔兰园林农业工作者杂志》，1836年，第3期，第2页、第136页到第137页。——原注

兰人才开始这么做。但在失业工人遍地的英格兰，爱尔兰临时工并不受欢迎。此外，横跨爱尔兰海的路途十分艰辛且费用昂贵。①后来，蒸汽船几乎垄断了爱尔兰的航运市场，情况发生了变化。1830年，英格兰岛和爱尔兰岛之间往来的蒸汽船班次多达四十二趟。由于行业竞争，爱尔兰到英国的火车票价降至六到九便士。②此外，《新济贫法》的颁布及工业的发展使英格兰农村过剩的人口开始外流，导致农民工短缺。

因此，蜂拥而至的爱尔兰人解决了英格兰农民工短缺问题。每年7月，爱尔兰人聚集在一起，成千上万爱尔兰佃农带着儿子徒步前往港口，将马铃薯田留给家中的妻儿看管。八到十个爱尔兰佃农组成一队，手持镰刀共同前往利物浦，为割小麦或割草的活与英格兰农民讨价还价。出去一趟至少可以赚到六英镑，最多可以赚八英镑。衣衫褴褛的爱尔兰佃农揣着挣来的钱回到家中做生意，即将迎来穿新衣服、住大房子、吃大餐的好日子。③

从经济角度看，1845年的爱尔兰与1815年的爱尔兰明显不同。虽然阶级财富仍然两极分化，但在普通的经济生活中，爱尔兰各阶层之间的合作越来越紧密，并且爱尔兰与英格兰的结构联系也越来越紧密。一项伟大的创举完成，一望无际的荒地变成了农田。人们总说爱尔兰人怠惰因循、目光短浅，但同时期美国边远地区的居民更是如此，况且爱尔兰人的土房子比美国人的木房子更适合居住。爱尔兰人如果运气不错，也能像美国边疆居民那样，放弃之前的生活，提高生活质量。④

1845年，爱尔兰呈现出良好的发展前景。德文委员会进行的调查明确显示，有关土地制度的任何改革都是为了改善小土地佃农的生活条件。于是，爱尔兰人对未来更加期待。面对爱尔兰农民的无知和偏见，爱尔兰郡级农业公社鼓

---

① 《戈尔韦爱国者》，1838年8月15日。《爱尔兰农民的生活条件》，第17页。——原注
② 《都柏林晨报》，1830年6月3日。《英国农民杂志》，伦敦，1830年，第4期，第61页；1831年，第5期，第432页。乔治·斯特里克兰：《英格兰和苏格兰济贫法评述》，伦敦，1827年，第83页。——原注
③ 《农业报》，爱丁堡，1843年到1845年，第1期，第521页。——原注
④ 《爱尔兰农民公报》，1851年12月13日。——原注

西奥博尔德·马修

励人们改良农作物和耕种方式。①此外,西奥博尔德·马修神父发起的禁酒运动鼓励一种更健康、更高水平的生活方式。禁酒运动有助于遏制引发懒散的诱因。②1838年,英国颁布《新济贫法》,规定在新组建的"工会"中设立济贫院,力图消除在街头和公共场合闲逛的流浪汉。许多穷人虽然偏爱过去的救济制度,继续漫无目的地流浪,但认为政府已经做好应对突发事件的准备,1822年大饥荒的恐怖场景不会重现。

---

① 《爱尔兰社会数据调查》,都柏林,1855年,第1部分,第10页。《政府委员对爱尔兰土地征用法及使用的调查数据统计报告》,《议案》,1845年,第19页到第21页。——原注
② 《爱尔兰农民公报》,1845年9月6日。《政府委员对爱尔兰土地征用情况的调查统计报告》,《议案》,第89页、第731页。《天主教移民群体的必要性、目标和优势》,伦敦,1843年,第10页。——原注

其他方面的经济形势不容乐观。在爱尔兰人全身心投入自我救助中的关键时刻,丹尼尔·奥康奈尔发起了一场席卷全国的运动。该运动旨在废除爱尔兰与英格兰之间的政治同盟关系。很多人被丹尼尔·奥康奈尔蛊惑人心的演讲吸引,听他指责英格兰是爱尔兰的祸根。对丹尼尔·奥康奈尔来说,演讲是一份逍遥自在的工作,但分散了人们本应该投入到改革运动中的精力和注意力。同时,英格兰的政治活动对爱尔兰人的福祉构成了威胁,因为反谷物法同盟的力量正在迅速崛起。防护墙一旦破裂,就预示着爱尔兰农民将遭遇灾难。1842年修订的《谷物法》使其他国家的牲畜进入英国变得越来越容易。于是,英国富农掀起了一股移民潮,直观暗示了《谷物法》终将被废止。[3]此外,1842年修订的《谷物法》降低了国外腌腊食品供应的关税,进一步引起了英国人的惊慌。美国猪肉迅速以低于爱尔兰猪肉的价格进入英国市场。虽然美国猪肉不合英国人的口味,也不受欢迎,但人们知道,爱尔兰猪肉供应市场即将面临竞争。如果美国在竞争中获胜,那么毁灭的不仅仅是爱尔兰的猪肉市场。[4]

最令人担心的是食品问题。第一年的马铃薯无法帮助爱尔兰佃农熬到下一年的马铃薯成熟。通常情况下,爱尔兰多在夏季爆发饥荒,百姓苦不堪言。有时,很多家庭只能依靠荨麻和杂草充饥。[5]土地荒芜的社区陷入更绝望的困境。一篇讲述爱尔兰农民艰苦生活的文章描述道:"整个夏天,马铃薯田的状况备受关注。雷电和东风使马铃薯秸秆枯萎,旱涝阻碍马铃薯生长成熟。这些都是农民们担心和焦虑的问题。一直到马铃薯一车车运入市场,人们才欣喜欢愉,心存感恩。"[6]爱尔兰人的担忧随着夏天的过去逐渐消散,接下来,爱尔兰人开始庆祝收获季的到来,但每个人都知道,只要有一个季度没有得到大自然的恩泽,整个爱尔兰的经济结构就会崩溃。

---

[3] 《粮食交易所快报》,1842年5月2日、1843年1月2日、1843年8月28日。《移民公报》,《殖民定居者指南》,伦敦,1842年4月16日、1842年4月30日。——原注

[4] 《粮食交易所快报》,1843年11月20日、1843年12月18日、1844年1月8日、1845年1月6日。《爱尔兰农民公报》,1844年5月25日、1844年6月1日、1844年6月8日、1845年1月4日。——原注

[5] 《都柏林晨报》,1822年6月1日。《弗里曼报》,1834年2月27日。《利默里克纪事报》,1841年5月19日。——原注

[6] D.C.奥康纳:《在济贫院生活的十七年》,都柏林,1861年,第12页。——原注

与爱尔兰的处境相比，不列颠群岛其他地区的情况似乎乐观一些。虽然威尔士和苏格兰仍然处在悲惨的境遇中，但只是经济失调的后遗症，而不是越来越多地主成为贫困人口的征兆。令人高兴的是，现在，这个后遗症已经彻底消失。事实上，英国的麻烦并没有结束。一旦经济发生短暂停滞，车间机器运转速度就会慢下来，城市贫民窟就会爆发饥荒和骚乱。19世纪30年代中后期，英国的乡村生活变得越来越稳定，农村有了粮食市场，百姓可以充分就业，脱贫制度的建立不仅能照顾到不幸人群，还能对游手好闲的人进行管制。物阜民安，时事评论员和政治家的乐观情绪并没有因工业的偶尔不景气受到影响。

但英吉利海峡对岸的德意志人与爱尔兰人一样悲观，感到前景黯淡。事实上，不用进行过多对比，在某些方面，德意志西南部和爱尔兰南部的情况极其相似。在德意志，农业人口增多给现有土地带来了巨大压力。于是，土地被分割成一小块一小块，马铃薯迅速成为数百万德意志人的食物。德意志人的财富主要依赖马铃薯产量。此外，德意志人实行的支付方式是一套从一级向另一级支付的复杂程序，与爱尔兰现存的租金问题一起，成为经济结构中至关重要的一环。

自中世纪早期日耳曼人迁徙到莱茵河流域以来，靠近莱茵河上游的地区以小块土地种植闻名。然而，莱茵河上游的田地面积小是相较于德意志北部和东部、法兰西及意大利的大块土地而言的。普通农场的面积比较适中，通常与大片领地毗邻。这些领地都是公爵贵族和教会的财产。然而，19世纪初的两代人见证了德意志小农场退化为所谓的"碎片"的历史。一片土地被分成很多块，人们对小块土地进行再次分割，导致土地面积小到像史料中记载的那样："一户人家嫁女儿的嫁妆是几棵果树，家里两个儿子共用一间房。"[1]

分割土地是由多种因素造成的。法国大革命时期，革命思想传入爱尔兰。修道院地产被没收，然后分配给无地者。许多大地主认为离开才是明智之举。为了赶紧离开，他们将自己的土地卖给投机者，投机者又将土地卖给十几个或更多的

---

[1] 弗里德里希·利斯特：《耕地宪法、分支经济和移民》，《集刊》，第2期，第163页。《不伦瑞克农业和林业杂志》，不伦瑞克，1835年，第3期，第359页到第360页。——原注

人。①爱尔兰政府试图通过立法遏制投机买卖，但最终以失败告终。②其次，除了教会或征兵法确立的制度，限制婚姻的其他障碍已经被移除。人口快速增长，家家户户都有男丁。二十年后，新增人口要求拥有自己的土地。爱尔兰人击退法兰西人后，恢复了专制统治并修改了法案，并且限令也没有早些时候那么严苛了，尽管如此，人口增长现象依然没有受到任何影响。③

事实上，无论对后世造成了什么影响，下分土地是当时新一代人获得土地的唯一方式。即使是精力充沛的年轻人，也不可能像父辈过去常做的那样，通过排干沼泽或平整山坡获得农场。仔细调查后发现，爱尔兰的所有可耕种土地已经全部投入使用，未开垦的沙地、沼泽及山坡并不适合耕种。④人们最头疼的事是怎样给每个孩子分一到两英亩土地。之所以分地，是因为大多数人毫无根据地认为，与过去一代相比，现在的一小块土地足以养活一家人。

两种因素造就了这种局面，其中，政治因素是关键。1815年，《维也纳协议》签订，规定莱茵河中部地区归普鲁士所有，同时普鲁士必须立即开放受到法兰西生产商关税保护的葡萄酒市场。1834年组成的德意志关税同盟将原来受保护的葡萄酒市场的关税优势扩展到了德意志南部地区。因此，德意志的葡萄种植业繁荣发展。拥有日照充足的土地的农民将全部精力放在了葡萄种植上，将土地清理出来，把丘陵平整成梯田，将肥土运到岩质坡，在周边垒砌挡土墙。收成正常的情况下，即使葡萄产量少，也能满足生活所需且往往会有盈余。⑤

---

① W.海塞：《莱茵-黑森从1798年到1834年的发展》，美因兹，1835年，第91页。《在莱茵兰》，《莱茵报》，1817年1月11日至12日、1817年，第23页至第24页，第27页至第28页。L.劳：《南德农业研究》，施佩耶尔，1852年，第46页。——原注
② 《亚美尼亚月刊》，斯图加特，1848年3月25日。《关于第十六届德意志农林经济学家大会的官方报告》，慕尼黑，1854年，第225页。——原注
③ 舒茨：《符腾堡州的婚姻和安置法律》，《政治科学杂志》，图宾根，1848年，第5期，第25页到第89页。——原注
④ 《总汇报》，斯图加特，1840年7月9日。J.G.艾斯纳：《农业政治》，斯图加特，1835年，第213页到第214页。——原注
⑤ K.W.阿诺德：《论葡萄栽培区工人阶级的物质形势》，《农业年鉴》，柏林，1850年，第15期，第107页到第156页。《德意志葡萄栽培及1846年的葡萄酒贸易》，《德意志统计学会杂志》，鲁滕堡，1847年，第1期，第168页到第186页、第1007页到第1024页；1848年，第2期，第82页到第91页。——原注

另一个因素是马铃薯种植。马铃薯具有诸多优点，不仅成本低、营养丰富，而且用地面积小。直到18世纪后期，欧洲的马铃薯时代才真正到来。18世纪70年代，欧洲食物短缺，马铃薯迅速受到人们的青睐，在农民饮食中掀起了一场变革。①在一些地方，马铃薯成了农民家庭的主食。不过，也有人用马铃薯喂牛、羊和猪。一位观察评论员表示，马铃薯占据了德意志人生活的半壁江山，马铃薯是和平与民生的基础。②如果人们要为医学界公认的英雄爱德华·詹

爱德华·詹纳

---

① K.格里茨：《对可养殖土壤及其栽培的重大变化》，《政治科学杂志》，1847年，第4期，第122页。《在瓦特维尔举行的年度大会上圣·高卢·阿彭策慈善协会的谈判》，圣加伦，1852年，第50页。——原注
② 《精神意志报》，柏林，1841年11月15日。——原注

弗朗西斯·德雷克

纳建一座纪念碑,那么有人会问,为什么不为最早将马铃薯引进欧洲的弗朗西斯·德雷克建一座纪念碑?[①]欧洲农民非常喜欢马铃薯,将马铃薯视为争取土地的盟友,并且随着马铃薯一季季种植下来,农民的时间和兴趣都放在了长满青藤的马铃薯地里。

19世纪中叶,土地划分成为引发移民的重要因素。许多有远见的富农意识到,如果可耕地匮乏,他们的孩子就会沦落为"啃马铃薯的人"。如果一个拥有三十英亩土地的人有六个孩子,那么他去世后,每个孩子得到的土地不到五英亩。拥有五英亩土地的年轻人如果不出去打零工,就无法维持生计,但出去打工会伤了他们的自尊,并且他们也没有打工技能。因此,为了不出去打零工,一些

---

① 《莱茵慈善娱乐报》,1833年,第5期,第155页。——原注

人将土地卖出，乘船前往美国。在美国，这些人的积蓄足够为每个孩子买一块和在德意志农场一样大的土地。①尤其在19世纪40年代初，美国为劳动者和机械师提供的工作机会很少。因此，在美国给孩子买地的父母及没有成家的年轻人成了德意志移民的主力军。

然而，大多数德意志农民没有远见，仍然选择留在国内，因此，他们遇到的困难越来越多。随着私人土地需求不断增大，一双双贪婪的眼睛紧盯着德意志各村庄之间的公共土地。19世纪前二十五年，德意志政府采取措施分割公共土地。②虽然分割公共土地暂时缓解了耕地紧张局面，但时间一久，无数弊端逐渐暴露出来，因为土地分割完全颠覆了农民生活的经济结构。农民们原来视为理所当然的福利不复存在，牛、羊和鹅吃草的地方也没了。此外，圈养牲畜需要更多饲料，但小土地持有者无法提供足够的饲料。于是，他们不得不将牲畜送到私人牧场，支付过去不需要支付的租金。③在公共土地分割中，农民获得的一两英亩土地无法弥补失去牧场带来的损失。通常情况下，分割所得土地并没有得到充分利用。一些农民抵挡不了诱惑，卖掉了土地，卖地得来的钱很快就花完了。通常情况下，卖地引发的法律纠纷和诉讼案件使农民得不偿失。分割公共土地给富农带来了他们不需要或不想要的土地，贫农却因此失去了不可或缺的土地。④

另一变化也影响了德意志农民的基本生活。按照惯例，农民依赖田野与森林之间的平衡生活。每个村庄都有林地，每座城堡都有禁猎区。冬季的皮毛大衣、餐桌上的鹿肉和野猪肉，以及壁炉里烧的原木和柴草都来自林场腹地。对农民的生活来说，这些物产非常重要。因此，对森林资源的开发一般受到严格管制。一年中，只有在规定的几天里，男女老少在得到领主和公社许可后，才能砍伐枯萎的树木，拾集地上的树枝当冬季的柴火。⑤

这种平衡一直维持到拿破仑战争时代。战争期间，法军行军作战，无论是前

---

① L.劳：《南德农业研究》，第93页到第94页。——原注
② 《莱比锡总汇报》，1852年6月14日。——原注
③ 《关于增加移民美国的原因》，明斯特，1845年10月24日。——原注
④ 《爱尔兰与英格兰关系》，《德意志思想教育报》，柏林，1846年，第1期，第791页。——原注
⑤ 威廉·冯·巴尔梅：《关于森林退化的思考》，《森林退化的后果及原因》，诺德琳根，1846年，第53页。——原注

进还是撤退，通常都要在一个地方驻扎数月。当法军离开时，树林变成了光秃秃的一片。同时，由于前途未卜，许多私人业主随意处置自己的财产。战争后期，一些村子面临繁重税收。为了保留偿还能力，这些村子不得不出售林地。①因此，田野与森林之间失去了平衡，并且再也无法恢复。随后的和平年代，随着城市人口不断增长，住房需求量增大。煤炭过于笨重，不宜长途运输，迅速增加的工厂纷纷使用木材作为燃料。此外，修建铁路时，工人使用笔直坚固的木材铺设轨枕。②农民需要木材必须花钱购买，但过去，他们的祖先有权免费使用木材。农民们听说美国的森林无边无际，这对他们来说是一种无法抵挡的吸引力。

即使是在地理位置上更占优势的农民，也发现传统生活发生了巨大变化。革命时代的哲学思想对阶级财富特权论取代阶级出生特权论大有裨益。现在，人们可以通过金钱获得地位和快乐。但过去，人们只能通过血缘关系和官职授予获得地位和财富。有积蓄的农民意识到自己能获得更高地位，于是试图摆脱身上底层阶级的痕迹。③道德学家焦急地问道："农民是德意志民族的核心力量。他们这是怎么了？"过去，如果一个人穿自家织染的衣服，其他人一眼就可以看出这个人的职业和出身。④现在，农民抛弃了传统着装及其代表的美德。农民们光顾酒馆，导致酒馆迅速增多。他们还光顾卖"移民商品"的商店，这样的商店遍布每个村庄，因为人人都要喝咖啡和可可。即使是戴着手表、穿着鞋袜工作的劳动者，也是如此。⑤农民的生活水平不断提高。无论能否负担得起高消费生活，年轻人都将父辈们没有拥有过的东西视为必需品。

---

① 《木材短缺情况》，《德意志季刊》，斯图加特，1839年，第1期，第288页。威廉·冯·巴尔梅：《关于森林退化的思考》，《森林退化的后果及原因》，诺德琳根，1846年，第53页。——原注
② 《农艺报》，莱比锡，1847年2月12日。《总汇报》，1845年3月26日。威廉·冯·巴尔梅：《关于森林退化的思考》，《森林退化的后果及原因》，诺德琳根，1846年，第19页。《木材短缺情况》，《德意志季刊》，斯图加特，1839年，第1期，第283页。——原注
③ 《教会总汇报》，达姆施塔特，1843年8月19日。奥古斯特·霍兹舒赫尔：《下层阶级的物质需求及其原因》，奥古斯堡，1850年，第53页。《关于第十七届德意志农林结合大会的官方报告》，波恩，1856年，第178页到第179页。——原注
④ 《亚美尼亚月刊》，斯图加特，1856年1月19日。——原注
⑤ 《农艺报》，1850年1月18日。《亚美尼亚月刊》，斯图加特，1854年9月23日。《汉诺威杂志》，1844年12月11日。《考察符腾堡州的物质条件》，《德意志统计学会杂志》，第1期，第1076页到第1091页；第2期，第47页到第61页、第112页到第124页、第447页到第459页。——原注

对更好事物的渴求是当时的时代特征。①不幸的是，许多人为了实现自己的抱负，甘愿拿自己的前途冒险。这些人认为，如果需要资金，土地生产可以提供一部分，其余部分可以通过抵押获得。此外，他们资本充足，借贷利息也不高。战争期间，德意志因财政紧缩欠下的国债已经如数偿还，但工业发展还没有彻底恢复。法律和传统鼓励土地投资。②因此，农民用借贷的钱将田地里的水排干，购买品种优良的牲畜，建了更好的谷仓，并且给土壤施肥。他们认为，扩大生产就能收回成本。然而，土地抵押的金额超出了预期的利润回报。一位悲观的记者声称，德意志的每个农民家庭都有负债。这句话虽然有些言过其实，但没有人反驳。③

人民生活水平日益提高，生活方式越来越现代化。然而，奇怪的是，封建时期遗留下来的农耕制度依旧存在。18世纪，德意志的小土地所有者需要向三大领主履行义务。一个领主制定法规，一个领主授予土地，最后一个领主限制小土地所有者的户籍。本质上，表达忠诚与履行义务并没有关联。所有人都要给领主创造经济效益，以金钱、服务和实物的方式进行偿付。中世纪后，在德意志部分地区，服务偿付转变成金钱偿付，加上货币升值，农民们获得了可观的收益。但大多数农民仍然按照领主的吩咐，依靠干农活进行偿付。④有时，虽然实物偿付不过是一打鸡蛋或一只母鸡等象征性物品，但农民必须上交一部分粮食。过去，对农民来说，上交的粮食微不足道。现在，粮食盈余减少，上交粮食让农民们遭受了严重损失，很多农民家庭经常忍饥挨饿。

然而，教会向农民收缴的钱是最多的。由于什一税会根据作物收成情况做出调整，故而与其他的苛捐杂税相比，什一税更公正。通常情况下，什一税收缴

---

① 《汉诺威杂志》，1831年9月3日。——原注
② 《总汇报》，1836年2月18日。《科隆报》，1847年4月8日。《关于德意志农业和林业纽伦堡第十六届大会的官方报告》，慕尼黑，1854年，第70页到第72页。《符腾堡州对土地自由流通问题的贡献》，《政治科学杂志》，1845年，第2期，第319页到第376页。——原注
③ G.豪辛格：《德意志农民忽视的问题》，《密涅瓦》，1844年，第2期，第60页到第103页。——原注
④ 奥托·赖因哈德：《符腾堡州的基本救济》，《政治科学杂志》，1910年，第36期，第1页到第6页。——原注

的是纳税人收入的10%，有时低至5%，偶尔高达25%。收成好的时候，农民和教会都繁荣兴旺，收成不好的时候，双方都得遭受损失。很多情况下，教会并没有掌握征收什一税的权力。但即使收税人是神职人员，也不会对农民慷慨以待或者手下留情。收税常常引发纷争。人们会在小麦捆成多大一捆、捆多少捆等问题上发生争吵。此外，由于地主有征收"血什一税"①的权力，他们有时会损毁露天的栅栏和畜栏，然后强行带走牛犊、羔羊和猪。地主的代理人甚至将农民地窖里的奶酪、鸡蛋等畜产品洗劫一空。②

除了时间、金钱和食物等实际损失，征收什一税带来的经济效益并不理想。征税夺走了农民宝贵的时间，田地无人照管，打击了农民的积极性。实际上，农民的收成少得可怜，缴纳十分之一的税和缴纳十分之九的税没有什么区别。此外，农民为地主干活时十分倦怠，地主对他们的工作不太满意。拿破仑·波拿巴时代，革命思想推动了德意志的改革，普鲁士通过施泰因-哈登堡立法制订了改革计划。③然而，在德意志东南部，改革遭到了强烈抵制。一方面，王朝复辟恢复了伯爵、公爵的身份。这些伯爵、公爵试图保留由来已久的经济体系和法律体系。另一方面，作物短缺和贫困加剧使农民在代表大会上埋怨不休。于是，许多地区纷纷采取行动，在领主和农民均有意愿时，废除或修改了封建义务。但废除封建义务的法规并不是强制规定的，德意志政府也没有提供协助，更没有对这一过程进行详细规定。只有少数富农签订了协议，不堪重负的贫农并没有从改革中受益。④

立法被喊停，部分原因是德意志人在提出"废除封建税"时并没有考虑到，法案颁布后，所有人都不用缴税，不用对从税收中获益的公爵、伯爵和地主进行

---

① 指牲畜总产量的百分比。——原注
② 奥托·赖因哈德：《符腾堡十支队》，《政治科学杂志》，1913年，第69期，第187页到第190页。——原注
③ 格哈德·克劳斯：《东普鲁士的农业商业状况：1815年到1870年》，柏林，1914年，第9页。《施泰因-哈登堡农民解放及其社会影响》，《土地改革年鉴》，耶拿，1922年，第18期，第6页到第7页、第9页到第10页、第14页到第15页。——原注
④ 《政治科学杂志》，第5期，第3页到第5页。阿尔伯特·朱迪奇：《德意志的基本救济》，莱比锡，1863年。——原注

补偿。相反,公爵、伯爵和地主应该将他们在一年内享受的服务和接受的报酬按年值计算,以资金的方式得到补偿。然而,举例来说,一捆小麦或一篮葡萄的年值是多少呢?不同地区年值不同,同一地区年值也会发生变化,不同作物因生长周期不同导致年值存在差异。因此,要想达成协议,只能通过协商。但即使所有问题都解决了,财政问题也依然存在。农民如何履行新的义务?显然,政府援助是必要的。但面对需要大量财政支出的政策,处于经济困难中的德意志政府退却了。[①]看似令人满意的法规已经成文,但人们不愿根据法规做出改变且不确定法规实施是否具有合法性,因此,新法规并没有得到广泛执行。直到1848年,德意志才迎来真正的改革。

与爱尔兰一样,19世纪30年代末40年代初,德意志人民苦难深重。因此,德意志社会评论员也陷入悲观情绪中。信贷状况正在改变。在此之前,国家一直通过低利率和易续贷鼓励农民贷款。但现在,银行家被几百个铁路项目所困,没有得到当初项目向他们承诺的双倍利润。银行家抓住一切机会,试图收回农业贷款。由此引发的贷款诉讼问题酿成了许多个人悲剧。[②]一些农民仍然苦苦支撑,卖掉了一部分地产,打算耕作剩下的土地。经济困难时,他们只能去借高利贷。[③]因此,尽管德意志政府试图提高农民的法律地位,改善农民的经济状况,但意想不到的因素让农民陷入了债务泥潭。1845年,一份普鲁士官方报告强调了农村财政日益紧缩与移民人口增多之间的关系。

大自然并没有放过德意志农民。1842年,由于干旱,牧草全部枯萎,农民们不得不杀死牲畜。因此,肉类、牛奶和奶酪的重要来源随之消失。马铃薯产量减少。1843年春,储存的马铃薯已经全部用完。于是,能将资产转让出去的农民

---

① 奥托·赖因哈德:《符腾堡州的基本救济》,《政治科学杂志》,第14页、第23页到第24页、第42页。——原注
② 约翰内斯·舍合:《从宗教社会主义的角度看移民问题》,斯图加特,1845年,第85页。《库尔海西亚州议会的谈判》,1852年,增刊第2期。——原注
③ 《教会总汇报》,1843年8月19日。《议会备忘录》,苏黎世,1848年,第7页。《考察符滕堡的物质条件》,《德意志统计学会杂志》,第1页、第2页、第47页到第61页、第1076页到第1091页。——原注

迫不及待地想要移民他乡。①1843年的雨水异常多,雨季一直持续到了8月,随后是长久的干旱。虽然1843年的农作物收成比1842年好,但一些地方依然爆发了饥荒。②相比之下,1844年的作物收成还算令人满意,只是葡萄酒产量太低。1840年以来,葡萄酒的产量一直下降,并且品质越来越差。③然而,德意志农民最担心的是马铃薯。1829年,马铃薯病害首次在莱茵河沿岸出现。此后,每个季节,马铃薯病害都会在德意志的一些地方出现。④一想到马铃薯病害蔓延成灾,一幅万物俱灭的景象就浮现在了人们脑海中。导致这一结果的根本原因是德意志农民对故土、对根的依赖。

德意志西南部毗邻法兰西和瑞士。这几个国家之间没有自然边界,经济生活相差无几,并且差异主要源自不同法律政策的影响。在瑞士,一些地区以家庭手工业和商业贸易为主,其他地区主要以畜牧业为主。但以农业为主的地区约占全国的三分之一,并且瑞士也有与莱茵河流域类似的农民公社。⑤然而,很久以前,大量德意志移民来到瑞士。因此,长子继承制在瑞士大多数地方盛行,其他孩子要么经商,要么移居到欧洲其他国家或美国。长子继承制维持了地产与继承人之间的平衡,并且大部分田地的面积足够大,能保证继承人过上舒适的生活。⑥瑞士的农业危机与德意志的一样令人恐惧,不过区别在于,瑞士已经做好应对危机的准备。

在法兰西,大革命时期的法律将教会和贵族的土地及一些公有土地分给了农民,继承者平均分配财产的原则也写入了《拿破仑法典》。然而,新的土地分配方式不合逻辑。某个农村公社描述道:"从远处看到的田地就像一件有着千

---

① 《莱比锡总汇报》,1842年8月12日、1843年4月8日、1843年5月1日。《1842年的干旱》,《符腾堡年鉴》,1842年,第199页到第230页。——原注
② 《符腾堡年鉴》,1843年,第36页。——原注
③ 《符腾堡年鉴》,1844年,第18页、第41页。海因里希·韦伯:《班贝格葡萄酒书和对文化史的贡献》,《班贝格历史协会的盘点和工作》,1883年,第66期,第82页。——原注
④ 《1845年马铃薯病史》,《实用农业期刊》,巴黎,1845年到1846年,丛书2、丛书3,第231页到第240页、第273页到第276页、第403页到第410页。——原注
⑤ 皮埃尔·克勒盖特:《瑞士移民》,《公报》,比利时皇家地理学会,1906年,第30期,第73页到第97页。——原注
⑥ E.德·拉弗尔:《瑞士的农村经济》,《两种模式的回顾》,巴黎,1863年4月15日,第823页到第856页。《瑞士各州》,《密涅瓦》,1834年,第1期,第471页到第517页。——原注

约翰·拉姆塞·麦卡洛克

缕条纹的长袍。每一块土地都像一条狭长的缎带,并且通常整块地都掩映在一棵大树下。"⑦1826年,一间棚屋里住着四口人。到了1842年,一间棚屋里住着三口人。虽然人口一直在增长,但增速缓慢。⑧英国经济学家约翰·拉姆塞·麦卡洛克预言法兰西会沦为"贫民窟",与爱尔兰人一样,法兰西人将被外国人所累。⑨在这种情况下,之所以提倡节俭,是因为马铃薯并不是法兰西人最重要的食物,深层次的原因是1789年法国大革命具有深远影响,将法兰西农民的劳动所得洗劫一空。

⑦ 《法兰西的财产状况和趋势》,《英国和外国综述》,伦敦,1836年,第3期,第375页到第500页。——原注
⑧ A.德维尔:《分割》,巴黎,1855年,第65页。——原注
⑨ G.G.理查森:《法兰西玉米和牲畜产区》,伦敦,1878年,第26页。——原注

一些地区的特殊情况引发了人们的焦虑。在法兰西东北部，从莱茵河左岸延伸到孚日山脉的山麓和山脉地区的居民与莱茵河对岸的巴登地区居民的经济状况差不多，都有葡萄园、小农场和山区工业。肥沃的土壤和节俭的农民使法兰西东北部的经济获得了快速发展。但接下来的情况表明，法兰西人不像德意志人那样，能经受住农业危机的考验。① 在法兰西东南部阿尔卑斯山支脉上的山谷农场和高地牧场里，居住着一个季节性迁徙的民族。② 同样，比利牛斯山脉的居民依靠贫瘠的土地生活，法兰西中部高地的人生活在穷乡僻壤中。③

比利牛斯山脉

---

①　J.F.弗拉克兰：《关于阿尔萨斯土地分割的一些考虑因素》，《阿尔萨斯评论》，1860年，第11期，第81页到第92页。——原注
② 　J.J.M.费朗：《阿尔卑斯山脚的历史、地理和统计数据》，迪涅，1861年，第150页、第153页。P.莫瓦森：《19世纪上半叶阿尔卑斯省的人口流动》，《地理学》，巴黎，1909年，第20期，第111页到第116页。——原注
③ 　查尔斯·维尔德：《比利牛斯山》，伦敦，1859年，第154页到第157页。以利莎·雷克吕：《地球及其居民》，《欧洲》，纽约，1885年，第2期，第200页、第232页。——原注

法兰西北边的比利时正处在艰难的过渡期。比利时的奴隶制早已废除。在法兰西的影响下，比利时农民身上的封建义务也被解除了。同时，比利时引入了一种财产转移制度，即通过立遗嘱的方式转移不动产和私人财产。虽然比利时法院竭力避免这一制度产生的后果，但土地大量分割的现象还是出现了，因为在偏远地区的农舍或路旁的作坊中，编织、纺纱、制钉及枪械制造等正在如火如荼地进行，推动了土地分割的发展。①19世纪前十年，比利时的亚麻工业取得了巨大进步。为了满足工人的需求，土地以售卖和租赁的方式被进一步分割。经济观察者和农民非常担忧。1840年，机器竞争给纺织工人带来了麻烦。此外，马铃薯成为比利时的主要农作物。比利时政府煽动分割剩下的公有土地的行为威胁到了农民的切身利益，农民们曾经享有的权利被剥夺。②

　　由于种种原因，荷兰人没有经历邻国遭受的苦难。虽然荷兰早已实施所有继承人共同分割土地的制度，但地理环境和撒克逊人的影响使这一制度无法像其他地方那样，发展到极端。11世纪以来，为了满足日益增长的人口需求，荷兰开始系统开垦沿海地区的土地。随着商业的复兴，荷兰人的农业发展方式与周边国家不同。因为荷兰人希望在继承财产时保留父辈遗产的完整性，所以通过一些办法避免了继承法可能引发的后果。荷兰人的土地面积虽然小，但种植科学。土壤、气候和周边市场等促进了荷兰早期养牛业的发展。因此，荷兰的农业体系找到了平衡点，19世纪四五十年代时没有出现激烈矛盾。③

　　与此同时，德意志北部和东部的平原与荷兰北部和波罗的海接壤，河水顺流汇入了威悉河、易北河和奥德河。这片区域的农业发展与莱茵河流域的农业发展截然不同。19世纪20年代到50年代，与世隔绝、自给自足是这片区域最显著的特征。在这里，不同的领地和庄园有各自的习俗、方言和生活方式，但完全自给自足显然是不可能的。农业发展需要便捷的交通运输。由于向德意志中部

---

① 伯努瓦·布什：《比利时的农场工人》，布鲁塞尔，1913年，第1页、第7页。艾米丽·武德威尔德：《比利时土地所有权》，巴黎，1900年，第265页、第293页。——原注
② 爱德华·杜德佩蒂奥：《弗兰德斯贫困状况论文集》，布鲁塞尔，1850年，第64页到第66页。扬·圣莱温斯基：《比利时工业发展》，布鲁塞尔，1911年，第97页。——原注
③ 《女王陛下的代表尊重土地使用权》，《报告》，第1卷，第214页。《广施化肥的耕种方法在荷兰历史中的例证》，美国农业部，1866年，第535页。——原注

工业区运输笨重的货物花费的河运成本和陆运成本过高，北海向英格兰开放的广阔河口便成了一个天然市场。随着工业化的日益推进，不列颠群岛越来越依赖德意志市场提供的粮食保障。德意志的公爵和领主通过与不列颠群岛的粮食贸易，获得了财富。与此同时，他们将生计寄托在一个自己没有发言权的立法机构身上。由于英国在玉米、牲畜及乳制品方面的关税经常发生变化，出口粮食的德意志人的经济状况随之起伏。①

除了受到关税变化的影响，根据德意志人居住的地理位置，他们经常面临其他不利条件。汉诺威、奥尔登堡和威斯特伐利亚的部分地区有一种劳动力，这种劳动力依靠每年夏天去荷兰做短工生活。1840年，季节性迁徙成了德意志农村生活的重要组成部分。很多父亲带着儿子在荷兰的堤坝、砖厂和庄稼地里劳作几个月，最后带着八十或一百荷兰盾回家。这笔收入成为德意志家庭的重要经济来源。虽然德意志农民仅靠家中的农舍和几英亩土地也能维持生计，但领主有权要求农民为自己干活。与其他地方一样，德意志农民干活的时间并不仅限于一个月内的几天，工作量也不确定。不管是播种还是收割，只要领主需要，农民就得为其劳动。如果男人不在家，所有农活通常由妇女和儿童承担。②在大规模种植盛行的梅克伦堡和施勒斯维希–荷尔斯泰因，解放法令对奴隶的身份转变产生了影响。过去，领主负责奴隶的生计。但现在，解放法令使奴隶成为自食其力的散工。③只要收成好，粮食市场就有了保障，农民也会有食物吃。但好景无法得到保证。如果荷兰不再雇佣外国劳动力，或英格兰的《谷物法》从根本上发生改变，那么德意志领主只能解雇过剩的劳动力。

丹麦的农业发展模式与德意志东部地区类似。在旷日持久的内战中，丹麦早期的自耕农逐步沦为奴隶。18世纪中叶，丹麦已经拥有大量地产。未经内政部

---

① L.斯坦：《施勒斯维希–荷尔斯泰因州的商业和海关比率及关于建立关税同盟的考量》，《德意志统计学会杂志》，第2期，第163页到第169页。——原注
② 保罗·科尔曼：《奥尔登堡明斯特兰的海员》，耶拿，1898年，第2到第34页、第42页到第42页。约翰尼斯·塔克：《汉诺威和奥尔登堡的荷兰人》，莱比锡，1902年，第35页、第103页到第105页。阿道夫·布拉斯曼：《奥斯纳布吕克历史与地理协会公告》，1919年，第62期，第53页到第171页。——原注
③ 《梅克伦堡州》，《边境信使》，莱比锡，1857年，第4期，第348页到第350页。——原注

门负责人的明确许可，地产不得进行分割。虽然有关规定封建义务、鼓励解放方面的改革已经产生效力，但1848年的骚乱爆发前，旧制度几乎一直没有发生变化。总的来说，丹麦的贫困问题得到了控制。与人民的物质福利受到威胁相比，宣传人员更担心人民的文化知识落后问题。①

与丹麦不一样，瑞典和挪威的自耕农并没有消失，并且瑞典和挪威不存在奴隶制。在瑞典和挪威，较大比重的土地归农民所有。因为遗产分割必须遵从法律原则，所以斯堪的纳维亚半岛的土地规模较小。②与其他地方相比，瑞典和挪威的土地制度带来的恶劣影响并不突出，因为年轻一代人在航海运输、森林砍伐和矿山开采中看到了机遇。然而，瑞典和挪威并非事事顺利，马铃薯已经成为农业经济体系的一部分。在信贷宽松时期，很多人会贷款。任何对农村生活产生威胁的因素都预示着一场悲剧。这场悲剧将会比最近任何国家经历的悲剧更惨重。

易北河外生活着一群农民和领主，他们之间的关系还没有紧张到发生巨变，并且其他地方的人很少关注他们。西欧各国的麻烦已经足够多，人口过剩、饥荒及失业问题是当前最主要的社会问题。人们既期待未来，又对未来充满恐惧，并且恐惧感正在逐渐膨胀。

---

① 亨利·赛赫：《农业政权历史概述》，巴黎，1921年，第148页到第150页。《改革和丹麦的最新危机》，《两种模式的回顾》，巴黎，1853年11月15日，第738页到第769页。皇家统计学会：《丹麦农业发展》，《日报》，1906年，第69期，第374页到第411页。《女王陛下的代表尊重土地使用权》，《报告》，第1卷，第193页、第200页、第202页。——原注
② 《莱恩1838年的瑞典之旅》，《爱丁堡评论》，1837年，第65期，第39页到第69页。《农业政权历史概述》，第154页。《女王陛下的代表尊重土地使用权》，《报告》，第2卷，第350页、第353页。——原注

第 10 章
殖民不是补救措施

精彩看点

欧洲劳动力并没有减少——德意志各阶层支持移民——德意志人的移民动机——卡尔·西夫金——莱茵河沿岸的殖民化现象越来越严重——美因茨贵族协会——各地的移民计划——德意志人拒绝在美洲或欧洲进行集体殖民——西里西亚的纺织工人遭到致命打击

19世纪30年代，虽然数十万欧洲人已经移民，但欧洲的劳动力并没有减少。找工作的人很多，家中等着养活的人不断增多。显然，与19世纪30年代初相比，19世纪30年代末的社会状况更糟糕。许多观察者认为，移民运动使欧洲人的生活每况愈下，因为父辈带走了卖农场得来的钱，年轻人带走了从父辈手中获得的遗产。虽然移民带走的财物不多，但加在一起给欧洲各国造成了巨大损失。无论如何，移民运动并没有改善欧洲下层民众的生活，很多人家里的食品柜依然空无一物，孩子们衣衫褴褛。穷人们没有钱从一个地方迁徙到另一个地方。慈善家们认为，社会必须帮助下层民众移民。尽管帮助下层民众的支出十分庞大，但只是暂时的，因为大多数移民发家致富后会及时回国，使国家富裕起来。

一些国际事件证明理论家们是对的。世界各地充满机遇。由于俄罗斯帝国的打压，加上内部纷争的影响，奥斯曼土耳其帝国正在解体。在中国的河面上，英国炮艇肆意横行，没有人能预见政治局势的而发展。法兰西人占领了阿尔及利亚，归来的法兰西水手们讲述着南海新岛的故事。美洲中部和南部动荡不安。英国正在将新西兰、澳大利亚从军港、刑罚集中营变成太平洋地区白人统治的前哨。太平洋沿岸的加利福尼亚对神秘的东方虎视眈眈。与16世纪相比，现在的东方机会很多。一些理论家提出将欧洲无法养活的劳动力迁到东方，这样既能解决社会问题，又能确保财富回笼，比早期预想的在西班牙和葡萄牙殖民获得的财富更多。

支持移民到东方的理论家大多是德意志人。因为法兰西和英国更关注殖民扩张,所以没有对此做过多推测。法兰西人和英国人认为,殖民是一种有效的占领手段。法兰西开始对阿尔及利亚进行殖民统治。在欧洲,通过战争移民的人数增加到本国领导人能够承受的数量。在英国,政治家、宣传者和殖民地管理者将移民到新西兰和澳大利亚视为一项爱国义务,通过为移民者提供路费和赠地等诱导手段,帮助自耕农离开祖国。后来,这批人成了英国最成功的殖民先驱。一位居住在伦敦的德意志观察者写道:"每个月都有一批新来的人促进殖民扩张。"[1]

德意志人也参与到鼓励移民的行动中。这是一个社交圈的时代[2]。慈善圈、社会圈及政治圈等团体都对移民感兴趣。历史表明,这些团体虽然没什么成就,但主导了1840年到1845年的移民舆论。许多本来想要移民的家庭因为能够得到援助,所以将离开时间推迟了。此外,当渴望移民的人发现根本得不到援助时,移民潮转向了美国。

德意志人非常热衷于扩建殖民地。19世纪70年代,在政治、文化和社会方面,德意志人成为一个整体。有远见的人认为,数万名同胞移居国外造成了严重的文化流失,并且抱怨说,移民者放弃了自己的文化传统,迅速跳入美国的大染缸中,以"美国人的跟屁虫"身份为傲。[3]对其他国家来说,一望无际的大西洋是通往荣耀的路。但对德意志移民来说,大西洋是一条冥河,彻底切断了他们回国的路。德意志移民即使紧紧抓住自己的文化不放,也无法避免将自己的文化融入新环境中,为丰富外国文化贡献一分力量。德意志人为什么要为其他文化提供养料?

这种观点得到了越来越多德意志商业阶层的支持。尽管在地理上,关税壁垒和地方法规将德意志商业阶层划隔开来,但德意志商业阶层意识到,移民不仅减少了国内市场的客源,还巩固了竞争对手的实力。虽然移民到美国的德意志人暂时刺激了大西洋彼岸的商品流通,但随着时间的推移,移民们的商品需求

---

[1] 《总汇报》,奥格斯堡,1840年7月27日。——原注
[2] 《总汇报》,奥格斯堡,1846年5月24日。——原注
[3] 《知识界晨报》,斯图加特,1841年8月20日。——原注

已经被美国人同化。多愁善感的德意志人声称美国人属于条顿血统，是自己伟大的盟友。实际上，美国有无限资源可以利用，终将成为德意志强大的竞争对手。①如果展望未来，德意志人还会有其他竞争对手，这些对手的一举一动都会给德意志带来直接威胁。一个去了其他欧洲强国殖民地的德意志人必须服从该国或德意志曾经的经济对手的殖民统治。②这些欧洲强国打算依靠海军力量开拓更多殖民地，正在寻找一些吃苦耐劳的人进行实验性探索。随着奴隶制被淘汰，奴隶贸易也逐渐消失。于是，欧洲强国将目光转向德意志人，试图用德意志人取代黑奴。相比之下，德意志的劳动力价格更低。殖民地的德意志人如果能活下来，就能为欧洲开拓一个有利可图的市场。③

历史学家可能会质疑德意志人的移民动机，但事实无法否认。在莱茵河沿岸的一些港口，忙碌的法兰西移民中介说服德意志移民改变目的地，前往阿尔及利亚的沙漠。④北非实现和平后，移民中介可能会说服更多德意志移民前往阿尔及利亚。在德意志，实力雄厚的南澳大利亚公司和新西兰公司都在大肆宣扬自己的地产，试图吸引德意志移民。早在1837年，南澳大利亚公司的中介就说服了一群畏惧美国宗教氛围的西里西亚派人士，接受了移民交通费全免的条件。一开始，到达目的地的移民虽然感到非常不适应，但不久就过上了富裕生活，偿还了向南澳大利亚公司借的路费。对南澳大利亚公司来说，这项投资获得的收益非比寻常。因此，该公司决定争取更多移民者，通过让移民向家乡的朋友发送邀请的方式吸引更多移民。得益于南澳大利亚公司的成功经验，刚成立的新西兰公司也决定用类似的诱人条件吸引移民。⑤

对此，很多德意志人开始感到恐慌，于是敦促德意志关税同盟赞助一些殖民企业。在德意志关税同盟的领导下，德意志邦联沿着工业化道路前进。德

---

① 《总汇报》，奥格斯堡，1844年2月21日。——原注
② 《总汇报》，奥格斯堡，1844年12月1日。——原注
③ 《总汇报》，奥格斯堡，1840年5月28日、1842年9月27日、1845年8月25日。——原注
④ 《勒阿弗尔报纸》，1831年5月，第29页到第31页。——原注
⑤ 《科隆报》，1843年8月9日。《知识界晨报》，1847年1月13日。《移民到澳大利亚、非洲和亚洲》，《世界邮政》，莱比锡，1882年，第2期，第93页到第94页。《爱德华·大流士致A.达德利·曼恩的信》，1847年9月11日。——原注

意志人在扩大出口市场方面同样表现出色。然而,德意志关税同盟致力于将国家利益与传统不同的主权国家团结起来,不愿意承担有关赞助殖民企业的责任。①在这种情况下,北海的一个海上城邦发挥了带头作用。在各种因素的影响下,汉堡成为现代德意志的殖民地先驱。一方面,商人们担心德意志关税同盟的部分提案一旦实施,他们就会失去汉堡长久以来赖以生存的殖民商品市场。②另一方面,许多德意志人看到不来梅因移民贸易逐渐富裕起来的事实。③然而,究竟谁来主持汉堡的事务才是关键。

卡尔·西夫金是汉萨同盟的政治家之一。如果汉萨同盟的活动没有受到爱国主义的限制,卡尔·西夫金或许能赢得更高的国际声望。在汉堡驻南美洲外交

卡尔·西夫金

① 《科隆报》,1843年2月2日。——原注
② 《总汇报》,1842年3月3日。——原注
③ 《莱比锡总汇报》,1841年12月5日。——原注

服务中心逗留时，卡尔·西夫金对当地的德意志移民产生了兴趣。作为汉堡的移民代理或官方代表，卡尔·西夫金了解到，新西兰公司缺乏资金，很难吸引移民留下来。对此，他想出了一条对策。1841年秋，英国官员约翰·沃德将新西兰东面的查塔姆群岛卖给卡尔·西夫金的一家公司。卡尔·西夫金认为该项目只是第一步，因为他希望将自己的公司业务延伸到其他地区，如巴西、南非、萨摩亚或巴勒斯坦，然后通过系统的航运服务将各殖民地与殖民帝国捆绑在一起。①在这些殖民地，德意志移民将与德意志的商业文化保持联系。德意志移民不仅是跨海运输的"商品"，还能为汉堡带来源源不断的财富。当德意志政府解决了由移民问题引发的骚乱后，英国政府出人意料地终止了出售查塔姆群岛的协议。②现在，协议倡导者可能已经转而寻求其他可能性。但在此之前，一场火灾彻底摧毁了汉堡的商业。接下来的几年，汉堡不再涉足国外贸易。

有关查塔姆群岛的协议遭到了德意志社会的强烈谴责。在新闻发布会上，一些人提出了许多反对意见，如海上旅程过长、交通费用昂贵、对查塔姆群岛资源状况一无所知，以及无法有效管理海外领土等。③此外，经过进一步讨论，有人认为收购方法存在风险。爱国的德意志人是否应该在英国的庇护下，冒着生命危险和损失财产的风险，秘密开启冒险旅程？④有人指出，汉堡所有市民都没有移民意向，汉堡提出移民计划只是为自己谋利。为了实现招财进人的计划，汉堡当局让德意志南部各地的人前往新西兰建殖民地。⑤

莱茵河沿岸的生产区不断增多，殖民化现象越来越严重。很多人对此产生了兴趣，一些批评由此产生。德意志领导者认为，不来梅是德意志的港口。1842年4月，南海计划结束，一群贵族和王子聚集在莱茵河的一个村庄，为一项有组织的移民计划探讨方案。得克萨斯共和国民众与德意志人共同组建了美因茨

---

① 《总汇报》，1841年12月15日、1842年3月26日。《莱比锡总汇报》，1842年3月7日。海因里希·西夫金：《汉堡殖民计划，1840到1842年》，《普鲁士年鉴》，柏林，1896年，第86期，第149页到第170页。——原注
② 《总汇报》，1842年4月20日。——原注
③ 《总汇报》，1842年2月3日。《莱比锡总汇报》，1842年1月4日至5日。——原注
④ 《总汇报》，1842年3月12日。——原注
⑤ 《总汇报》，1842年3月26日、1842年4月6日。——原注

美因茨贵族协会标志

贵族协会。通过组建协会的方式,德意志政府打算依靠系统性的、有指导性的移民计划减轻德意志人的苦难。然而,怀疑论者指责贵族们放弃了对德意志农民的控制,这些贵族希望在海外建立一个封建国家。一些人看到英国在幕后操纵,试图建立一座反美堡垒,或阻止美国的奴隶制蔓延。还有一些人认为,德意志的移民计划是隐藏在糖衣炮弹下的财政项目,因为贵族无法像汉堡商人那样,公开承认自己的趋利欲望。①

---

① 《总汇报》,1843年11月20日、1843年7月20日。《莱比锡总汇报》,1846年5月8日。G.G.本杰明总结了关于联盟的各种看法。《得克萨斯共和国的德意志人》,纽约,1910年,第34页到第37页。1844年4月20日,奥尔瓦纳资产阶级写给得克萨斯州州务卿的信中陈述了其商业动机。G.P.加里森等:《得克萨斯共和国的外交函件》,1561年,第3部分。——原注

一旦德意志政府宣布移民计划，中美洲、巴西以拉普拉塔等国就会用诱人的条件吸引德意志移民。然而，得克萨斯共和国依然坚持自己的选择。1843年9月，美因茨贵族协会①收购了一个法兰西移民的特权。1842年，这个法兰西移民与得克萨斯共和国政府签订了殖民协议。随后，美因茨贵族协会派一名委员前往得克萨斯，为接收第一批移民做准备。1844年6月，一份正式声明详细说明了未来的德意志移民将要采取的殖民步骤。②人们对德意志的移民计划越来越感兴趣。1843年秋，一名来到德意志山区的游客发现，得克萨斯是德意志穷人们谈论的主要话题。③能够自力更生的德意志家庭已经去了得克萨斯，因此，第一

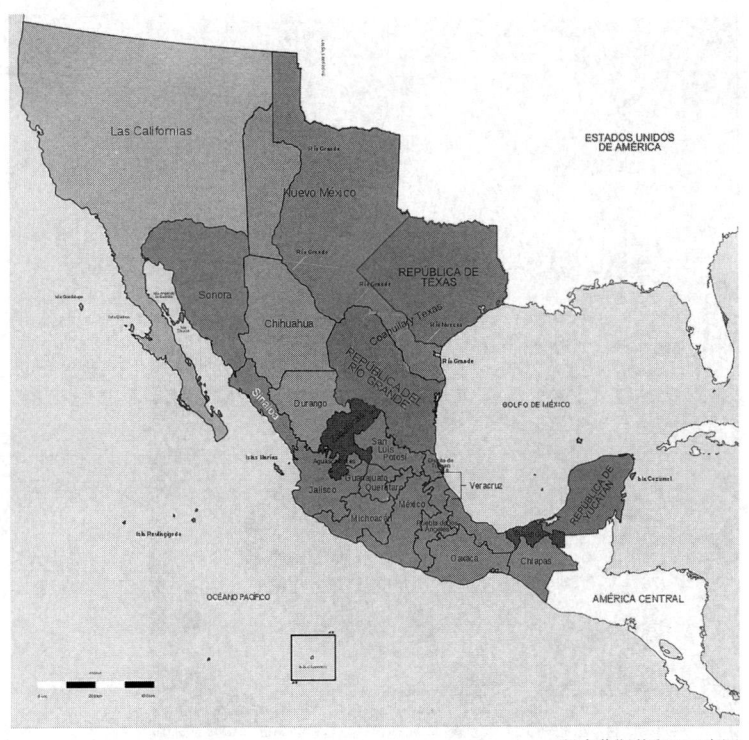

得克萨斯共和国示意图

---

① 1842年4月20日，得克萨斯保护德意志移民协会成立，被称为"贵族协会"。这个协会试图在得克萨斯境内建立一个新德国。——原注
② 《总汇报》，1844年6月4日。《科隆报》，1844年6月13日。——原注
③ 《总汇报》，1843年9月7日。——原注

批移民很快被召集齐。由于德意志移民的交通费由不来梅航运商人承担,很多人对移民计划充满热情。①美因茨贵族协会立即开始了下一年的宣传活动。②

与此同时,美因茨贵族协会在得克萨斯的移民事业遭受重创。1844年7月,美因茨贵族协会的主要代理人索尔姆斯-布劳恩费尔斯的卡尔侯爵抵达得克萨斯时了解到,早在1843年12月,美因茨贵族协会从法兰西移民手中收购的特权就已经失效,这令他沮丧不已。得克萨斯共和国总统拒绝续签协议,支持与美国合并的新方案。③此外,索尔姆斯-布劳恩费尔斯的卡尔侯爵成功收购了另外两名法兰西移民的特权。1844年年底,近七百人的德意志移民团抵达目的地。

索尔姆斯-布劳恩费尔斯的卡尔侯爵

---

① 《总汇报》,1844年2月1日、1844年10月2日。——原注
② 《总汇报》,1844年10月27日。——原注
③ G.G.本杰明:《得克萨斯共和国的德意志人》,纽约,1910年,第38页到第39页。G.P.加里森等:《得克萨斯共和国的外交函件》,1561年,第3部分,第1184页。——原注

然而，没有人为德意志移民做任何准备工作，德意志移民只能在外露营。1845年春，德意志移民终于在新布劳恩费尔斯的边境地区安顿下来。然而，德意志移民因长期风餐露宿而心怀不满，觉得自己被欺骗了。移民公司的土地资源仅能为每个城镇移民家庭提供半英亩土地，为每个农村移民家庭提供十英亩土地，并且没有像当初在德意志时承诺的那样，给每个移民家庭分配三百二十英亩土地。①

还在德意志的移民全然不知道等待自己的是什么，他们急切地想要搭乘1845年起航的移民船。黑森政府指派地方行政官员不断向未来移民宣传得克萨斯具备的有利条件。②然而，普鲁士由于担心移民项目会损害自己与墨西哥之间的贸易关系，警告地方政府不要为移民提供任何官方支持。最终，德意志政府派出了二十八艘移民船。1846年7月，德意志官员与美因茨贵族协会会晤。美因茨贵族协会公开声明，前往得克萨斯的移民人数超过了当地政府能够妥善安置的人数。③然而，美因茨贵族协会的声明发布得太晚了。幻想破灭的德意志移民正在返回祖国的途中。一些德意志移民被困在了劳动力需求较小的美国部分地区，被迫参加了墨西哥战争。受到欺骗的德意志移民分散在美国各地。④得克萨斯共和国的经济彻底崩溃，移民公司破产。得克萨斯共和国试图利用彩票弥补经济损失，但并没有得到民众的回应。1847年12月31日，得克萨斯共和国宣布不再对德意志移民承担进一步的责任。⑤

美因茨贵族协会不对移民计划的失败负全责。1845年3月，得克萨斯并入美国后，不再拥有独立的特权，同时丧失了早已在美国定居且经验丰富的德意志

---

① G.G.本杰明：《得克萨斯共和国的德意志人》，纽约，1910年，第38页到第52页。阿尔弗雷德·齐默曼：《普鲁士与德意志的贸易政策历史》，奥尔登堡，1892年，第4卷，第312页到第316页。——原注
② 《莱比锡总汇报》，1845年8月19日。——原注
③ 《总汇报》，1846年7月18日。——原注
④ 《总汇报》，1847年4月21日。《莱比锡总汇报》，1846年5月8日。《德意志移民》，达姆施塔特，1847年，第1卷，第325页；1848年，第2卷，第602页。——原注
⑤ 《科隆报》，1847年6月20日。《莱比锡总汇报》，1847年7月3日、1847年11月5日。《欧内斯特·辛德勒的信》，1848年12月15日，《领事函件》，华盛顿，1829年到1851年。《来自得克萨斯州的信》，《国外》，斯图加特，1848年6月22日到27日、1849年3月26日到29日、1849年9月1日到4日。——原注

移民的支持、鼓励及建议。德意志贵族的政策和倾向影响了他们过去鼓吹的移民特权。政策问题、地理因素及一系列不幸事件将一个或许能对随后的移民进程产生深远影响的企业摧毁了。

德意志人对得克萨斯移民计划充满热情，心中的信念驱使他们甘愿拿自己的前途冒险。受殖民利益的驱使，其他两个移民计划保留了下来。保留下来的移民计划也是企业竞争的产物。勒阿弗尔、阿姆斯特丹和鹿特丹是西欧的三个主要港口，归早已拥有无尽财富的国家所有，同时为这些国家提供了源源不断的财富。19世纪40年代初，不怎么受青睐的港口在争取贸易资源时，影响到了殖民地的商业活动。查塔姆群岛附属于汉堡。得克萨斯可以促进不来梅的经济发展。圣托马斯拟定的殖民方案意在保护普鲁士和安特卫普的商人。普鲁士沿莫斯基托海岸，经由科尼斯堡开展贸易活动，以展现自己的话语权。

比利时人意识到，由于人口不足，加上海军建设和政治方面缺乏实力，比利时很难征服欧洲之外的任何一块未经开发的富庶地区。但如果能够征服一些注定会成为贸易枢纽的边远战略地区，比利时就能从中获利。中国的战事将人们的

科尼斯堡

注意力集中在了太平洋地区。有远见的人已经预见到中美洲的未来。环大西洋和太平洋国家的人民会在新世界的一隅进行贸易往来。

几年前,一家英国公司保住了危地马拉对洪都拉斯湾的圣托马斯港口及其腹地的所有权。这家公司原本通过砍伐洋苏木获利,但现在愿意将剩余的权力移交给新成立的比利时殖民公司。1842年,此次权力转让获得了危地马拉政府的批准。为了回报独家贸易特权,比利时殖民公司开展了一项发展计划,试图在三年内引进一万名移民。①只有在德意志,比利时殖民公司才能召集到大批移民,并且德意志有很多移民中介。德意志民众感兴趣的科学报告和新闻报道层出不穷,加上比利时国王的大力赞助,比利时殖民公司发起了鼓励移民的运动。比利时殖民公司的努力取得了丰硕成果,已经有八千个德意志家庭愿意移居国外。在1843年3月的某个节日里,三艘船驶出安特卫普港。安特卫普港的屋顶和码头上人头攒动,预示着新商业时代即将来临。

德意志移民反馈回来的第一批密报表明,殖民地的情况并不乐观②。但比利时殖民公司认为,这些不幸只是开始。1844年,比利时殖民公司派出了九艘移民船,1845年又增派了三艘移民船。然而,1846年,移民计划彻底失败。三年时间已经过去,圣托马斯并不是一个万人聚集之地,而是一个只有十多所木屋、五十间茅草房的村庄,只能容纳三百多人。③比利时政府不再为德意志移民提供支持。沉闷乏味的官方文件详细阐明了该计划失败的原因,但除了管理不当的特殊情况,该计划还具有海外开拓存在的所有问题,如疾病、物资缺乏、私人恩怨,以及移民对法律的怨恨。活下来的移民有的返回欧洲,有的跨海去了美国,还有的与加勒比海地区患难与共。圣托马斯的殖民计划随之土崩瓦解。④

---

① H.A.格雷弗:《圣托马斯·德·危地马拉》,亚琛,1847年,第6页。M.P.布劳兹:《比利时在中美的殖民地》,蒙斯,1846年,第126页。——原注
② 《总汇报》,1843年8月29日。《科隆报》,1843年8月25日、1844年11月18日。——原注
③ 《莱比锡总汇报》,1845年10月8日。——原注
④ H.A.格雷弗:《圣托马斯·德·危地马拉》,亚琛,1847年,第5页、第7页到第8页、第10页、第25页、第62页到第63页、第68页、第71页、第74页、第83页到第84页。M.P.布劳兹:《比利时在中美的殖民地》,蒙斯,1846年,第90页、第124页。R.勒·皮尔蒂埃·德·圣雷米,《热带地区欧洲殖民论述》,巴黎,1849年,第76页。E.布隆迪尔·范·奎尔布鲁克:《圣托马斯殖民地》,布鲁塞尔,1846年,第1页、第3页、第9页、第15页、第49页、第88页、第93页、第146页。——原注

冯·本森男爵

　　科尼斯堡的移民计划也经历了类似的过程。1820年，普鲁士颁布了法令，对任何引诱公民移民的人处以重刑。当普鲁士政府考虑将加利福尼亚作为殖民地时，新问题又出现了。没有人知道谈判之路还要走多远。当时，一些人认为，墨西哥一定会出售科尼斯堡。可以肯定的是，普鲁士驻伦敦外交大使冯·本森男爵不断敦促科尼斯堡的购买进程。①但一份1845年2月17日的研究报告结束了人们的猜测。研究报告表明，武力镇压反抗的印第安人和阻止移民前往美国所需的费用抵消了贸易和移民带来的利润。就像阿尔及利亚之于法兰西一样，加利福尼亚对普鲁士来说也是一个巨大负担。

　　尽管普鲁士政府制定了法令阻止移民运动，但狂热的普鲁士殖民者仍然坚

---

① 巴伦·本森：《回忆录》，伦敦，1868年，第2页、第112页到第113页。——原注

持移民。普鲁士殖民者十分重视控制中美洲过境贸易计划。这项宏伟计划激励了科尼斯堡的移民倡导者们。1844年,粮食歉收给普鲁士带来了严重灾难,一股特殊的移民推动力应运而生。在普鲁士王子腓特烈·威廉·尼克劳斯·卡尔的赞助下,一名委托人访问了中美洲的莫斯基托海岸,并且考察了移民在此定居的可能性。1845年发表的一篇报告对推进德意志的移民运动十分有利。在柏林和科尼斯堡,一些促进系统化殖民的群体已经形成。就此,普鲁士政府利用1820年法案进行了干预。激发公众移民兴趣的公开会议遭到禁止。普鲁士王子腓特

腓特烈·威廉·尼克劳斯·卡尔

烈·威廉·尼克劳斯·卡尔及其他位高权重的人被迫放弃支持移民计划。①尽管在柏林的公开活动因此结束,但一些人依然在坚持。这些人加入科尼斯堡的系统化殖民组织,一起从英国商人手中购买尼加拉瓜东岸布卢菲尔兹附近的一块土地。②1846年春,一艘满载移民期望的船起航。然而,灾难并不会安于等待。在远离海岸的地方,这艘船失事。当乘客们终于到达布卢菲尔兹时,他们的冒险精神早已消失殆尽。预期的移民还没有到达目的地就四散而逃了。英国商人废除了土地出售协议。③毫无疑问,这项移民计划根本就是自掘坟墓。④

19世纪40年代初,在德意志移民文学中,得克萨斯、圣托马斯及莫斯基托海岸的名字经常出现,表明德意志的殖民运动虽然遭到了几届政府的否认,但表达了一种民族渴望。一项移民计划失败后,民众的目光会迅速转向另一项移民计划,认为经验教训会换来一个更理想的结果。⑤然而,移民成功的希望十分渺茫。经验不足的商业公司无论有多大的热情,都难以与历史悠久的海洋帝国匹敌。当然,移民还可以另辟蹊径。德意志移民如果都聚集在工业欠发达的地区,可能会获得与对半开化民族进行政治统治一样的丰厚回报。⑥然而,鉴于德意志内部的竞争问题,这种聚集是不可能的。

新政策的支持者不仅会遭到其他人的嫉妒,还会遭到不同政策拥护者的反对。一些德意志人赞成在欧洲内部进行殖民扩张,认为从早先居住的莱茵河畔来看,德意志人已经占领易北河以东的森林和沼泽。现在,德意志人应该继续沿着多瑙河河谷,进入巴尔干半岛山区,越过黑海的海岸线,穿过达达尼尔海峡,抵达近东地区曾经繁荣发达的地区。尽管理论家们从未具体规划过,但他们有德意志最伟大的经济学家弗里德里希·利斯特和奥古斯堡最具影响力的杂

---

① 《莱比锡总汇报》,1845年11月10日、1845年11月24日。《总汇报》,1845年11月14日。——原注
② 《总汇报》,1846年4月11日。《莱比锡总汇报》,1845年12月27日。阿尔弗雷德·齐默曼:《普鲁士与德意志的贸易政策史》,第316页到第317页。——原注
③ 《莱比锡总汇报》,1846年5月12日、1846年5月21日、1846年10月24日、1846年12月6日、1847年2月14日。——原注
④ 《知识界早报》,1846年2月27日。——原注
⑤ 《总汇报》,1845年12月21日。——原注
⑥ 《总汇报》,1841年5月25日。——原注

志《总汇报》的主编古斯塔夫·霍夫肯。弗里德里希·利斯特和古斯塔夫·霍夫肯可以充分利用手中的政治力量和财政资源。这些资源对跨大西洋移民的发展至关重要。①

另一群德意志人拒绝在美洲或欧洲进行集体殖民，并且试图运用德意志的政策解决无法避免的现实问题。在解决问题的过程中，现实主义者认识到，个体移民只顾自身利益，没有为留在家乡的亲人谋利，并且对政治和文化漠不关心，只关心涉及税收或影响自己生活的事情。更重要的是，他们想拥有属于自己的土地。②然而，他们不应该忽视德意志拓荒者的经验教训。③因此，现实主义者观点的拥护者强烈主张，应该将移民的所有精力放在发展殖民地的文化和商业上，而不是放在维持与移民的政治联系上。在俄亥俄州和密西西比州山谷，零散的定居点逐渐出现。德意志政府将移民引到了最有可能成为德意志殖民地的地区，以此扩张移民聚居地。④此外，德意志政府通过任命执政官鼓励贸易，通过资助传教活动及促进德语的使用传播德意志文化和巩固社会关系。⑤如果联邦政府瓦解，美国的一些州就会成为日耳曼人的领地。到时候，德意志移民就可以自己决定自己的政治命运了。⑥

美国的国情证实了德意志人的观点。19世纪40年代初，在美国境内，一些德意志人开展了大规模的土地运动。持续的工业萧条使许多美洲原住民离开了原先的居住地，前往西部地区。地理位置优越、价格合理的农场占领了美国西部的房地产市场。德裔美国人逐渐形成了很多联合社区⑦。曾经担任美国驻不来梅大

---

① 路德维格·西维因：《弗雷德里希将殖民地和世界政治思想列入英国联盟计划》，《立法年鉴》，《德意志帝国的行政与经济》，莱比锡，1909年，第33卷，第4部分，第299页到第341页。古斯塔夫·霍夫肯：《通过公司、合同和结算扩大德意志贸易和影响力》，《德意志季刊》，斯图加特，1842年，第2期，第172页到第218页。——原注
② 《总汇报》，1844年11月28日、1846年4月2日。《科隆报》，1844年8月26日。——原注
③ 《科隆报》，1845年12月31日。——原注
④ 《总汇报》，1844年12月1日。弗雷德里希·洪德斯哈根：《德意志移民是国家问题，尤其是无产阶级移民》，法兰克福，1849年，第17页、第19页。——原注
⑤ 《科隆报》，1844年6月26日、1844年10月9日。弗雷德里希·洪德斯哈根：《德意志移民是国家问题，尤其是无产阶级移民》，法兰克福，1849年，第17页。——原注
⑥ 《总汇报》，1843年4月22日。——原注
⑦ 《总汇报》，1843年4月17日、1843年4月25日。——原注

使的弗朗西斯·格伦德为了推广土地运动，在移民区走街串巷，争取个人和团体的合作。①符腾堡国王提议成立官方移民机构。但与德意志其他政府一样，符腾堡政府没有公开参与移民运动。然而，V.沃纳有意成立一个私人公司，目的是在美国购买土地，吸引德意志移民并将挣到的钱作为循环资金用来买地和吸引移民得以持续。但在铁路投资有望获得更稳妥的回报时，V.沃纳的资本显得微不足道。两年时间里，V.沃纳售出的股票不超过五十股。②虽然V.沃纳的努力以失败告终，但1843年到1846年，大批德意志移民从西里西亚、普鲁士明斯特和明登、汉诺威市的奥斯纳布吕克，以及奥尔登堡自发来到美国。这些地区以生产亚麻的家庭纺织业为主。当时的贸易危机是德意志移民大规模外流的主要原因。

德意志人或许已经预见到危机，因此，德意志政府与当时的比利时政府一样，采取了补救措施。比利时政府采取了具有决定性的措施。在对现存制度的弊

奥斯纳布吕克

---

① 《总汇报》，1843年4月22日。——原注
② 《莱比锡总汇报》，1843年7月30日、1845年3月8日。——原注

端进行深入调查后,比利时政府给比利时的每个公社指派了一名委托人,监督公社的生产,维持原有的标准体制。在向机械化生产方式过渡阶段,公共和私人慈善事业成为一股稳定的移民驱动力①。同时,新成立的技术学校向学生教授最新的纺织技术,比利时政府鼓励资本家对工厂投资。于是,十五年内,比利时出现了现代化的纺织体系。在比利时的移民史中,并没有所谓的"亚麻时期"。②

然而,德意志人没有采取任何新措施,只是在旧体制下更卖力地工作,并且工作时间越来越长。在激烈的竞争下,产品质量逐渐下降。纺纱机纺织出来的纱已经劣质到无法使用的地步。过去,英国是德意志重要的纺织品出口国。但现在,英国更偏爱国内生产的纺织品。随着织布机慢慢传入德意志,制造商们用进口的英国纱线取代了国产纱线。1841年,近一百五十万磅英国纱线进入汉堡港。因此,德意志的纺纱工人不仅失去了国外市场,还失去了国内市场。③大批德意志纺织工人失业。当时,拉丁美洲的奴隶主用棉布代替亚麻布,给黑人做衣服。相邻的欧洲国家实行关税壁垒保护本国工业。在德意志国内,纺织工厂逐步扩建,工厂生产的纺织品价格低于家庭纺织机生产的纺织品。④

西里西亚的纺织工人遭到致命打击。在西里西亚,纺织工人的生活质量比向他们出售纱线和购买布料的商人的奴隶还差。一小部分人虽然曾试图获得土地,但最终陷入了债务泥潭。现在,很多纺织工人没有养家糊口的马铃薯田,只能依靠慈善机构的救济生活。⑤尽管一些稍富裕的纺织工人已经离开西里西亚,⑥但大多数纺织工人根本没有钱移民。一些雄心勃勃的人跋涉到波兰和匈

---

① 恩斯特·杜波依斯:《佛兰德斯亚麻纺织业》,《比利时家庭手工业》,1900年,第2期,第18页、第26页到第30页。——原注
② 《王国简介》,比利时统计局,1865年,第3卷,第141页。——原注
③ 《莱比锡总汇报》,1843年2月3日。《符腾堡年鉴》,1854年,第2册,第29页到第30页。《汉诺威杂志》,1847年5月19日。——原注
④ 《关税同盟杂志》,斯图加特,1848年,第6期,第38页、第593页。《美国移民增加的原因》,蒙斯特,1845年10月24日。《汉诺威杂志》,1844年11月11日。——原注
⑤ 《总汇报》,1841年11月11日、1843年2月4日、1847年7月21日。阿尔弗雷德·齐默曼:《西里西亚亚麻业的繁荣与衰败》,布雷斯劳,1885年,第338页。——原注
⑥ 《莱比锡总汇报》,1843年6月22日。弗雷德里希·洪德斯哈根:《德意志移民是国家问题,尤其是无产阶级移民》,法兰克福,1849年,第6页。——原注

牙利，直到来年秋天才回来，回来时往往带着一肚子苦水。①西里西亚政府试图将失业工人安置在人口较少的地区，但春季的洪水和暴雨使那里的居民苦不堪言。因此，安置计划失败了。接下来，西里西亚政府不再对移民计划抱有热情。②大多数失业工人将精力花在了发动暴乱上。他们依靠救济金生活，后来开始去修铁路或加入了棉花加工厂。③

汉诺威市和普鲁士西部地区生产的纺织品比西里西亚的纺织品质量好，因此，这些地方没有遭受严重损失。然而，调整是必要的。幸运的是，汉诺威市和普鲁士西部地区的大多数纺织工人没有完全失去继承的土地。出售纺织品为他们提供了移民所需的资金。19世纪30年代末及1842年到1845年，德意志西部生产亚麻布的地区涌现出了一大批移民家庭。④当时发生的一系列事件清楚表明，殖民不是解决社会问题的最佳办法。

---

① 《总汇报》，1843年12月23日、1845年6月13日、1845年10月21日。——原注
② 阿尔弗雷德·齐默曼：《西里西亚亚麻业的繁荣与衰败》，布雷斯劳，1885年，第352页到第362页。——原注
③ 《莱比锡总汇报》，1843年4月22日、1845年6月5日。——原注
④ 《莱比锡总汇报》，1845年5月25日。《总汇报》，1840年1月22日。——原注

第 11 章
逃离饥荒

精彩看点

爱尔兰农业遭受重创——爱尔兰的命运将何去何从——欧洲经济的萧条——国际性的粮食恐慌——爱尔兰港口发达的船运促进了移民运动——移民资金的重要来源——德意志国内饥荒肆虐——规避美国法律的方法——移民船上疾病蔓延——大批爱尔兰人涌入美国西部农业区——危机促进美国在立法方面的完善

从1845年秋开始，欧洲发生的一系列事件彻底解决了西欧乐观派和悲观派之间的分歧。乐观派认为，西欧的社会状况正在逐步改善。悲观派却对此忧心忡忡。对乐观派来说，1845年夏发生的事实现了他们的愿望。在有史以来面积最大的土地上，乐观派种上了马铃薯。长势旺盛的田野预示着大丰收。1845年7月和1845年8月与往年一样，关于马铃薯疾病的季节性谣言依然存在。但即使当时有可靠消息证实莱茵河下游和英格兰、苏格兰部分地区粮食歉收，希望也会战胜恐惧。只要爱尔兰可以躲过天灾，人们就不会感到恐慌。①然而，1845年10月传来消息称，马铃薯腐烂疾病在整个爱尔兰蔓延开来，并且灾情严重。地里的马铃薯和储藏在地窖里的马铃薯都开始莫名其妙地腐烂。②后来几年的判断表明，当时，爱尔兰损失了正常粮食产量的三分之一或一半。③在英格兰和苏格兰，粮食产量减少了约六分之一。④尽管不能准确估计欧洲的粮食损失总量，但从荷兰、比利时一直到瑞士的山区都出现了粮食短缺问题。⑤

---

① 《爱尔兰农民公报》，1845年7月19日、1845年9月13日、1845年10月4日。——原注
② 《爱尔兰农民公报》，1845年10月11日、1845年10月25日、1846年2月14日。《粮食交易所快报》，1845年10月27日。——原注
③ 《爱尔兰农民报》，1847年5月29日。《粮食交易所快报》，1846年1月12日。——原注
④ 《农业学报》，爱丁堡，1845年到1847年，第2卷，第309页。《粮食交易所快报》，1845年11月3日。——原注
⑤ 《知识界晨报》，斯图加特，1845年12月3日。《艾尔格梅因报》，奥格斯堡，1845年9月19日。——原注

被饥饿折磨的爱尔兰人

爱尔兰人熬过了一个极其不幸的冬天。在一定程度上,邻居的善意帮助和英格兰人的救济帮助爱尔兰人渡过了难关。[①]爱尔兰政府也采取了措施。1837年通过的《新济贫法》已经做好给困难时期的人们提供工作的准备,但这一法案是在经过爱尔兰官员的申请和调研后才实施的。1846年,为了加快救济工作,爱尔兰政府匆忙通过了一部新的法案。然而,结果令人失望,因为只有极少数社区和几千人从中受益。英国政府采取的行动更有效,即允许爱尔兰免税进口玉

---

① 《利默里克纪事报》,1845年11月19日。《爱尔兰农民公报》,1845年12月20日。——原注

米。①由于小麦产量正常,并且爱尔兰北方的燕麦供应量很大,②新法案的目标是使爱尔兰农民能在欧洲市场上将自己的粮食以高价卖出,同时购买大量低价食品。③很快,煽动者指出一条悖论,即当爱尔兰人挨饿时,爱尔兰码头上依然挤满了满载货物的船。这些船将驶向伦敦和利物浦的港口。

即将到来的春天为移民运动带来了诸多便利。然而,移民总量依然不大。观察者们认为,如果不是缺乏有效的移民途径,移民总量将会很大。④移民主要包括农民,以及对未来充满恐惧并决定在不可避免的贫困吞噬自己前离开的人。在几个月的挣扎中,这些人的资源还没有耗尽。在时间允许的情况下,年轻、充满活力且勤劳的人们试图寻找一条生路。⑤

等待救济的爱尔兰饥民

① 《爱尔兰统一年金报告》,《粮食交易所快报》,1852年,第6期,第5页到第6页。——原注
② 《粮食交易所快报》,1846年4月20日。——原注
③ 《伦斯特快报》,马里伯勒,1846年4月25日。《爱尔兰粮食短缺》,第293页。——原注
④ 《农民公报》,都柏林,1846年10月3日。——原注
⑤ 《农民公报》,都柏林,1846年10月10日。《伦斯特快报》,马里伯勒,1846年5月9日。《都柏林商业广告商》,1846年4月24日。——原注

冬天过去了，德意志人并没有遭受什么苦难。在德意志，粮食的供应基本能满足需求。起初，尽管粮食价格过高，给工厂地区带来了灾难，但有组织的慈善团体成功应对了紧急情况。无论如何，当储备资源耗尽，重新筹集资本是应对粮食危机的必要举措。①在英国，情况比预期的乐观。铁路建设持续推进，劳工需求创造了就业机会，但农业地区仍在抱怨劳动力不足。②

毫无疑问，来自德意志的移民比来自爱尔兰的移民多。移民们对未来忧心忡忡，但私人资金充沛。移民的住宿需求量太大，导致港口之前为旅客提供的房

爱尔兰人离开爱尔兰

① 《德意志日报》，1846年1月5日。——原注
② 《粮食交易所快报》，1845年6月9日、1845年12月29日。——原注

爱尔兰饥民试图闯进一家面包店

间现在连船员都住不下。不来梅的旅馆发布了警告,称如果没有与航船签订合同,就不要来这座城市。①汉堡的商人积极参与贸易。②鹿特丹和阿姆斯特丹已经人满为患,根本没有船运货物。在勒阿弗尔,瑞士人和德意志人乘坐的沿海轮船放下乘客,许多乘客几乎整个夏天都待在勒阿弗尔,直到获准通行才能离开。③类似的场景在挪威和瑞典上演,丹麦南部地区也日益对移民产生了兴趣。

然而,1846年夏,公众并不关心船舶经纪人的困难,也不在乎移民的滞留问题和艰难处境,只关注一个问题,即爱尔兰的命运将何去何从?1846年5月和6月,爱尔兰仿佛已经油尽灯枯。粮食够吃的人欠下了地主一年的租金,并且面临被驱逐的危险。许多人没有留下第二年种植所需的种子,一些年老体弱的人无

---

① 《德意志日报》,1846年5月22日。——原注
② 《德意志日报》,1847年1月4日。——原注
③ 《勒阿弗尔杂志》,1846年4月1日。——原注

法完成必要的农活,还有一些人对政府的资助不再抱任何希望。①最令人沮丧的是,一直以来,人们担心上一季度的灾难可能会再次出现。过去,人们常常能熬过一年饥荒,但从来没有连续遇到两年饥荒。一个农民说:"如果明年粮食歉收,对我们来说将是世界末日。"②尽管1847年春情况良好,但粮食依旧歉收。欧洲农民迎来了世界的终结。

几天之内,甚至一夜之间,一切尽毁。③1847年7月12日,《爱尔兰农民公报》上的一篇文章宣称,粮食歉收之时就是灾难开始之日。西奥博尔德·马修神父的信记载了当时迅速袭来的灾难。一天,西奥博尔德·马修神父从科克郡到都柏林旅行,沿途看到马铃薯生长旺盛,为即将到来的丰收感到高兴。一星期后,西奥博尔德·马修神父返回时发现,农田里的"作物都腐烂了。在很多地方,可怜的农民坐在篱笆边,望着毫无生机的菜园,搓着双手,不知如何是好。他们痛苦地哀号着。这次打击让他们颗粒无收"。④一开始,人们还算冷静,但后来变得越来越恐慌,最后满脸绝望,只能听天由命。

民众的态度反映出了人们对政治的绝望和欧洲经济的萧条。⑤"废除运动"曾给了爱尔兰人希望。在冬季的艰难岁月里,忍受饥荒的爱尔兰人促成了"废除运动"的爆发。但现在,爱尔兰鼓舞人心的领袖——丹尼尔·奥康奈尔生死未卜。在战争中,爱尔兰两度失利。因此,爱尔兰人担心政府没有能力供养自己。往年农忙的秋季如今没有人务农,田野荒废,无人耕种。现在,唯一的希望落在了政府身上。只有在政府的领导下,爱尔兰人才能坚持解放事业。⑥

如果爱尔兰人是孤身奋战,那么欧洲的人道主义救援给爱尔兰人带来了新希望。但一开始,欧洲所有国家都不太关注发生在国界线之外的事件,因为国内

---

① 《农民公报》,都柏林,1846年6月20日、1846年8月22日。《爱尔兰粮食短缺》,第128页、第211页。——原注
② 《爱尔兰粮食短缺》,第142页。——原注
③ 《爱尔兰农民公报》,1848年5月27日。——原注
④ 《与爱尔兰救灾有关的措施的函件》,《议案》,1847年,第2卷,第4页。——原注
⑤ 《与爱尔兰救灾有关的措施的函件》,《议案》,1847年,第2卷,第104页。《利物浦水星报》,1846年11月20日、1847年1月15日。——原注
⑥ 《农民公报》,都柏林,1846年10月10日。——原注

已经灾难重重。德意志人经历了从希望到失望的循环，但与爱尔兰人的经历不同。炎炎夏日，绿油油的庄稼长势喜人，储备了粮食的德意志投机商对粮食丰收信心十足，于是开始抛售存粮。①但投机商高兴得太早了。水果干枯在树上，应季的马铃薯腐烂在地里，黑麦遭遇了高温后大幅减产。德意志农民只能将所有希望寄托在晚季马铃薯上，但晚季马铃薯的收成同样令人失望。②

德意志已经不会因某种作物歉收引发饥荒。很多德意志人通过做买卖维持生计。与此同时，一些金融机构愿意增加贷款。德意志的主要问题在于粮价过高。粮价过高一方面是因为当地粮食短缺，另一方面是因为乡镇官员买断了粮食。③法兰西国内的市场需求量大幅增加，导致粮价攀升。当德意志民众付不起商人开的价格时，德意志商品被出口到了国外。④

接下来的秋冬两季，国际性的粮食恐慌使欧洲受灾国家雪上加霜。但并不是所有欧洲国家都粮食歉收。在德意志北部和东部平原，粮食产量基本正常。虽然没有人了解俄罗斯靠近波罗的海和黑海某些地区的确切情况，但这些地区没有传来粮食歉收消息。通常情况下，以农业为主的美国粮食盈余，最终的粮食产量也没有定数，但议员们非常担心目前的状况。一些国家，如法兰西、西班牙和葡萄牙，传统上鼓励出口粮食，但现在突然禁止对外贸易。⑤为了应对爱尔兰的危机，英国废除了存在了一个世纪的《谷物法》。

爱尔兰的粮食产量没有受到影响，但爱尔兰政府希望从国外市场高价购买大量玉米，养活人民。⑥然而，爱尔兰政府忽视了两个事实，即爱尔兰国内种植的小麦过少，玉米要到来年春天美国内陆运河开通时，才能运到爱尔兰。因此，爱尔兰人要到来年夏天才能吃到玉米。1846年秋，爱尔兰真正的饥荒开始了。虽

---

① 《德意志日报》，1846年8月14日。——原注
② 《知识界晨报》，1846年9月15日。《德意志日报》，1846年8月29日、1847年9月10日。——原注
③ 《农学报》，莱比锡，1846年9月11日、1848年3月17日。——原注
④ 《农学报》，莱比锡，1846年9月25日、1846年12月18日。——原注
⑤ 《农业学报》，1847年到1849年，第291页到第292页。——原注
⑥ 《农民公报》，都柏林，1846年11月21日。《利物浦水星报》，1846年9月18日、1846年10月2日、1846年10月23日。《与爱尔兰救灾有关的措施的函件》，《议案》，1847年，第2卷，第464页。——原注

爱尔兰农民收获马铃薯

然马铃薯歉收没有上一年严重，但目前没有其他资源填补马铃薯缺口。1845年到1846年的牲畜大宰杀没有将猪全部宰杀完，但枯萎的田地预示了这些猪早晚被宰的命运。还没有完全长大的猪被运到集市上，六七千头猪穿过爱尔兰海峡被运往英国。农场没有鸡饲料，于是鸡也被宰杀了。随之而来的是鸡蛋供应停止。过去，鸡蛋丰富了农民的饮食，给农民带来了少量现金收入。现在，一切不复存在。①

从来没有一个英国人描述过当时的饥荒，也从来没有一个爱尔兰人认为有必要记录那段历史。接下来的几年中，每一户爱尔兰人都会在炉边重述过去的历史。这段历史成了英国政府治国无方的佐证。英国治国无方的传统滋养了日益兴起的民族主义。无论在印度、中国，还是在爱尔兰，对饥荒的所有描述都具有相似之处。一些人意识到，饥荒无法避免，于是索性返回原来的农舍，听天由命地度过余生。一些人举家在路上乞讨，从一个教区到另一个教区，将虚弱不

---

① 《粮食交易所快报》，1846年11月9日、1847年1月4日、1847年1月11日。威廉·班尼特：《关于爱尔兰六星期之旅的记叙》，伦敦，1847年，第122页。——原注

堪的老小撒在路边,任他们自生自灭。许多逃过饥荒的人因"饥馑热"失去生命。"饥馑热"是一种由营养不良引发的斑疹伤寒症,在流浪人群中广泛传播。死者被草草埋葬,不留名姓。①

随着隆冬的到来,原本组织松散的救援体系变得越来越高效。1847年1月,从美国进口的玉米已经运到爱尔兰港口。②来自地中海地区和多瑙河下游的其他供应物资也相继到达。③英国政府将数月前从爱尔兰运出的小麦运回爱尔兰,分给灾民。④1847年2月,爱尔兰粮食供应充足。然而,灾难并没有结束,因为物资必须快速运到交通不发达的地区。河面结冰,陆路运输缺少马匹和马车。⑤即使玉米和小麦到达了目的地,困难也依然存在。很多爱尔兰人从来没有吃过面包,他们的厨房里没有烤箱,主妇们也不懂烘焙。⑥幸运的是,困难得到了及时解决。1847年3月,爱尔兰的食物进口量之大出人意料。一个星期内,近一百艘船将玉米和小麦运到了科克港。⑦纽约的移民代理商将美国多余的粮食装在"任何能够漂浮的船"上,然后运送到爱尔兰。这些船有的是从来没有驶离过美国海岸的双桅纵帆船,有的是造船厂新造的航船。⑧因此,爱尔兰人不但填饱了肚子,而且得知世界上还有一块食物充足的陆地。⑨

食物分配体现了英国政策的成功之处。一项新的立法,即所谓的《劳动率法案》解决了英国当时的就业问题。《劳动率法案》废除了地方立法,由郡治安长官或其下属决定在何时何地开展公众事务,费用由土地所有者和当地土地占

---

① 《众议院关于在爱尔兰殖民化的委员会报告》,《议案》,1847年,第4卷,第243页。《世界报》,都柏林,1847年6月12日。——原注
② 《粮食交易所快报》,1847年1月4日、1847年1月11日、1847年2月1日、1847年2月8日、1847年2月15日、1847年2月22日。——原注
③ 《粮食交易所快报》,1847年12月6日。——原注
④ 《爱尔兰农民公报》,1847年9月4日。——原注
⑤ 《粮食交易所快报》,1847年2月1日、1847年2月8日、1847年2月15日、1847年2月22日。爱尔兰皇家农业改进协会1848年和1849年的报告和交易,第222页、第223页。——原注
⑥ 《粮食交易所快报》,1847年2月1日。——原注
⑦ 《粮食交易所快报》,1847年3月29日。——原注
⑧ 《利物浦水星报》,1847年1月22日。《粮食交易所快报》,1847年3月15日、1847年3月22日。——原注
⑨ J.K.英格拉姆:《爱尔兰社会地位和社会调查统计数据的思考》,《日报》,都柏林,1864年,第4期,第15页。——原注

有人共同承担。《劳动率法案》的出发点是好的，后果却是灾难性的。重点修缮的道路几乎没有车辆通行，投入使用后获得的收益远远小于成本。工人由于薪资太低无法养活家人，只能依靠慈善救济。过去，爱尔兰约有十分之一人名义上参与劳作，但实际上冬季和春季没有人务农，导致原本不堪重负的社会再添新负担。①也许最不幸的是民众的身体状况。大多数工人因饥饿和暴晒身体虚弱，并且工作量大，园区里的卫生设施简陋。很快，发烧在工人群体中蔓延，疾病似乎找到了滋生的温床。②

1847年决定移民的人中几乎没有人是为了改善生存状况离开故土，移民动机只是为了远离爱尔兰。爱尔兰的土地仿佛被下了诅咒。国家越不幸，人民越想离开。在移民聚集的地方，经常可以听到"可怜的爱尔兰完了""这个国家将永远消失""爱尔兰永远无法恢复"等话。在爱尔兰，即使是没有遭受严重打击的地方，也弥漫着悲观情绪，因为人们害怕不幸会随时降临在自己身上。

爱尔兰港口发达的船运促进了移民运动。具有远见的利物浦商行预见到，大批乘客即将赶来，于是将船费从三英镑涨到了五英镑。当船费上涨没有对移民运动产生不利影响时，利物浦商行将船费涨到了七英镑，并且船票一售而空。③当地政府规定，商行不能取消低价售出的船票，也不能将食宿承包给出价最高者。④但七英镑和五英镑远远超出了移民的偿付能力。只有提前做了准备的"体面的"移民才能在利物浦登船。⑤然而，对大多数贫穷的移民来说，爱尔兰的每个港口都有大量机会。每到一处，只要美国或加拿大的商船卸下粮食，他们就可能和商人进行交易，乘这些商船离开家乡。⑥

---

① 《爱尔兰教会杂志》，都柏林，1847年，第4期，第141页。——原注
② 《众议院委员会联合国报告》，第七条、第十一条、第二十五条、第二十六条。威廉·班尼特：《关于爱尔兰六星期之旅的记叙》，伦敦，1847年，第9页到第10页、第38页。——原注
③ 《自由人报》，都柏林，1847年4月15日。《霍德中尉的信》，1847年2月7日。——原注
④ 《T.F.艾略特的信》，1847年4月22日。《和解委员会有关贫民搬迁的第一次报告》，《议案》，1847年，第11卷，第59页。——原注
⑤ 《自由人报》，都柏林，1847年4月24日。《利物浦水星报》，1847年3月19日。《A.达德利·曼的信》，1847年9月13日。——原注
⑥ 《自由人报》，都柏林，1847年4月2日。《粮食交易所快报》，1847年3月15日。《A.达德利·曼的信》，1847年9月13日。——原注

1847年春和初夏，爱尔兰乡村的街道和小路上热闹非凡。一些爱尔兰移民从善良的邻居那里借来运货马车，将自己的行李运到港口。大部分移民行李很少，直接将行李扛在肩上。每批移民约有几百人，很多都是邻居。他们涌向港口，混乱无序地穿行在码头上，在过道里推搡，最后终于踏上了冒险旅程。① 新闻编辑们没有想到这批移民会在十年后返回家乡，因此宣称爱尔兰人口正在减少。②

但处在饥饿边缘的人如何负担移民费用呢？事实上，移民者往往拥有一定资金，在明斯特和康诺特的农舍里藏着一些钱以备急用，以及出售家具得到的几英镑。现在，这笔钱恰好能派上用场。③ 地主们抱怨称，出于对佃农们艰难处境的同情，他们没有催佃农交上一年的租金，但现在，佃农们再也付不起租金了。一些移民开始寻求各方帮助。资助移民的人认为，自己是为一项伟大事业尽一份力。④

移民资金的另一个重要来源是加拿大和美国的爱尔兰人听到自己的亲友正在受难，于是寄来了汇票。虽然汇票本来应该赈济灾民，但接受救济的人将汇票用作离开爱尔兰的资金。这是爱尔兰移民当时需要的最有效的救济。⑤ 其间，爱尔兰地主起了重要作用，经常出钱帮助佃农。地主们这么做是出于个人利益，而不是慈善，因为未来几个月内，佃农可能会变成乞丐，留下他们只会是赔本生意。⑥ 一些地主组织了大规模移民运动，租了一艘船，雇一个移民中介负责航运，并且购买了航行所需的物资，给每个移民几先令让他们开始新生活。⑦

1847年，爱尔兰移民并没有全部跨过大西洋。当饥荒日趋严峻时，许多爱尔兰人想起了一片富饶的土地，只需一天航行就能到达。之前，每年丰收时节，一

---

① 威廉·班尼特：《关于爱尔兰六星期之旅的记叙》，伦敦，1847年，第5页、第53页。——原注
② 《爱尔兰农民公报》，1847年8月7日。——原注
③ 《自由人报》，都柏林，1847年4月19日。《农业评论》，都柏林，1858年，第1期，第354页。——原注
④ 《爱尔兰殖民化委员会的报告》，第537页。《移民和殖民公报》，1849年7月29日。——原注
⑤ 《爱尔兰殖民化委员会的报告》，第249页到第250页。《查尔斯·弗兰克的信》，1847年2月19日。——原注
⑥ 《伦斯特快报》，1847年3月6日、1847年6月19日、1847年7月3日。《粮食交易所快报》，1847年3月8日。——原注
⑦ 《自由人报》，都柏林，1847年4月2日、1847年4月26日。——原注

些爱尔兰人会去英格兰。现在,他们决定将妻儿也带到英格兰,并且在英格兰定居。去英格兰的路费只需要五先令左右。因此,不计其数的爱尔兰移民前往布里斯托、利物浦和威尔士海岸的村庄。在这些地方,爱尔兰移民一开始靠慈善救济生活。一些教区的牧师考虑将爱尔兰移民送回爱尔兰,但在当时的情况下,将爱尔兰移民送回爱尔兰无异于让他们饿死。因此,英格兰人鼓励新来的爱尔兰移民向内陆地区迁移,从一个城市到另一个城市一路乞讨,直到他们找到工作或找到一个愿意接纳他们的社区。[1]1847年,利物浦送走了二十五万爱尔兰移民。[2]其中,一些人最终去了加拿大或美国,但大多数人定居在英格兰北部的大型工业城市。在这些城市,爱尔兰移民是现在大部分居民的祖先。

1846到1847年的冬天,英国贸易的萧条及由于粮食短缺造成的粮价高涨问题引起了人们的恐慌,情况堪比爱尔兰。1847年春,英国国内的情况有所好转。铁路仍在建设中。农民们还没有意识到废除《谷物法》带来的危害,继续挖沟排水。依靠出售粮食致富的美国和加拿大是兰开夏郡制造厂的主要出口国。因此,兰开夏郡的制造厂逐渐复苏。[3]

德意志移民虽然没有反映出爱尔兰人遭受的社会危机,但德意志国内饥荒肆虐。只要有机会,德意志人就会想办法离开。1846年到1847年的冬天,德意志人980苦难。食物供应短缺,投机者活动猖獗。许多工厂不得不依靠慈善救济维持。农民几乎颗粒无收,只能购买粮食。但粮价很高,除了大部分富农,几乎所有农民都感到手头拮据。德意志人隐约意识到,目前的困难预示着更大的灾难。这种担忧逐渐蔓延开来。1847年秋,阿姆斯特丹的美国领事报道了通过该港口的德意志移民的情绪,宣称:"消息灵通的人表达了他们的观点,即目前的危机和现阶段发生的事件是紧密相关的。他们认为,大革命迟早会解决所有问题……"[4]许多人表达了想要移民的强烈愿望。美国驻德意志柏林的大使乔

---

[1] 《利物浦水星报》,1847年1月1日、1847年1月15日,1847年11月30日。《伦斯特快报》,1847年3月20日。——原注
[2] 《利物浦水星报》,1847年10月22日。——原注
[3] 《粮食交易所快报》,1847年1月25日、1847年3月15日、1847年11月15日。——原注
[4] 《查尔斯·尼古拉的信》,1847年10月14日。——原注

乔治·班克罗夫特

治·班克罗夫特写道:"所有德意志人都热衷于移民话题。这场移民运动将是巨大的。船舶能运输多少人,就会有多少移民……"①一位领事告诉人们做好准备一起离开。②另外一位领事认为,公众"人心惶惶"。③报纸也证实了德意志国内的情况。此外,官方报道称,许多地方的法律反映了民众的移民意图。

然而,根据移民携带的物资很难确定他们的经济地位和所属阶级。一些资料显示,欧洲各国流失了国家最需要的人,即子女众多的小康农民家庭。④然

---

① 《乔治·班克罗夫特的信》,1847年2月3日、1847年3月29日。——原注
② 《查尔斯·格雷柏的信》,1847年4月12日,《领事信函》,黑森-卡塞尔。——原注
③ 《查尔斯·尼古拉的报道》,1847年3月31日,领事馆派遣,阿姆斯特丹。——原注
④ 《德意志日报》,1847年2月10日、1847年3月18日。《科隆日报》,1847年2月3日、1847年2月10日。——原注

而，更多资料显示，选择移民的都是穷人。科隆的政府官员认为，有必要为负担不起住宿的移民提供便宜的住宿。[1]比利时当局禁止没有足够资金的移民进入比利时。许多地方政府将乞讨者和长期贫困的人送到了美国。[2]

早在1847年2月月初，不来梅港口就满是等待的人群。很多人担心上不了船。以往运送旅客的船现在正在海外运送粮食，归期无法确定，[3]导致整个船运业陷入混乱。但更重要的是，移民不受承运商的控制。一直以来，很多人认为这一因素可以忽略不计。

迄今为止，1819年立法是美国唯一一项管理移民的联邦条例。1846年12月，美国国会召开会议。鉴于国外的情况，纽约市及慈善组织请愿督促联邦政府制定更有效的移民控制机制。结果，1847年2月，美国国会颁布了法案，并且得到了所有党派的支持。显然，该法案受到人道主义因素的影响，没有改变1819年制定的法律原则，但考虑到航海建筑结构发生的巨大变化，就船舶结构的规定进行了修改，特别提出下甲板每人必须有十四英尺[4]空间，最下层甲板每人必须有三十英尺空间。[5]该法案还规定了船上床的长度和宽度，沿用了旧法案中关于食物的规定。1819年5月31日后，如果到达美国的船运载的乘客数量超过新法案规定的最大值，那么这艘船将被没收。[6]

欧洲各国的船起航前，忽略了一种情况，即大多数大陆贸易都是在合同体制下运行的。对此，德意志商人和荷兰商人束手无策。如果他们仅派一艘船运送已经签了合同的乘客，船到达美国时就会被没收。但如果他们拒绝送走乘客，德意志法律就会严厉惩罚他们，毁掉他们的一切。[7]显然，只有雇用更多船才是出路。但1847年春，德意志国内商业繁荣，根本没有多余的船。

---

[1] 《科隆日报》，1847年4月28日。——原注
[2] 《莱比锡报》，1847年4月1日。《知识界晨报》，1847年1月13日。《教会报》，达姆城，1847年11月23日。——原注
[3] 《威悉河报》，不来梅，1847年9月16日。《莱比锡报》，1847年3月7日。——原注
[4] 英制长度单位，一英尺约合零点三米。
[5] 《美国国会法案及决议案汇编》，第9卷，第127页到第128页。——原注
[6] 《美国国会法案及决议案汇编》，第9卷，第149页。——原注
[7] 《莱比锡报》，1847年5月6日、1847年5月19日、1847年5月25日。——原注

面对这种情况,有人开始造谣。无法追溯谣言的源头,但有迹象表明,谣言来自不来梅。在德意志移民热潮高涨的地区,有人故意散播谣言,让人们认为新的美国法律禁止移民踏入美国。①谣言的目的如果是让买了船票的人放弃行程,那么根本不会实现。相反,谣言似乎鼓励更多人做出了移民决定,因为这些人相信,只有尽快离开才有可能在美国国门关上前到达美国。移民们知道自己不可能在不来梅和汉堡落脚,于是沿莱茵河来到了荷兰和比利时的港口。因为荷兰和比利时港口的通行费很高,所以许多人不得不返回家乡。②

与此同时,德意志北部的承运商发现了一种规避美国法律的方法。之前,德意志承运商避免与加拿大做生意,因为在加拿大,想要获得返回的货物十分困难。但就目前的情况来看,这种考虑无关紧要。相应地,登有广告的航船满载乘客驶向魁北克。当航船到达美国时,同去的移民中介带领移民经由陆路到达纽约,或指导移民通过最短路线到达美国西部。③移民贸易引发了与交通有关的美国利益集团及欧洲承运商的恐慌。为了应对国内的抗议潮,美国政府采取了行动。法律不可能在一夕之间废除,但可以重新解读。为此,美国财政部长发布了一份公告,称船上每个旅客占有的十四英尺空间包括床位。这种解读虽然仅停留在字面上,但肯定与法律颁布的意图不符。要想实施新法案,美国政府需要采取更多立法行动。④

虽然各国政府为改善移民状况付出了诸多努力,但在拥挤的商船上,移民们依然遭受着巨大痛苦。满怀希望的移民逃离了让他们备受煎熬的爱尔兰岛,以为苦难已经被抛在身后。但在六星期到八星期的航行中,曾经肆虐家乡的瘟疫再次爆发,严重程度让目睹过之前冬季瘟疫的人震惊不已。医生们将船上的瘟疫称作

---

① 《威悉河报》,1847年5月5日。《德意志日报》,1847年5月12日。《科隆报》,1847年5月10日。——原注
② 《移民报》,1847年5月11日、1847年6月7日。《德意志日报》,1847年5月19日。——原注
③ 《莱比锡报》,1847年6月2日。《移民报》,1847年6月14日。《德意志日报》,1847年6月17日。《威悉河报》,1847年9月16日。《德意志移民》,达姆城,1848年,第2期,第30页、第467页。——原注
④ 《德意志日报》,1847年5月23日。《科隆报》,1848年6月24日。《莱比锡报》,1847年6月22日。财政部发表在《猎户商人杂志》的报告,1847年,第17期,第99页。——原注

"船热"，实际上，"船热"可能是"饥馑热"或斑疹伤寒的变种，因为从欧洲出发的船上从来没有爆发过这种瘟疫。①"船热"可能源于登船时已轻微感染的乘客，或者是乘客衣服上的虱子携带了细菌，而虱子往往来自已经去世的人。②

离开爱尔兰海岸前，利物浦驶出的商船通常就会发现瘟疫，及时将病患送往科克港的热流感医院。但直接从爱尔兰驶离的商船无法这样做，因为一旦离开了大西洋，不管乘客是死是活都必须继续航行。过去，贫穷的欧洲农民曾和瘟疫打过交道。现在，搭载这些农民的船商看到他们时还心有余悸。在驶往英国的船上，最坏的情况发生了。1847年，八万九千七百三十八人前往加拿大圣劳伦斯港口，其中五千二百九十三人在途中去世。在一万七千零七十四名前往新不伦瑞克的乘客中，八百二十三人失踪。③海上的死亡率在6%左右。

船到达港口后，疾病仍在蔓延。身患重病、奄奄一息的乘客被带到岸上进行隔离。1847年5月14日，第一批移民获准进入魁北克以南三十英里的格罗斯岛的医院接受救治。1847年5月月底，一千二百名移民有了住宿所需的床和帐篷，三十五艘船等着卸下病患。虽然当地政府临时修建了一些新住房，试图将即将去世的患者和症状较轻的患者隔离开，为康复者预留一部分岛上领地，但依然有一万零三十七人死在了被隔离的船上或格罗斯小岛上的医院里。④因此，前往加拿大的移民的总死亡率接近16%。这个数字只是保守估计，因为许多家庭因一个成员留在格罗斯小岛上，就全家滞留在魁北克，随后成了牺牲品，不是死于"船热"，就是死于暂居地的传染病和营养不良。在圣约翰和圣安德鲁斯，移民的死亡率极高，隔离区和医院有记载的死亡人数多达一千二百九十二人。⑤

很多美国官员驻扎在美国与加拿大的内陆边境地区，试图阻止疑似从上加

---

① 《A.达德利·曼的信》，1847年9月13日。——原注
② 《C.亚历山大·伍德的信》，1848年8月4日。——原注
③ 《殖民地和移民专员的第八十一次报告》，《议案》，1847年到1848年，第26卷，第15页。——原注
④ 《C.亚历山大·伍德的信》，1848年8月4日。《殖民地和移民专员的第八十一次报告》，《议案》，1847年到1848年，第26卷，第15页。——原注
⑤ 《殖民地和移民专员的第八十一次报告》，《议案》，1847年到1848年，第26卷，第15页。——原注

政治漫画：爱尔兰大饥荒后的几十年间，爱尔兰失去了三百万年轻人

拿大移民到美国的人。①在一些疏于警戒的沿海地区，移民在新不伦瑞克下船后进入新英格兰地区。通常是丈夫和父亲率先行动，妻子和孩子们等待着男人们找到工作。②当移民家庭到达目的地时，所有人衣衫褴褛，憔悴的脸上可以看到饥荒的痕迹。波士顿人认为，爱尔兰移民在海上吃尽了苦头。

这些移民和直接从爱尔兰移民过来的人促使马萨诸塞州修改了有关贫苦移民的立法。1837年，尽管马萨诸塞州修订了相关法律，但并没有产生效果。③病人和老人没有任何保证就可以上岸。负责的官员推卸责任说："人道主义是我唯一的理由。"1847年早些时候，立法委员会发现，因违反法律遭到起诉的案件并没有得到最终判决。④1847年夏发生的事表明，美国急需更有效的立法。病人大量涌入，波士顿码头不得不建一个接收室，让病人们一下船就进入接收室。来

---

① 《移民手册》，爱丁堡，1851年，第35页。——原注
② 《F.W.C.默多克的信》，1847年12月8日、1848年1月18日。——原注
③ 《1837年马萨诸塞州法律》，第238章。——原注
④ 《1847年马萨诸塞州参议院文件》，第109号。——原注

来往往的马车将病人送到船上，然后船将病人送到鹿岛的医院。①1848年1月，面对如潮水般的请愿，美国立法机构采取了行动。新的立法没有改变人头税，也没有增加担保额，但债券的有效期不再是十年，而是加入了更繁重的罚款金额，并且采取了更有效的执法手段。②

尽管纽约的情况没有那么可怕，但移民们深知纽约的地理位置会给他们带来危险。新泽西邻近的海岸为移民登陆提供了便利。船主按照约定在港口泊船，然后让移民自己去找穿过哈得孙河的路。③在不违反纽约州法律的情况下，一些善良的船长赞助了几名专业担保人。担保人按人数收费，免去了所有琐碎细节，并且为贫困移民承担了经济责任。尽管保证书是合法撰写的，但很快，担保

19世纪40年代的纽约

---

① 《1848年马萨诸塞州参议院文件》，第46号。——原注
② 《1848年马萨诸塞州参议院文件》，第46号，第14页到第15页、第46页。《马萨诸塞州法律》，1848年，第313页。——原注
③ 《纽约市市政局董事会1837年文件》，第4页、第10页、第12页。——原注

人不得不承担大额支出。大额支出的具体数额无法确定。①1847年5月5日，在公共会议上，大众的强烈要求促使立法机构成立了一个由六名移民委员组成的行政团体。这个行政团体由政府长官任命，与纽约市市长、布鲁克林市市长及德意志和爱尔兰移民团体的主席通力合作。该行政团体要求船长每运送一名乘客上岸，就要支付一美元。资金的分配权落到了纽约行政长官手中。行政长官有权任命和撤销行政官员。②纽约人相信自己已经做好充足准备，有能力应对未来可能出现的任何状况。

巴尔的摩人意识到了采取保护性措施的必要性。过去，抵达巴尔的摩港口的移民几乎都是准备迁往美国西部农业区的德意志人。但现在，饥荒将大批爱尔兰人送到了美国西部农业区。尽管美国西部的爱尔兰同乡会筹集了资金应对困境，但新来的移民带来的瘟疫迅速蔓延开来。③由于现行法律不够全面，美国西部的地方政府采取了紧急措施。应急措施是建立一片隔离区，指导卫生人员视察所有到达当地的移民，将患病的人送到医院，治疗费用由船长或者船主承担。④显然，事实证明，这一市政章程效果显著。1847年夏秋两季的报纸文章提到了大量移民船，但没有指责传播疾病的移民。⑤

路易斯安那州也采取了行动，通过州和市联合立法处理移民问题。1842和1843年的法律规定，对每一个来自外国港口或大西洋海岸船上的移民征收人头税。人头税交给新奥尔良的慈善医院管理。⑥当时的情况与1847年春欧洲人遭受的苦难一样。1847年4月的一天，约有一百名饥民进入慈善医院。人们发现，一间小房子里蜗居着五十个新来的移民，他们因病情严重无法工作，其中一些人靠从街上捡来的稻草维持生命。⑦更糟糕的是，在新奥尔良，黄热病肆虐，严重

---

① 《纽约市审计长1845年报告》，第32页。——原注
② 《1847年纽约法律》，第195章。——原注
③ 《巴尔的摩美国人》，1847年4月24日、1847年5月5日、1847年5月12日、1847年5月15日、1847年5月18日、1847年5月27日。——原注
④ 《巴尔的摩美国人》，1847年5月27日。——原注
⑤ 《巴尔的摩美国人》，1847年7月13日、1847年7月20日、1847年7月26日、1847年10月23日、1848年5月31日、1848年6月1日。——原注
⑥ 《路易斯安那法律》，1842年，第158号；1843年，第81号。——原注
⑦ 《每日小报》，新奥尔良，1847年4月30日。——原注

程度史无前例。面对新的恐慌,移民们无力抵抗。①新奥尔良政府在发放救灾物资方面竭尽所能,并且租借房子给移民充当临时住所。然而,有关移民问题的主要压力落在了私人慈善机构身上。

由于现行法律无法满足需要,新奥尔良政府赋予市长自由裁量权,市长有权管理移民登陆,并且强制对每艘载有病患的船收取十美元费用。②由于市政官员控制隔离事件的合法权力受到质疑,立法部门成立了一个专门机构。不幸的是,该机构拥有的权力有限,新奥尔良政府不得不通过一项法令,对所有抵达新奥尔良的乘客征税。然而,市长的一票否决权阻止了该法令的实施。③

这就是危机带来的美国在立法上的收获。美国四个州的民众采取了行动,为移民设置了障碍。这些障碍虽然不是禁止移民,但表明了美国人的态度,即不是欧洲所有阶级的人都可以无限制地进入美国,从而成为美国移民条例的基

19世纪中期的新奥尔良

---

① 《每日小报》,新奥尔良,1847年6月8日、1847年9月2日。——原注
② 《每日小报》,新奥尔良,1847年5月5日、1847年5月13日、1847年6月19日。《慈善医院书记的报告》,1847年6月30日。——原注
③ 《每日小报》,1847年9月5日、1847年11月10日、1848年1月19日、1848年3月3日、1848年3月9日、1848年5月17日、1848年5月23日。——原注

础。直到1882年，联邦政府才重新掌控局面。然而，美国的立法很快陷入困境。船运方的利益团体极力反对人头税。尽管从单个乘客的角度来说，问题不大，但一年下来，美国政府征收的人头税超过几千美元，并且船主不能通过提高船票价格将人头税转给移民，因为行业内的竞争使得船票涨价的做法行不通。因此，马萨诸塞州和纽约州的承运商在法院提起诉讼，诘问征收人头税的法律是否具有合法性。承运商的诉讼很快到了联邦最高法院，1848年，联邦最高法院维持原判。"乘客诉讼"中的判决表明，受到质疑的立法涉及对外贸易，侵犯了美国国会的管辖权。面对这一判决，美国各州恢复了之前的法律系统，以前的法令仍然有效。一些移民必须依靠救济维持生活，给美国造成了一定压力。美国各州要求船主对救济移民的花销进行补偿，特别强调补偿应该以为每一名乘客付一定现金的形式完成。因此，在日常移民管理中，该做法保持不变。①

由于财政部对1847年法案的解读带来的不良影响，联邦政府针对海上乘客的运输采取了行动。1848年，联邦政府颁布法律废除了之前"最少载两名乘客，最多载重五吨"的规定，商船的人均占有面积受到甲板之间高度的严格限制。法律还规定了船上提供的食物种类，包括小麦、马铃薯和米饭。此外，船长还要负责船上的卫生和纪律。②

当时，没有加入1847年移民潮的欧洲农民急切地观望着下一季节的移民前景。1847年6月，一位爱尔兰观察者写道："国家的命脉似乎与下一季度的收获息息相关。"③爱尔兰人只有少量马铃薯。由于缺少种子，马铃薯的收成不容乐观。于是，爱尔兰人开始种植绿色庄稼，尤其是芜菁。在当时市场价格的刺激下，大量爱尔兰农民受到价格影响，扩大了小麦和燕麦的种植面积。④不过，马铃薯长势很好。田里种植的马铃薯没有枯萎，收获时产量也比较可观。爱尔兰人恢复了以前的乐观，村庄里出现了消失已久的欢欣鼓舞气氛。然而，在来年的粮

---

① 《路易斯安那法律》，1850年，第295号。《马里兰州法律》，1849年到1850年，第46章。《马萨诸塞州的法律》，1850年。《纽约州法律》，1849年，第350章。——原注
② 《美国国会法案及决议案汇编》，第9卷，第220页到第223页。——原注
③ 《爱尔兰教会杂志》，1847年，第4期，第157页。——原注
④ 《粮食交易所快报》，1847年3月8日。《世界报》，1847年5月1日。——原注

食产出前,爱尔兰的食物供应依然不足。[1]德意志的境况与爱尔兰如出一辙。尽管马铃薯产量不足,但德意志人种植的谷物产量充足。粮价居高不下,粮食短缺仍然是德意志人的一大威胁。[2]但欧洲和美国其他地方仓廪充实,并且世界各地的舰队已经准备好将余粮运送给需要的人。[3]

  1847年就这样结束了。人们长久以来惧怕的大灾难已经成为过往。饥饿导致的死亡和苦难被载入了西欧历史。饥荒使数以万计的人跨海逃离。但未来,欧洲一定会有所改观。人们展望未来,重新获得了希望。

---

[1] 《粮食交易所快报》,1847年10月4日。《爱尔兰穷人法:过去,现在和未来》,伦敦,1849年,第16页。——原注
[2] 《知识界晨报》,1847年6月14日。《德意志日报》,1847年9月12日。《查尔斯·格雷柏的信》,1847年8月12日,《领事信函》,黑森-卡塞尔。——原注
[3] 《粮食交易所快报》,1848年2月21日。——原注

第 12 章
新生力量

精彩看点

导致新一轮移民潮的间接因素——爱尔兰《谷物法》的废除——新《济贫法》的实施——巴登暴乱——德意志移民的移民动机——加利福尼亚的淘金热——密歇根北部的开放——交通发展为移民提供了更多机会

1848年年初的事件证实了人们在1847年年底表现出的乐观情绪。1848年是充满政治奇迹的一年。在一些国家，很多人为了争取民众权利失去生命。在另一些国家，看似无法克服的障碍在武力面前倒下。法兰西君主宝座让位于一名共和党人，奥地利外交家克莱门斯·冯·梅特涅从维也纳逃离，匈牙利的爱国主义者为实现国家独立奋斗，德意志和北欧各国见证了街头暴乱和政府最终的改革举措。但革命过后，一些欧洲国家经历了新一轮复辟。1849年，革命者们之前怀揣的梦想破灭了。奥地利人镇压了匈牙利人的起义。1848年，德意志邦联在法兰克福召开代表大会，旨在解决德意志统一问题。然而，德意志依然没有实现统一。在巴登，一场新的革命让人们卷入战争，起义以失败告终，数百人锒铛入狱，数千人沿着前线逃离。德意志政府颁布的新《宪法》留有欧洲1848年革命的印记，但官僚政府熟知如何慢慢做出让步。与此同时，其他国家也发生了很多事。英国议会和德意志各邦联的议会修改了有关土地和商业的法律。美军向墨西哥挺进，将墨西哥变成一个美国州的举措打破了和平局面。1848年，加利福尼亚的淘金热正在上演。

一系列事件不断发生。当时的人们无法看穿这些事件之间的内在联系。然而，混乱局面逐渐演变成了另一种秩序的轮廓。欧洲和美国已经改头换面。一百多万名移民即将跨越大西洋，决心与美国休戚与共。1848年和1849年发生的一些变化标志着早已爆发的革命进入高潮。一边是改革者的煽动，另一边是惊恐

1846年的反《谷物法》大会

万分的君主草率做出的让步,以及始料未及的天灾。鉴于上述种种事件,欧洲人的移民动机不言而喻。

 导致新一轮移民潮的还有一些间接因素。1846年,英国议会废除了《谷物法》,成为刺激移民的一个重要因素。《谷物法》标志着自由贸易成为一项永久性政策,影响广泛且深远。迄今为止,英国的食品供应一直是国际贸易的一个分支。国内粮食价格达到一定水平时,英国允许在"浮动范围"内进口粮食。这让西欧的贸易商常常心怀期待,尤其让封建地主获利不少。在德意志北部肥沃的平原上,封建地主拥有大片土地,小麦和黑麦的产量总是过剩。地主们从汉堡的代理商口中得知了《谷物法》被废除的消息,于是赶在东波罗的海或多瑙河下游的谷物商人得到消息前,将粮食运到了伦敦。①在一定程度上,德意志北部以

---

① 《知识界晨报》,1849年11月24日。——原注

粮食出口为主的农民比南部的农民富裕。如果英国市场全面开放，优势就会落在以最低价格销售粮食的人身上。到时候，这些人应该如何应对呢？

尤其值得一提的是，俄罗斯帝国似乎是一个强劲的对手，广袤的草原为其扩张提供了广阔空间。此前，在地中海到黑海航段，带着有限物资的希腊商人一直充当着中间人。现在，希腊商人积极投入了俄罗斯帝国与英国之间的竞争。但有效竞争不可能在一年内产生。俄罗斯帝国的道路和交通工具十分原始，在远离大海和通航河流的地方，交通设施通常非常简陋。因此，虽然距离不到两百英里，但将一车粮食运到敖德萨需要八到十星期时间。①铁路本来可以解决运输难题，但铁路还没有建成，俄罗斯帝国就卷入了战争。于是，贸易成果只能由俄罗斯人的下一代享受。

几年来，即使是面对其产品可以进入英国市场的竞争对手，德意志的老生产商也是安全的。1845年以来，高涨的粮价已经耗尽欧洲各国的余粮。②随着1849年粮食丰收，欧洲各国的粮仓逐渐得到补充。③但1850年，粮食产量再次下降。法兰西人可能面临致命威胁，因为从1847年开始，法兰西的高价粮食导致了小麦种植面积的增加。但法兰西政府没有采用新的耕作制度。随着局势回归正常，法兰西回到了国内供需平衡的状态。④

与意识到保护屏障已经被摧毁的英国农民相比，不管德意志北部的人们多么恐惧，都显得微不足道。英国人不仅担心来自欧洲的竞争，还担心来自大西洋彼岸的竞争，即来自上加拿大的空地和密西西比河流域大草原的竞争。鼓动欧洲人跨海拓荒的文章强调了北美洲能提供的无限可能性。一些关于北美洲的描述已经深入人心。英国自耕农原本以为大批小麦会涌入英国市场，影响他们舒适安逸、自给自足的生活。现在看来，虽然有这种趋势，但英国的小麦并没有泛滥。美国还没有准备好抓住英国提供的机会。内战爆发前，美国的谷物价格非常接近利物浦的谷物价格，导致出口成为一种无利可图的冒险。四年战争及其余

---

① 《粮食交易所快报》，1850年10月28日、1853年1月31日。——原注
② 《粮食交易所快报》，1850年9月9日、1850年10月14日。——原注
③ 《粮食交易所快报》，1850年2月11日、1850年2月18日、1850年10月14日。——原注
④ 《粮食交易所快报》，1850年10月14日、1850年12月9日、1854年3月27日。——原注

波将英国立法的必然结果推迟了十年。直到19世纪70年代,令人沮丧的预言才成为现实。①

人们对未来的预想影响了他们的生活。1848年到1850年,舆论一致认为,英国所有的地主、佃农和农业工人即将走向毁灭。似乎是为了证实人们的担心,英国工人很快陷入困境。铁路建设时代的结束使很多人失去了工作,一些人被迫回到农村。②更糟糕的是,农民们相信作物价格会持续走低,认为不值得为农业种植继续投入资金,因此中断了作物改良。在仍然有工作机会的地区,爱尔兰人的薪水往往低于当地居民。③结果,工会济贫院中很快挤满了需要救济的家庭。不断增加的食品税给农民带来新的恐慌。一名悲观记者报道称:"爱尔兰移民的状态几乎与在爱尔兰时的状态一样。"④

对未来的焦虑解释了1848和1849年移民运动的突然复苏。出版社出版了《移民指南》系列书籍。文具店清空了其他书,橱窗里摆满《移民指南》系列书籍。出现时间不长的移民期刊试图引导当前的移民潮。移民社团迅速发展,任何有想法却没有办法移民的人相信自己可以弄到交通经费。⑤有一些积蓄并且得到美国朋友经济支持的农民大批离开英国,数量惊人。同样,佃农们卖掉自己的资产,将得到的钱带到农业发展情况更好的地方。⑥当时,移民的英格兰人和苏格兰人数量也许超过了爱尔兰移民的总量。苏格兰低地的人也陷入和英国农民一样的不祥预感中。人们从苏格兰北部山脉和西部岛屿开始移民,这一过程始于18世纪。随着大领主推动领土现代化进程,苏格兰高地居民相继迁徙出来。⑦

---

① 约翰·奥尔:《英国农业简史》,伦敦,1922年,第85页。C.J.霍尔:《英国农业和农村生活简史》,伦敦,1924年,第132页。——原注
② 《粮食交易所快报》,1848年1月10日、1849年3月12日。詹姆斯·贝格:《穷人和穷人的法律》,爱丁堡,1849年,第2版,第10页。——原注
③ 《粮食交易所快报》,1849年9月3日。——原注
④ 《粮食交易所快报》,1847年5月12日、1849年12月3日。——原注
⑤ 《西德尼移民杂志》,伦敦,1848年10月5日,第2页;1848年12月7日,第73页;1849年2月1日,第138页到第139页、第181页。《移民和殖民公报》,1848年11月18日。——原注
⑥ 《移民和殖民公报》,1849年1月13日。《粮食交易所快报》,1849年1月22日、1849年7月16日。——原注
⑦ G.P.斯克罗普:《英格兰、苏格兰及爱尔兰游记》,伦敦,1849年,第8页、第10页。——原注

在爱尔兰，《谷物法》的废除使地主和佃农陷入绝望。小麦一直是为支付租金种植的作物。但现在，爱尔兰农民如何与外国种植者竞争英国市场？爱尔兰农民被税收压垮，土地生产力被简单的轮替制度削弱。①结果，一些中产阶级农民选择移民，但大多数人只能在国内寻求解决办法。气温、土壤、降水、地理位置等因素使爱尔兰地区适宜放牧。在经济繁荣时期，英国工人经常吃烤牛肉，从而为邻近岛屿的所有牲畜养殖者提供了一个有利可图的市场。②于是，爱尔兰地主和养殖场主决定让佃农带着少量家当离开。这一决定有意识或无意识地与政府规划不谋而合，促进了当时的移民运动。

1848年，爱尔兰的佃农几乎全部消失，其中一些人成了1847年移民到英格兰和美国的主力军，一些人被困在贫民窟里，还有一些人被活活饿死。随之消失的还有与佃农交换生活用品的人，即卖了一两码布料或一磅糖的小商店店主、走街串巷收集和销售鸡蛋与猪肉的小贩、给客厅做装饰的手艺人，以及为新婚夫妇制作家具的工匠。消失的这类人不是独立农民或独立劳动者，而是在一块贫瘠土地上艰难生活的人。他们的消失对国家来说是件好事，但连累了其他阶层，留下了大量社区债务。这些人的利益与下层民众息息相关。最终，他们的债务压在了比他们幸运一点的邻居身上。

债务负担是1847年爱尔兰《济贫法》造成的。在1846年的危机中，以前法律的缺陷逐渐显现。因此，1847年，爱尔兰政府颁布了新《济贫法》。③新《济贫法》减轻了私人和政府慈善机构及就业救济机构的负担，废除了以工代赈制度，旨在减少领取失业救济金的人数，并且重新分配了救济金。④在解释随后的移民运动时，新《济贫法》的两个特征将发挥至关重要的作用。

---

① 《爱尔兰农民公报》，1850年3月2日、1852年2月20日、1852年3月6日、1852年10月9日。《爱尔兰赈灾救济和工会和济贫院诉讼文件》，《议案》，1849年，第68卷，第87页。——原注
② 《爱尔兰农民公报》，1849年1月6日、1853年5月21日。《伦斯特快报》，马里伯勒，1849年1月27日。——原注
③ W.N.汉考克：《英国和爱尔兰济贫法的区别》，爱尔兰社会统计和社会调查，都柏林，《日报》，1862年，第3期，第21部分，第221页到第222页。——原注
④ 《爱尔兰穷人法：过去，现在和未来》，伦敦，1849年，第11页。G.P.斯克罗普：《爱尔兰穷人法》，伦敦，1849年，第8页到第9页。——原注

爱尔兰小地主对新《济贫法》中"四分之一英亩条款"很失望。拥有四分之一英亩或以上土地的人，无论情况多么糟糕，都无权获得救助。拥有十六分之三英亩土地的人可以保留自己的财产，并且可以获得救济。但拥有十六分之三英亩土地的阶级已经消失了。1847年秋，遭受饥荒的人中有人拥有五英亩甚至十英亩土地。①这些人如果放弃土地租约，就可以获得救助。这很可能是法律制定者的真正意图，他们想在旧废墟上建造一个新爱尔兰，将农场主和农民区分开来。如果这是法律制定者的目的，那么法律制定者要失望了。法律制定者虽然得到了土地，但曾经拥有三英亩或五英亩的人不想在自由生活过的土地上做仆人，况且他们还找不到稳定的工作。②于是，这些人告别了故土，告别了妻儿。如果有办法，他们会前往美国；如果没办法，他们会横渡到英格兰。无论如何，他们都只能将家人留在济贫院，自己在远离故土的地方为家人重聚而省吃俭用。③

新《济贫法》的实施引发了一个问题。照顾被遗弃的妇女和儿童的费用由谁承担呢？爱尔兰政府不能直接向地主征收税款，因为在第一年结束时，没有一个地主具有偿付能力。税款也不能不加区分地直接分摊到所有大小租户身上，因为这将导致更多人须要救济。因此，收税机构对收税人进行了分类，每年租金为四英镑及以下的佃农无须缴税。不属于税收豁免阶层的人被迫为爱尔兰严重的贫困问题买单。由于不愿看到自己剩余的资金逐渐被新《济贫法》榨干，一些有远见的爱尔兰人选择移民，打算前往收税者鞭长莫及的地方。于是，新《济贫法》逼迫爱尔兰人发动了第二次移民运动。④

除了新《济贫法》，一场无情的"清地"运动也刺激了爱尔兰人的移民欲望。1845秋，大多数爱尔兰人不再履行义务。政府官员别无选择，只能强制要求民众履行义务。于是，很多人被驱逐出门，他们的住所被夷为平地。地主的仆

---

① 《爱尔兰救济委员会第一年年度报告》，《议案》，1847年到1848年，第33卷，第13页。——原注
② G.P.斯克罗普：《爱尔兰穷人法》，伦敦，1849年。——原注
③ 《调查爱尔兰济贫法运作的上议院特别委员会报告》，议会文件，1849年，第16卷，第498页。《关于爱尔兰遇险救济程序的文件》，第30页。——原注
④ 《爱尔兰皇家农业改良协会的报告和交易》，1848年到1849年，第95页。《关于爱尔兰遇险救济程序的文件》，第20页。《调查爱尔兰济贫法运作的上议院特别委员会报告》，议会文件，1849年，第16卷，第104页。——原注

人和代理人挥舞着撬棍。①一个人穿过爱尔兰地区,看到破碎的山墙和小屋的房梁残迹,以及曾经是茅屋的泥土堆,惊叹道:"我好像在跟踪一支入侵的军队。"②然而,这片废墟并不都是由铁石心肠的地主造成的。许多房屋已经无人居住。接下来的移民潮出现回落。但1849年,外流人数再次急剧增加。

1848年,爱尔兰移民数量的下降在人们的意料之中。一些人在爱尔兰尚未扎根,1847年的动荡就使他们动摇了。当时,爱尔兰移民运动的突出特征是:在接下来的半个世纪内,中产阶级农民和佃农逐渐离开爱尔兰。③从魁北克和圣劳伦斯出发前往美国的路线由于格罗斯岛声名狼藉,与1847年相比,更多的移民经海路驶向美国。加拿大下议院的立法者规定,每个到达加拿大的移民必须缴纳二十先令税。因此,前往加拿大的费用越来越高。④从爱尔兰到加拿大和美国的费用几乎相同。增税过后,前往加拿大港口所需的税费与去纽约和波士顿的税费一样。虽然"船热"像往年一样再次爆发,但船上并不全是尸体,医院里也不全是奄奄一息的病人。

还有一个因素造成了1848年爱尔兰移民人数的下降。1847年,冒着风险种下马铃薯的农民出乎意料地获得了大丰收,使其他人备受鼓舞。1848年春,很多人种下了马铃薯。种马铃薯的成本很高,但只要能获得种薯,任何代价都不算高。一些人卖掉了家里的牛、家具,以及几件能称作衣服的破布。每个人都焦急地关注着马铃薯的长势。⑤1848年7月,打算移民已经太晚,马铃薯疾病出现了。1848年8月,马铃薯疾病以惊人的速度传播。1848年9月,爱尔兰的马铃薯收成与1846年一样。⑥

---

① G.P.斯克罗普:《英格兰、苏格兰及爱尔兰游记》,伦敦,1849年,第18页、第29页。——原注
② G.P.斯克罗普:《英格兰、苏格兰及爱尔兰游记》,伦敦,1849年,第29页。——原注
③ 《伦斯特快报》,1848年2月19日、1848年10月28日。《移民和殖民主义倡导者》,伦敦,1848年9月30日、1848年11月18日、1849年6月16日。——原注
④ 《J.N.格拉内斯的信》,1848年4月7日。《F.W.C.默多克的信》,1849年2月6日、1849年3月30日。《魁北克水星报》,1848年9月9日。——原注
⑤ 《爱尔兰农民公报》,1848年2月6日。《伦斯特快报》,1848年8月26日。《关于爱尔兰遇险救济程序的文件》,第16页。——原注
⑥ 《粮食交易所快报》,1848年7月17日、1848年8月21日、1848年9月18日、1848年10月9日、1849年1月15日。——原注

大多数爱尔兰人知道，这是他们能做的最后努力。他们再也无法抵抗大自然和英国政府。1848年到1849年冬，爱尔兰人沮丧到了极点。连续的疾病、饥饿和失业仿佛是留在父辈土地上的人的宿命，甚至一直劝教徒留在家里的牧师也建议人们离开。①从美国寄来的信告诉爱尔兰人，美国有很多吃的、喝的和用的。美国的爱尔兰移民已经克服最初的困难，一致建议留在爱尔兰的亲友"跟我们来"！

在这种情况下，所有阶级唯一感兴趣的话题就是移民。爱尔兰农民不再准备春耕，而是讨论何时离开、如何离开等问题。为了凑够家庭"移民基金"，人们典当了家里的物品。典当的物品包括缰绳、马鞍、锡盘、黄铜烛台、家具等。②来自美国的汇款激增，坚定了爱尔兰人"移民帮移民"的信念。1847年，商船为爱尔兰带来了粮食补给，同时为爱尔兰移民提供了充足且廉价的搭乘机会。③1852年，始于1849年的爱尔兰移民潮达到顶峰。

与此同时，一项新的议会法案增加了爱尔兰土地使用权的不稳定性，加速了爱尔兰人口的外流。一个新地主阶级的出现对爱尔兰的发展产生了有利影响。爱尔兰人摆脱了父辈的债务，有足够的资金改良土地、购买家畜，但财产转让的形势依然欠佳。由于累积债务和未缴纳税款的不确定性，土地购买者几乎不可能一身轻。④为了解决这种情况，1849年通过的《土地抵押条例》成立了一个专门的法院，主管爱尔兰所有土地转让问题。法官判决推翻了以前的所有债务。接下来的几年中，法院发挥了良好作用。土地购买者主要是正在寻求有利可图的投资的英格兰人和苏格兰人。新地主对爱尔兰居民没有任何感情，与爱尔兰社区毫无关系，也没有足够的剩余资本，无法容忍佃农拖欠租金。此外，他们

---

① 《自由人报》，都柏林，1849年5月2日。《移民和殖民公报》，1849年3月17日、1849年5月5日。——原注
② 《自由人报》，都柏林，1849年4月13日。《关于爱尔兰遇险救济程序的文件》，第111页到第112页、第116页、第119页。——原注
③ 《调查爱尔兰济贫法运作的上议院特别委员会报告》，议会文件，1849年，第16卷，第517页。——原注
④ 《粮食交易所快报》，1849年4月30日。《农业和工业杂志》，都柏林，1849年，第1期，第364页、第476页、第481页、第487页。《伦斯特快报》，1848年11月11日。——原注

相信爱尔兰的未来在牧场上。于是,他们将土地清理干净,驱逐了原有居民,从而导致爱尔兰移民人数增加。

另外一项立法对爱尔兰移民运动产生了间接影响。为了确保英国的食品价格比垄断农业国家规定的价格便宜,《谷物法》被废除。但另一种垄断依然存在,即航运。1849年,英国议会终止了《航海法案》,使大不列颠群岛的运输贸易国际化。虽然废除《航海法案》的目的并不是使运输贸易国际化,但英国议会的这项举措保障了英国移民较低的通行费用。然而,正如随后论断揭示的那样,在欧洲,《航海法案》的废除产生了深远影响。

从表面上看,1848年后,德意志的移民潮似乎是由政治因素而非经济失调引发的。以往任何时候,美国的共和国体制都没有像现在这样,受到国民的尊重。定居美国的移民的每一封来信都在比较专制政府和共和政府之间的差异,起到了政治宣传作用。①当自由主义记者描述乌托邦时,他们指的其实就是美国。以政治家自居的人建议欧洲各国政府做出改变,并且提倡以美国为效仿对象。普鲁士内政部长呼吁留意来自纽约和圣路易的教义和资金,建议将移民引到实行君主制的国家。一位极端保守的编辑甚至敦促普鲁士军队从海上逃离,以便永远摆脱美国人的威胁。②

对美国共和政体的钦佩并不足以使德意志人迈出如此重大且实际的一步,举家迁往一个陌生的国度,同时效忠这个国家。在德意志的移民运动中,曾经参加暴乱的人起了重要作用。1848年开始,德意志各地出现了零星的、无组织的暴乱。1849年,巴登发生严重暴乱。暴乱被镇压后,巴登政府面临一个难题,即关押数千名政治犯需要一大笔费用,释放政治犯又存在危险,并且会让政府失去威信。为了摆脱困境,巴登政府提出自费将这些人送到美国。令人惊讶的是,只有十几个人愿意前往美国,绝大多数人甘愿在国内坐牢或被处死。③

---

① 《科隆报》,1852年3月3日。《厄恩斯特·施文德的信》,1847年4月15日。《查尔斯·格雷柏的信》,1853年1月31日,《领事信函》,黑森—卡塞尔。——原注
② 《科隆报》,1853年9月17日。——原注
③ 《莱比锡报》,1849年8月16日、1849年11月4日、1849年11月16日。《新苏黎世报》,1849年11月4日。——原注

同样犹豫不决的是一万名造反者。这些人虽然躲过了军队的追捕，在瑞士找到了庇护所，但似乎不太受欢迎。美国和欧洲某些地方的委员会为这些人筹集资金。①美国人表现出的同情和宣扬的自由使美国成为德意志人的理想之地。为此，1849年7月，对移民计划感兴趣的德意志人在苏黎世召开了会议。会议旨在拟订相关行动计划。但只有少数人出席了会议。有号召力的人不愿领导此次行动。②

　　最终，前往美国的德意志人是出于其他原因。趁警察不注意时，一些违反了法律的无名之辈偷偷溜回德意志。③有头有脸的人收到了美国的邀请，同时收到了美国的资助。1850夏，瑞士的很多地区急于摆脱不速之客，筹集了一万法郎帮助德意志人离开，从而造成了一次大规模迁徙。④一些不愿离开欧洲的德意志人定居在伦敦。但事实证明，伦敦只是前往更遥远目的地的中转站。在零散的德意志群体中，一个个移民陆续离开。1848年到1849年的大规模移民运动开始了。

　　在美国定居者名单中重复出现的杰出人物有金克尔、赫克、舒尔茨、西格尔等。历史并没有记载这些人在政治或文化方面取得的成就，只记载了他们移民美国的原因。美国人对一事无成、耽于过往的移民失去了兴趣。很多自以为是、沉湎于过去的移民甚至失去了同胞的支持。此外，他们对什么都看不惯，成为美国社会的激进分子，正如他们在国内也是政治激进分子一样。在某种程度上，19世纪50年代的"一无所知暴乱"⑤是针对美国社会激进分子及其观念的。

　　总之，移居美国的德意志政治难民只有几千人。那么，究竟是什么原因导致其他国家的七十五万人背弃了自己的祖国呢？其中，大多数移民是神情严肃的农民、双手长满老茧的工人，以及忧心忡忡的工匠。这个阶层与政治没有什么关系，与革命毫不相关。他们来自反动行为并不激进的地区。但在这些地区，做生意很难，贸易和农业前景黯淡。⑥因此，改善经济状况的欲望驱使当地人移民。

---

① 《莱比锡报》，1849年8月8日、1849年9月9日、1849年10月14日。——原注
② 《莱比锡报》，1849年6月1日、1849年7月30日、1849年8月2日、1849年8月4日。——原注
③ 《莱比锡报》，1849年8月22日。——原注
④ 《莱比锡报》，1849年9月15日、1850年1月16日、1850年7月3日。——原注
⑤ "一无所知暴乱"（Know-Nothing Agitation），美国"民族主义一无所知党"在19世纪中期发动的政治暴乱，其目的是反移民和反天主教。
⑥ 《科隆报》，1852年3月3日。《莱比锡报》，1851年7月26日、1852年6月25日。——原注

舒尔茨

　　1848年，德意志的移民人数比1847年少。自由似乎是德意志人的移民动机。当自由触手可及时，移民浪潮犹疑不定，仿佛在等待最后的斗争结果。但其他因素对德意志移民运动产生了重要影响。德意志移民必经的两个重要港口都不能正常通行。二月革命彻底摧毁了法兰西的贸易。法兰西政府颁布戒严令，阻止春季移民过境。①不来梅接管了竞争对手——法兰西人拱手相让的客运。以前，不来梅因荷兰商人的尴尬处境获利。但汉莎同盟城市面临诸多麻烦。施勒斯维希-荷尔斯泰因的丹麦公爵领地之间战事不断。面对汉堡和不莱梅可能采取的非中立行动，丹麦舰队采取了先行措施，封锁了德意志北海海岸。丹麦舰队实

---

① 《查尔斯·尼古拉的信》，1848年3月7日。《W.J.斯台普斯的信》，1848年3月31日。《新苏黎世报》，1848年11月18日。——原注

安特卫普

力强大，很少有船愿意冒险。于是，卖船票的人选择将旅客送到从伦敦雇来的美国船上，或者通过安特卫普港。①实际移民人数比往常少，因为在战争期间，想要移民的人很难售出国内的地产。②

1849年，德意志国内的商业恢复正常。虽然冬季休战，但北海再次爆发战争，封锁行动重新展开。然而，不来梅对此次战争早有预见，已经让移民船经由埃姆斯河停靠在奥尔登堡，让乘客们走陆路撤离。③尽管移民数量不断增加，但出售财产的难度越来越大。移民们怨声载道。事实表明，在物质财富和社会

---

① 《查尔斯·格雷柏的信》，1848年7月19日，《领事信函》，黑森-卡塞尔。《W.H.罗伯森的信》，1848年3月17日、1848年7月14日、1848年8月21日。——原注
② 《W.H.罗伯森的信》，1848年3月17日。——原注
③ 《德意志移民报》，鲁多尔施塔特，1849年4月，第34期，第135页；1849年5月，第39期，第155页。——原注

地位方面占优势的人更急于移民。①为了尽快逃离战争,他们愿意放弃自己的财物。这表明他们对德意志的未来感到恐惧。

德意志自耕农一直渴望修改由法律和习俗规定的义务,即向地主和教会缴纳部分粮食。改革者的立场是:在其他农业交易都以金钱交易为基础的时候,义务缴纳粮食可以用交钱代替。二十年来,德意志的一些地区,尤其是萨克森地区,很多法律和财政问题都涉及有关义务缴纳粮食的争论,并且逐渐形成了公认的原则。但直到1848年,德意志其他地区还在犹豫要不要采取改革措施。

1848年,德意志各城市中的工人纷纷起义。只有当农民不满土地改革进程的滞后并加入暴动队伍中时,工人们才有希望获得成功。国王、公爵和大臣们充分意识到了眼前的危险,立刻向农民提供了农业发展所需的一切要素。他们召集了立法委员,将提案放在议员面前。1848年年底,提案通过。这项提案提出了以金钱替代实物的缴税方式,并且为人民提供了十五年或二十年的贷款。不需要交利息的人只需向领主缴纳本金总额。然而,即使是节俭的德意志人,也没有足够的储蓄。此外,德意志没有可以提供贷款的现有农业信贷机构。因此,德意志政府成立了官方地产银行。在有关财产抵押贷款中,官方地产银行提供了必要数额的贷款。德意志农民每年都要向官方地产银行支付一笔年金,直到还清所有本金和利息。②

德意志议会通过的提案是对时代精神的谨慎调整。如果一切保持正常,这项提案将被誉为和平革命的伟大胜利之一。但当时的情况不太正常。德意志金融市场受到各金融中心政治冲击的干扰。作为唯一还款来源的农作物未能保持平均产量,土地抵押贷款的狂热做法与德意志农民传统的谨慎态度相悖。爱尔兰佃农多了新地主,每年要向地主偿付租金。德意志农民也多了新主人,每年必须受制于没有人情味的贷款机构。对爱尔兰人和德意志人来说,悲惨的日子还在后面。

---

① 《W.J.史泰博的信》,1849年5月17日。《农业报》,莱比锡,1849年4月20日。《莱比锡报》,1849年2月20日、1849年4月3日。《德意志日报》,1849年9月2日。——原注
② 阿尔伯特·朱迪:《德意志的基本救济》,莱比锡,1863年,第4页到第7页、第223页、第230页。——原注

与欧洲的混乱局势相反，1849年年初，一夜之间，加利福尼亚的淘金故事从一个港口传到了另一个港口，从一座村庄传到了另一座村庄。在长途跋涉到合恩角的人当中，有一些不畏辛苦的年轻绅士、希望记录阿尔戈英雄功绩的诗人，以及来自偏远地区想要到远方冒险的无名之辈。德意志人、爱尔兰人、瑞典人、法兰西人、波希米亚人和丹麦人，几乎每个民族的人都被加利福尼亚的淘金热吸引。所有人都很兴奋。一些人淘到了金子，但一些人一无所获。淘金者不是典型的平原人，也没有计划在接下来的十年中带领自己的家人到美国西部拓荒。他们没有开辟新的移民途径，也没有继续移民。其中，大多数人最终回到了祖国，或贫穷，或富裕。①

许多移民穿过平原，穿过巴拿马丛林，绕过合恩角，涌向加利福尼亚。对每个移民来说，如果打算放弃祖国的生意和产业，就必须另找事业代替之前的事业。在美国，体格健壮的欧洲人无论曾经从事什么职业，讲何种语言，都找到了适合自己的地方。工厂、船厂和劳务承包商挂出了"招工"告示。移民如果不喜欢城市和贫民窟，还可以在农场找到工作，因为农场的雇工已经溜到加利福尼亚淘金去了。②

其他一些因素加快了美国人口的西迁，为外国移民提供了机会。墨西哥战争的领土收购、摩门教占领犹他州、俄勒冈山谷移民的繁荣发展等，激起了美国人对刚刚获得的新领地的憧憬。此外，参战者会得到补贴。1847年，美国国会奖给每个退伍军人一百六十英亩公有土地，即使其中一些军人只在当地的民兵营服过役。③美国政府的各项举措促进了西迁运动。南方人让自己的子女占领了西南部的新棉花地，新英格兰农民从山坡上涌向肥沃的草原。

在美国，大多数欧洲移民没有钱成为种植园主，也不想去康涅狄格和佛蒙特开垦荒地。但在老西北地区，许多英国、德意志和挪威农民找到了自己想要的

---

① 《E.W.埃尔斯沃斯的信》，1849年2月21日。《乔治·班克罗夫特的信》，1849年1月12日。《移民与殖民者公报》，1849年1月13日、1849年1月20日。《莱比锡报》，1853年9月10日。——原注
② 《移民与殖民者公报》，1849年1月20日。《伦斯特快报》，1849年1月20日、1849年4月14日。《粮食供应所快报》，1849年2月26日。——原注
③ 《美国国会法案及决议案汇编》，第9卷，第9页、第125页。《移民者报》，1851年11月29日。——原注

向美国西部迁徙的摩门教徒

土地,用仅有的积蓄买了一块土地。一片四十或八十英亩的混交林、一方草场、一块耕地、一间木屋、一个有水井的原木仓库或一片果园,都能满足移民内心深处的渴望。移民们开始在老西北地区扎根散叶。每当俄亥俄州、印第安纳州或威斯康星州的农民装好马车,向密西西比河出发时,通常意味着一个外国家庭很快会在密西西比河畔定居。①

随着密歇根北部的开放,移民们有了更多机会。奇怪的是,过去,密歇根北部地区并不被人们看好,原因可能与气候、水资源、土壤和税收等有一定关系,但主要原因是外界与密歇根内部没有任何天然交流。移民们零星定居在密歇根沿海地带和连接底特律和芝加哥的地区。一条与密歇根中部铁路平行的公路修建完成后,支路延伸到了密歇根北部的大树林。于是,人们的担心消失了。密歇

---

① 《移民和殖民地公报》,1849年3月17日。《移民者报》,1850年10月22日。《德意志日报》,1854年2月26日。——原注

根南部地区的欧洲移民目睹了19世纪50年代密歇根人口的北上运动,于是买下了密歇根南部的农场。①

宾夕法尼亚北部和纽约南部出现了与密歇根州类似的情况。伊利铁路打通了哈得孙河下游地区和五大湖水域之间的一条捷径。此前,由于交通不便利,哈得孙河下游地区许多肥沃的山谷人烟稀少。现在,伊利隧道穿过山区,桥梁横跨山谷,哈得孙河下游地区吸引了很多人,其中包括移民。这些人在城市中的工作能使他们实现理想。哈得孙河下游地区并不发达,坐落在五六座城市的门户口。就像大多数人渴望的冒险那样,哈得孙河下游地区的移民逐渐向遥远的边境地区延伸。人们普遍认为,在边境地区发展的人比在内陆地区发展的人机会更多。②

欧洲各国无法为需要农场的人提供农场,也无法为没有钱但身体健壮的人提供工作。然而,19世纪中叶,美国能为移民提供农场和工作。世界上最伟大的移民运动已经搭好舞台。

---

① 《移民者报》,1848年9月25日、1849年9月14日、1850年3月26日、1850年10月12日。——原注
② 《德意志日报》,1850年3月21日、1851年1月4日、1851年1月7日、1851年1月9日、1851年3月1日、1851年10月9日、1851年12月23日。——原注

第 13 章
大移民

精彩看点

庞大的移民人数——爱尔兰农场主试图通过补贴穷人的交通费用解决移民问题——马铃薯重新成为爱尔兰的大众化食物——德意志移民数量暂时减少——粮食短缺和贫困问题——资本迁移与劳动力迁移——监督移民中介——移民贸易——越来越多移民从利物浦起航——瑞士移民运动的特征——摩门教教士的传教活动——挪威王国的民族大迁徙——航海条件的改善——土地代理商——爱尔兰移民与美国本地工人展开竞争——所有生活在美国的人决心融为一个民族

不管是古代还是现代，人们都用"伟大"一词形容大规模移民运动。广义上，大移民指哥伦布发现新大陆以来的欧洲人西进运动。狭义上，大移民指拿破仑战争结束后的一个世纪，人们涌入美国的历史。在一些历史书中，指代更明确的是1850年到1860年，约二百六十万外国人涌入美国，美国的外国居民从二百二十四万四千六百人增加至四百多万人。其间，爱尔兰移民的数量从九十六万二千人增加到一百六十一万一千人，德意志移民从五十八万四千人增加到一百二十七万六千人，英国移民从二十七万九千人增加到四十三万三千五百人，法兰西移民从五万四千人增加到十一万人，瑞士移民从一万三千人增加到五万三千人，北欧移民从一万八千人增加到七万二千五百人，甚至更多。① 与美国本土人数相比，此次移民数量庞大，定居地域广阔，奠定的文化基础深厚。随后几十年中，美国的移民人数不断增加，但没有给美国文明带来更深远的影响。

在爱尔兰，1851年的移民人数比1850年多，1852年的移民人数更是创造了一个里程碑式的记录。② 一名社论作者评论道："《济贫法》导致爱尔兰人口大

---

① 《美国移民委员会的报告》，1911年，第3卷，第416页。——原注
② 《移民专员的报告》，《议案》，1864年，第16卷，第13页。——原注

量外流。"①爱尔兰贫民救济税的负担逐渐减轻，但每年减轻的程度不大。②灾难深重时期，涌进济贫院的人不是死了就是移民了。然而，移民者离开前留下了妻儿。两三年后，移民者返回家乡接走了家人，从而减少了爱尔兰政府的济贫开支。但大量孤儿仍然是社会的负担。随着孤儿年龄的增长和粮食需求的增加，济贫所需的费用逐渐增加。因此，未来十年内，纳税者交的税不可能减少。起初，爱尔兰农民相信自己能经受住暴风雨的袭击。但最终，持续的压力使许多爱尔兰农民感到失望。虽然粮食价格和市场有所改善，但农民的额外开支超过了收入所得。③每年，一些生活还算舒适的爱尔兰人放弃挣扎，加入了跨越大西洋的移民队伍。

在爱尔兰的许多工会中，农场主试图通过补贴穷人的交通费用解决移民问题。虽然目前的支出很大，但移民计划最终能推动爱尔兰经济的发展。如果没有美国和加拿大港口抗议活动的阻挠，爱尔兰将广泛实行移民补贴制度。移民到达美国后，教区发放的几先令根本不够维持一星期的生活。④没有朋友帮助的移民只能努力适应新生活。与自费来美国的移民不同，依靠补贴来到美国的移民身上缺乏动力和精神，只是从爱尔兰的穷光蛋变成了美国的穷光蛋。

与希望贫民离开故土的人的资助相比，由希望移民留在美国的人出钱资助移民效果更好。尽管银行家、神职人员和其他人提供了一些数据，但没有人知道美国慈善家汇款数额的大致数目。但显然，美国慈善家的帮助效果显著。一封夹着美国货币的信、一张教区牧师送来的汇票，以及利物浦一家船运公司的雇佣合同，都属于资助的一部分。⑤一个爱尔兰家庭通常会集全家财力将一个年轻人送出去。移居美国的年轻人会竭尽全力履行义务，因为他知道越早返回家乡，

---

① 《国王郡纪事》，帕森斯敦，1853年10月26日。——原注
② 《A.劳伦斯的信》，1851年12月2日。——原注
③ 《粮食交易所快报》，1852年1月19日、1852年3月28日、1852年5月23日、1853年10月3日、1854年9月4日。——原注
④ 《伦斯特快报》，1851年10月18日、1851年10月25日。《粮食交易所快报》，1849年2月19日。《C.亚历山大·伍德的信》，1849年10月16日。《A.劳伦斯的信》，1851年3月7日。——原注
⑤ 《国王郡纪事》，1853年3月23日。《粮食交易所快报》，1853年3月28日。《F.W.C.默多克的信》，1849年5月17日。《殖民地和移民专员第九次报告》，《议案》，1849年，第22卷，第2页。——原注

邻居就会认为他越成功。因此，年轻人接受了第一份工作，无论工资多少，并且住在租金最便宜的房子里。这种奉献精神使年轻人甘愿过清贫生活，但激起了美国当地工人的敌意。①1854年，一些评论者扬言，"将亲戚接过来"是移民持续发展的唯一动力。

当然，导致移民的最初原因逐渐消失。旧体制中被称为"小持有者"②的佃农消失了。以前的地主通常出租四到十英亩土地，现在的地主出租二十到五十英亩土地。③已经变成劳工的佃农不再担心找不到工作。1851年收获季节，由于劳动力不足，爱尔兰各地怨声四起。1852年，爱尔兰农民收入减少，很多人觉得自己的付出与收获不成正比。1853年，由于很难雇到帮手，爱尔兰农民延误了庄稼收割。1854年，劳动力需求越来越大，爱尔兰农民甚至恳求他人来干活。④

马铃薯重新成为爱尔兰的大众化食物。小农场主开始小心翼翼地试种马铃薯，随后变得信心满满。尽管有一段时间，爱尔兰人没有种植马铃薯，但现在，马铃薯已经成为爱尔兰人生活中不可缺少的一种食物。爱尔兰农民看着芜菁、牧草和小麦，以及其他政府和新闻界鼓励他们种植的作物，希望得到大自然的回馈。虽然每年7月都有突发状况出现，相当一部分农作物会遭受病虫害，但病虫害越来越少。1853年丰收时，持怀疑态度的人转变了观念。一位地主与佃农攀谈时，佃农说："今年的吃喝全靠这块土地了。"1854年春，爱尔兰农民用积蓄买了种薯，播种了一大片马铃薯，就像1846年前那样。⑤

虽然爱尔兰国内情况好转，但移民运动仍在继续。批评家们将这一现象解

---

① 《保守党》，德罗赫达，1853年3月19日。《爱尔兰农民公报》，1851年4月5日、1852年9月3日、1853年7月9日。《移民和殖民主义倡导者》，伦敦，1848年9月30日。《粮食交易所快报》，1853年2月14日。——原注
② 《解决贫困委员会的报告》，《议案》，1854年，第17卷，第118页。——原注
③ 《农业和工业杂志》，都柏林，1849年，第1期，第470页。《解决贫困委员会的报告》，《议案》，1854年，第17卷，第182页。——原注
④ 《爱尔兰农民公报》，1851年8月23日、1851年9月27日、1853年9月17日、1854年9月2日、1854年9月23日。《伦斯特快报》，1852年8月28日。——原注
⑤ 《爱尔兰农民公报》，1849年3月31日、1852年1月10日、1852年9月3日、1853年3月28日、1853年5月21日、1853年10月15日、1854年4月22日。《粮食交易所快报》，1851年4月21日、1851年6月16日、1854年4月17日、1854年5月29日。——原注

释为"全民狂热"。爱尔兰人已经对散落在乡间的船运公司宣传单、广告牌上的航海通告和试图吸引人们兴趣的私人信函司空见惯。①此外,对爱尔兰人来说,高工资也是一种诱惑。一些爱尔兰人认为,如果国内的情况转好,那么国外的情况可能更好。爱尔兰移民只是做了看似理性的事,之前成功的人怎么做他们就怎么做。②不过,并不是所有爱尔兰移民都去了美国。早在1852年,美国东部城市就出现了非熟练工人过剩现象,加上这些地区不断兴起的本土保护主义运动,兰开夏郡的居民越来越多。对爱尔兰移民来说,兰开夏郡工业区的吸引力与美国工业区别无二致。③

19世纪50年代后期,英国人的移民动机变得越来越不明显。曾经预言的农业灾难并没有发生。不过,一开始,厄运似乎真的降临了。1851年,数以千计的自耕农厌倦了在低粮价与高租金之间苦苦挣扎,离开了美国。④1852年,美国的前景依然不太好。很多移民开始对澳大利亚的农业充满希望,加上澳大利亚淘金热的诱惑,移民潮转到了英属澳大利亚殖民地。一个家庭到澳大利亚所需的费用与到美国中部地区的费用一样。⑤由于澳大利亚航线的航运需求增大,大西洋航线上的一些船撤了下来。于是,通往美国海岸的运费逐渐上涨。⑥澳大利亚的黄金刺激加快了英国落后制造业的发展,同时帮助了英国农民。随着英国各城市对食物需求的增多,英国农民满怀希望地扩大了种植面积。收割季节很快来临,但英国农民找不到足够的劳动力,只好出高价请人来收割庄稼。工人们心情愉快,丰衣足食。在生活条件普遍得到改善的情况下,救济院里的妇女和儿童

---

① 《粮食交易所快报》,1853年4月18日、1853年8月8日。《自由人报》,1851年5月1日。J.H.伯顿:《个人移民和集体移民》,爱丁堡,1851年,第13页到第14页。——原注
② 《A.劳伦斯的信》,1851年12月2日。——原注
③ 《粮食交易所快报》,1853年5月23日、1853年7月18日。《爱尔兰农民公报》,1851年4月5日。——原注
④ 《粮食交易所快报》,1851年4月7日、1851年9月8日、1851年9月29日、1852年1月5日。《A.劳伦斯的信》,1851年3月7日。——原注
⑤ 《粮食交易所快报》,1852年5月24日、1852年5月31日、1853年3月7日、1853年3月14日。《英美移民手册》,爱丁堡,1851年,第3页。——原注
⑥ 《移民者报》,鲁多尔施塔特,1853年3月8日。L.C.康福德:《海上航母:1825年到1925年》,1925年,第35页、第38页到第39页。——原注

减少了。①1854年，劳动力缺乏成了英国农村面临的问题。移民不仅是为了工作和生计，还有其他目的。②

在德意志，农民的境况也不太好。1850年，德意志移民数量暂时下降，美国驻德意志大使认为，德意志农民在变卖地产时遇到了困难。③由于德意志国内政治混乱，加上粮食市场不景气和悬而未决的外交政策，战争一触即发。这一切导致德意志农民的土地卖不出去，然而，以前，地产是最有价值的资产。现在，只有不惜降价出售土地的人才能离开德意志。

然而，接下来的几年，越来越多德意志农民愿意低价出售土地。德意志人之所以能避免爱尔兰人经历的灾难，是因为德意志的经济结构没有完全依赖单一作物。然而，莱茵河上游沿岸的农民与爱尔兰佃农一样，固执地坚守着自己的马铃薯田。1848年后，莱茵河上游沿岸农民的心情随着农作物的生长而变化，时而满怀希望，时而伤心绝望。1849年的大丰收让德意志农民重拾信心。于是，1850年，德意志农民扩种了马铃薯。结果，当时的马铃薯产量仅比种薯多一点，德意志农民再次陷入绝望。1851年，德意志的马铃薯种植面积减少到之前的三分之一，但收成依然不乐观。然而，1852年的马铃薯产量恢复了德意志农民种植马铃薯的信心。1853年，德意志农民再次迎来大丰收。因此，德意志人认为灾难已经过去。与此同时，德意志的其他农作物却收成不佳。1850年，黑麦产量让德意志农民心灰意冷，葡萄酒品质越来越差。1852年，农业状况并没有得到改善。④接下来的两年，病虫害、冰雹和洪水打破了德意志人的希望。直到1854年秋，德意志的农业危机才结束。⑤

---

① 《粮食交易所快报》，1851年8月18日、1851年10月6日、1851年10月27日、1852年1月5日、1852年4月5日、1852年5月17日、1852年12月13日、1853年1月24日、1853年4月11日、1853年5月30日、1853年8月22日、1853年8月29日。——原注
② 《粮食交易所快报》，1854年1月2日、1854年1月30日、1854年2月20日、1854年5月8日、1854年8月14日、1854年8月28日、1854年10月9日、1854年12月4日。——原注
③ 《查尔斯·格雷柏的信》，1850年8月5日，《领事信函》，黑森-卡塞尔。《拉尔夫·金的信》，1850年1月18日、1851年1月14日，《领事信函》，不来梅。——原注
④ 《莱比锡报》，1850年10月26日、1851年9月8日、1852年3月6日。《德意志移民报》，1851年11月6日、F.巴塞尔曼·乔丹：《葡萄种植史》，法兰克福，1907年，第3卷，第752页。——原注
⑤ 《粮食交易所快报》，1853年7月19日。——原注

动荡的时局也影响了德意志工匠和技师的生活。革命打乱了德意志国内的贸易,关于战争的谣言限制了出口,农村的贫困处境冲击了国内市场。关税同盟的未来是德意志工业最大的希望,但未来形势主要取决于外交事务的进展。奥地利越来越嫉妒邻国日益繁荣的商业。虽然缺乏对移民职业的准确统计,但一些移民中介和运输机构的零碎记录表明,当时,很多德意志技术工人逃到了美国,将美国视为避难所。[①]

与此同时,粮食短缺和贫困问题一直困扰着德意志的每一位官员和每一个慈善机构。路边成群的乞丐让人们想起了1846年到1847年的残酷景象。1851秋收后,由于谷物和马铃薯短缺,冬天的情况十分严峻。只有最积极有效的赈济措施才能使德意志工业城市和乡村远离饥荒。[②]如果德意志的情况和爱尔兰一样,那么饿殍遍野在所难免。直到1852年马铃薯大丰收,德意志的情况才有所好转。

然而,在重压之下,德意志小农场主的信贷资金链已经断裂。金融灾难如同饥荒一样,将大批小农场主无情地赶出了德意志。19世纪50年代初,德意志小农场主阶层有三个债务来源。首先,小农场主中的许多人抵押贷款。1845年前,高资本和低利率鼓励小农场主大胆投资。其次,1845年到1847年,许多德意志农民以借债为生,等到1851年到1852年的灾年,他们已经无力偿还巨额贷款。最后,1848年后,德意志农民只有每年上缴一笔钱才能免除封建义务,拒绝交钱的农民会受到政府的制裁。

如同生活迫使爱尔兰租户拖欠租金一样,德意志农民也无法践约。与爱尔兰的乡村"清地"一样,德意志人丧失了抵押品赎回权,很多人的土地被卖出。于是,德意志人被迫漂洋过海。[③]在大多数情况下,一名父亲会在颜面尽失前采取行动。一些德意志人意识到了即将到来的命运,为了保留尊严和仅有的财产,贱

---

① 《德意志移民报》,1854年10月10日。——原注
② 《德意志土地和森林报》,柏林,1855年,第32期,第103页。《德意志日报》,奥格斯堡,1852年7月7日、1853年1月1日。——原注
③ 《科隆报》,1853年5月17日。——原注

拿破仑·波拿巴（拿破仑三世）

卖了土地，还清了债务，带上健壮的儿子前往美国西部。①启程时，这些人并非身无分文。因此，德意志移民和爱尔兰移民有一些相同之处。

对欧洲心怀绝望和对美国满怀希望的两种情感战胜了德意志人心中对移民的恐惧。德意志移民坚信自己选择了正确的道路。②当时，一些事件加剧了政治对抗中德意志人之间的不信任。公社对个人事务和商业事务的监管从来没有像现在这样严格。时运不济，人们找不到出路。与此同时，法兰西的形势变幻莫测，拿破仑·波拿巴成了总统，又从总统变成了皇帝。很多人对欧洲未来的和平忧心忡忡。德意志会成为高涨的沙文主义情绪的牺牲品吗？

---

① 《查尔斯·格雷柏的信》，1854年1月21日，《领事信函》，黑森-卡塞尔。海因里希·俄辛革：《沙夫豪森的移民》，沙夫豪森，1853年，第7页。阿道夫·莱特：《土地财产的分配》，柏林，1858年，第109页到第126页。——原注

② 《瑞典晚报》，斯德哥尔摩，1852年5月19日。《科隆报》，1852年3月3日。爱德华·佩尔滋：《工人与雇主的立场》，布雷斯劳，1847年，第15页到第16页。——原注

第13章 大移民 | 353

然而，前往美国的德意志移民不断增加。每年从美国寄来的私人信函数量也不断增加。这些信对德意志移民产生的影响胜过人们的担忧。①一个混在移民队伍中的人问了很多人离开祖国的原因。毫无例外，每个人都从口袋中掏出一封兄弟、表妹、儿子、女儿、朋友或熟人的来信，递给他说："读读这些信。"②这些信的内容有黑暗的一面，也有光明的一面，有希望的一面，也有绝望的一面，但不管怎么说，寄信人都一致表明自己不想因回到故乡而放弃追寻新事物。③

1853年到1854年，德意志移民运动达到高潮。虽然农民占主导地位，但其他或高或低的社会阶层也参与了移民运动。移民队伍中的穷人由其所在的公社出资帮助他们离开，如果公社无法支付交通费用，政府就会拨款资助。莱茵河上游大部分地区的人都得到了资助，但数额大小表明，只有在非常时期，人们才会动用这笔钱。④巴登当局制定了一套由地方和个人合作的移民制度，每年帮助数百人离开故土。然而，美国的反对限制了德意志的移民运动。在德意志移民聚居地，十年中移民过来的德意志人中，只有几千人是穷人。

此外，很多小康甚至富裕的德意志家庭也加入了移民队伍。⑤饥饿、经济损失和对政治的不满都不是这些家庭离开德意志的原因。相反，这些家庭代表了德意志的资本迁移，而资本迁移总是伴随着劳动力迁移。在美国，富有的德意志移民看到了将财富从几千增长到几百万的可能性。在某种程度上，他们反映了许多人对欧洲社会和政治前景的不信任。然而，许多德意志移民只是随大流，因为其他人都走了，所以他们也想走。

这种移民热情毋庸置疑。无论对个人还是对公众来说，移民都是治病良方。

---

① 《科隆报》，1852年10月10日、1853年4月9日。《德意志日报》，1853年1月22日、1854年4月7日。——原注
② 《拉斯穆斯》，哥本哈根，1853年，第27页。——原注
③ 《科隆报》，1853年2月23日。——原注
④ 《莱比锡报》，1851年2月21日、1852年7月20日、1853年7月28日。《德意志日报》，1853年6月17日、1853年8月1日。——原注
⑤ 《德意志移民报》，1853年6月18日。《莱比锡报》，1849年4月19日、1852年9月14日、1852年9月17日。《知识界晨报》，斯图加特，1851年5月30日。——原注

但背井离乡的轻率决定有悖于德意志人的传统作风。一名报社记者说,一天晚上,一个德意志农民突然产生了离开的想法,认为移民可能是理想的一步。第二天,他和朋友们商量了一下,坚定了移民的决心。第三天早晨,他和朋友们约定出发了。①一个十三岁的男孩扛着背包出发前往勒阿弗尔,即使父母在国内,他也要到新世界闯出一片天地。②此外,老年人似乎也被移民者的狂热感染,虽然很难调整心态,但他们愿意冒险,希望自己能享受几年无忧无虑的生活。③

早在1843年,德意志政府就改变了态度。当时,德意志政府将移民视为国家的损失,制定了各种规章制度阻止德意志人离开。然而,一些德意志人坚信"放血"会遏制社会动乱的复苏。1848年到1849年,德意志政府做出的让步之一是简化移民的所有法律手续。但在军事防御体系中,德意志政府密切关注需要服兵役的年轻人。当克里米亚战争的乌云笼罩在德意志上空时,德意志政府采取了积极举措。但想要逃避兵役的德意志人很容易从莱茵河溜进法兰西境内,并且法兰西的通行手续往往只是敷衍了事。报纸上刊登的未服兵役的长名单显示,从莱茵河溜进法兰西的逃亡方式具有普遍性。④从汉堡和不来梅逃跑很困难。汉堡和不来梅当局希望与内政部官员保持良好关系,对潜在移民实行严格监督,并且将试图逃跑的人员名单报告给各自的领事馆。

与此同时,德意志政府为了保护移民,开始监督移民中介。移民中介的生意虽然有利可图,但存在很大风险,可能会给当事人带来痛苦。移民中介的成功秘诀在于雇船数量与乘客人数之间的平衡。⑤当这种平衡被打破时——正如经常发生的那样——移民中介通常会想办法尽快运走移民。为了避免出现平衡被打破情况,德意志大多数地区给移民中介颁发了许可证,制定了很多规则防止移民中介不履行合同,明令禁止移民中介的某些做法,如出售通往美国内陆的"通

---

① 《知识界晨报》,1851年5月30日。——原注
② 《莱比锡报》,1853年1月23日。——原注
③ 《新苏黎世报》,1849年12月27日。《晚报》,德莱斯顿,1850年5月2日。——
④ 《莱比锡报》,1854年3月4日。《德意志日报》,1853年4月3日、1854年3月18日。《查尔斯·格雷柏的信》,1853年4月16日,《领事信函》,黑森-卡塞尔。——原注
⑤ 《莱比锡报》,1850年4月20日。——原注

票",因为美国方面缺乏惩罚违约的手段。①移民中介之间竞争十分激烈。一些移民中介采用向导体系引导移民从村庄走向港口,然后带领移民通过第一段艰难的旅程。②

由于勒阿弗尔的一些商人充当了移民中介的角色,大量移民从勒阿弗尔港口出发。汉莎同盟城市通过高效且优良的服务吸引了德意志南方人从这些城市通过,但勒阿弗尔一直认为输送移民是自己的专利。法兰西港口的承运商要求政府提供援助。情况紧急,棉花生产的持续发展需要以最低成本将原棉运送到工厂。要达到这个目标,承运商只能停止移民运输。因此,德意志国家铁路局准许将票价降到以前的三分之一或一半,并且在春季加开专车。③由于政府的让步,勒阿弗尔占据了德意志运输的大部分份额,同时垄断了瑞士的运输。勒阿弗尔还承担了莱茵河下游的移民运输。莱茵河下游的移民无法在安特卫普找到住处,于是继续坐船前往法兰西港口。但由于跨洋移民的性质,比利时政府通过刺激客运发展商运的努力全部白费了。④

当时,虽然道德学家认为移民贸易是可耻的,但汉堡和不来梅的移民贸易依然在如火如荼地进行。移民潮开始时,汉堡和不来梅与内陆铁路展开合作,通过增开专列和降低票价等措施保证了客源。但政策实施起来比较困难,因为内陆铁路是普鲁士人和撒克逊人修建的。因此,德意志政府的善意支持显得至关重要。总体来说,合作达成了。然而,1853年,美国政府拒绝为移民提供便利,并且认为鼓励移民的措施已经太多。⑤

---

① 《官方黄皮书》,布鲁塞尔,1853年11月15日,第3814页到第3815页。——原注
② 《莱比锡报》,1850年4月28日、1852年3月18日、1852年5月24日、1852年6月23日。《德意志商报》,1851年12月13日。《德意志日报》,1852年1月16日。——原注
③ 《勒阿弗尔报》,1854年7月13日。《莱比锡报》,1850年4月28日。《德意志移民报》,1853年6月7日、1854年2月14日、1854年4月15日、1856年1月11日。《德意志移民报》,达姆城,1848年,第2期,第2页、第20页。——原注
④ 赫尔曼·格鲁林:《汉堡时代周报》,汉堡,1866年,第349页、第387页。《德意志移民报》,达姆城,1848年,第2期,第2页、第18页、第273页。——原注
⑤ 《德意志移民报》,1848年10月2日、1848年11月20日、1852年3月30日、1854年3月30日。《莱比锡报》,1853年3月10日、1853年3月15日。《知识界晨报》,1853年7月3日。——原注

每月1日和15日，商船定期起航，不来梅的街道和威悉河的银行乱作一团。不来梅小镇不大，旅馆既不宽敞，也不多，但有足够的空间修建一些临时旅馆。因此，商人们在不来梅港建了一个特殊的寄宿处。对当时的人来说，这个寄宿处是同类型寄宿处的标杆，也是移民最后的栖身之所，为许多欧洲移民提供了庇护所。①为了进一步帮助移民，不来梅当局赞助了一个协会。该协会在火车站、河岸码头和集市上张贴房屋出租信息，为迷茫的移民提供建议。②一般情况下，五千名移民到达不来梅港后，会在四十八小时内离开。来来往往的移民有条不紊地登船离开。③

汉堡的主要困难是承运商无法为即将到来的移民提供足够的船位。很多移民没有提前签合同，认为在挤满船的港口总能坐上船。然而，在汉堡港口，只有一小部分商船前往美国，并且只售客舱船票。这种情况推动了船舶建造业的发展，但远水解不了近渴。④因此，德意志商人们经由英国转载过剩的乘客。这条航线早已建立，可以无限扩张。

利物浦的商人们非常渴望移民贸易。利物浦的繁荣与移民运输密切相关。承运商越来越担心爱尔兰移民会不可避免地减少。在汉堡，承运商看到了新的潜在移民。1851年到1852年冬，新一轮移民运动开始了。承运商向德意志腹地派了数百名移民中介，与移民签订了自由合同。汉堡的很多地方贴满传单，报社也加入了宣传。这次宣传的重点是攻击不来梅，强调从不来梅出发的旅程太长，而坐蒸汽船穿过北海，再乘火车穿过英国，最后从利物浦起航前往美国的路线近很多。⑤很快，有人认为转车、转船可能存在陷阱，增加爱尔兰人在跨大西洋航行中面临的危险。⑥接下来的每一年，尽管大量事件证实这种观点不是危言耸

---

① 《德意志海运》，《德意志季刊》，斯图加特，1850年，第1期，第292页。《移民船》，《凉亭》，莱比锡，1845年，第448页到第452页。《访问不来梅》，《凉亭》，莱比锡，1859年，第228页到第238页。——原注
② 《莱比锡报》，1852年6月12日。《知识界晨报》，1853年9月18日。——原注
③ 《科隆报》，1852年9月11日、1852年4月16日。——原注
④ 《莱比锡报》，1854年1月1日。《德意志日报》，1853年5月19日。《知识界晨报》，1851年5月28日。——原注
⑤ 《莱比锡报》，1852年5月1日、1852年5月24日。《德意志移民报》，1852年4月3日。——原注
⑥ 《德意志日报》，1852年3月13日。《莱比锡报》，1851年9月6日、1852年3月17日。——原注

听,但随着时间推移,英国公司的优势逐渐显现出来。汉堡的移民方式被利物浦的移民方式取代。

赞同从利物浦起航的移民越来越多,但宣传只起了部分作用。当时,新移民潮开始了,但旧移民潮还处在高潮阶段。对来自德意志北部平原的人来说,汉堡是最适合出发的港口。许多来自施勒斯维希–荷尔斯泰因的人在汉堡经历了三年战争。一些战俘虽然获得了大赦,但前途尽失。于是,官兵与平民结伴而行,前往美国艾奥瓦州东部,艾奥瓦州东部被称为新荷尔斯泰因。与这批移民同行的还有担心战后苛税的农民和陷入绝望的劳工。[1]劳工们没有土地,也没有公共权利,为地主干活得到的收入很少。当困难笼罩着德意志北方的粮食出口地区时,没有公社愿意帮助德意志农民,地主也没有义务为贫困人群提供援助。梅克伦堡的情况尤其糟糕,失业率高,物资匮乏。梅克伦堡当局垄断了所有贸易,阻碍了人口的自然再分配。[2]不幸的是,由于战争和欧洲普遍的粮食短缺情况,英国废除《谷物法》并没有产生积极效果。19世纪50年代初,欧洲各国之间的竞争变得越来越激烈。

与英格兰和爱尔兰的情况一样,"地主的恐慌"让梅克伦堡的地主感到惶恐。为了减少开支,梅克伦堡的地主剥削佃农,驱逐对自己没有用的人。因为邻近的庄园和村子都不接受被驱逐的人,所以这些人只能去美国。于是,一场移民运动开始了。十年内,即使德意志其他地区出现了衰退迹象,梅克伦堡的移民潮也一直保持强劲。[3]梅克伦堡的农民从何处获得移民资金无法得知。与德意志西南部的农民不同,梅克伦堡的农民没有可以出售的土地,个人财产也很少。大多数情况下,地主为移民者提供了路费。当移民开始在美国挣钱的时候,他们会帮助后来的移民。需要援助的移民很多。在德意志很多地方,移民数量几乎和爱尔兰的一样。因此,德意志地主们起初抱怨移民过多,后来抱怨资金

---

[1] 《德意志移民报》,1851年4月24日、1851年11月13日、1851年11月15日、1852年3月20日、1853年8月11日。《德意志日报》,1852年4月29日。——原注

[2] J.S.卡尔:《关于外国农村经济》,《日报》,英国皇家农业社会,1840年,第1期,第129页到第130页。——原注

[3] 《莱比锡报》,1854年1月17日。《德意志移民报》,1854年5月6日、1856年6月2日、1860年12月21日。——原注

支出太多。①在普鲁士的波美拉尼亚，几个地区出现了类似的人口流出现象，但在普鲁士南部的汉诺威和奥尔登堡，农民面临的窘境推动了已经很强劲的移民潮。②

19世纪50年代，90%的欧洲移民来自后来并入德意志帝国的地区和公国，剩余10%的移民来自和德意志接壤的国家。这些地区的人移民到美国的部分原因是国内的耕地较少，部分原因是移民是地方性发展的副产品。瑞士与德意志的情况相似。在莱茵河沿岸的山坡和山谷，瑞士人的遭遇与德意志人类似，如不断增长的农村人口和农业债务、轻率的土地改革、动荡的政局、农作物歉收和财政危机等。

然而，瑞士的移民运动有两个显著特征。第一个特征是系统化的补贴手段。立法委员会制定政策，报纸报道移民离开的消息。美国驻巴塞尔大使坚称，瑞士政府这样做是为了摆脱贫民。③但瑞士政府否认了美国驻巴塞尔大使的指责。在瑞士，几乎每个公社都有一片居民共同所有的山地牧场或林地。打算离开的移民可以得到一笔钱，这笔钱代表移民放弃了拥有公共牧场或林地的权利。④毫无疑问，这是一个阴谋，但表面上是一场体面的交易，会对移民的心理产生影响。此外，虽然瑞士政府试图在巴西建立新弗莱堡，在威斯康星州建立新格拉鲁斯，但都以失败告终。不过，瑞士的殖民计划仍在继续推进。瑞士政府虽然拒绝通过金钱或外交渠道援助殖民计划，但基于瑞士移民希望获得官方引导和保护的需求，瑞士政府在勒阿弗尔设了一个代理点，有困难的瑞士移民可以到代理点寻求帮助。⑤

从地理方面来讲，斯堪的纳维亚半岛和丹麦的一些岛屿是北德平原的延伸地带，但18世纪，那里的乡村发展情况与德意志的乡村发展情况截然不同。在斯堪的纳维亚半岛和丹麦，农业劳动者享有更安全的地位。直到十几年前，当地

---

① 埃伦贝格：《祖辈的土地》，第641页。——原注
② 《汉堡通讯》，1851年4月2日。《德意志移民报》，1851年4月15日、1851年11月13日、1851年11月15日、1851年11月18日。——原注
③ 《乔治·H.刚蒂的信》，1846年3月27日、1849年5月28日。——原注
④ 《勒阿弗尔报》，1853年3月6日。《知识界晨报》，1854年2月26日。——原注
⑤ 《新苏黎世报》，1848年10月23日。——原注

农民才开始关注英国粮食市场。因此，对斯堪的纳维亚半岛和丹麦的农民来说，废除《谷物法》意味着机会，而不是通货紧缩。1815年战争结束时，斯堪的纳维亚半岛和丹麦的农民将注意力放在了发展新贸易上。发展农业和修缮道路是当务之急。与波罗的海沿岸一样，哥本哈根充满生机，进入了蓬勃发展时期。在哥本哈根，不但城镇和农村的丹麦人都有工作，而且来自瑞典和德意志的移民也找到了工作。

然而，一些人不是因为经济环境恶劣选择移民，[1]而是因为摩门教教士的传教活动。1800年，当摩门教教士首次抵达美国时，许多皈依者选择加入密苏里州和伊利诺伊州的信徒行列。由于摩门教教堂建在盐湖谷，盐湖谷的每一英亩土地都需要劳动力，因此，摩门教教士将皈依者殖民化作为一项系统性政策。摩门教教士十分关注北欧，因为北欧有铁匠、石匠和吃苦耐劳的农民。为此，1850年，摩门教派出两名传教士前往哥本哈根，试图将哥本哈根作为斯堪的纳维亚半岛的三个活动基地之一。[2]虽然丹麦是当时唯一允许摩门教布道的北欧国家，但法律允许并不意味着民众欢迎摩门教。在丹麦，民众向摩门教传教士扔石头，甚至打破了皈依者房屋的窗户。

宗教具有强大的吸引力。宗教之于民众就像天堂之于荒山野岭一样。1852年，第一批摩门教传教士从欧洲出发。随后几年中，皈依摩门教等同于移民。[3]1860年春，由三千多人组成的十二个有组织的移民队伍从哥本哈根出发，途经汉堡和利物浦。大多数移民自付费用，少数移民得到了教会移民基金会的资助。这一切得益于汉堡和利物浦当局提供的特殊寄宿处、横渡大西洋的船供给的食宿，以及在纽约和新奥尔良迎接移民的代理人的帮助。虽然摩门教传教士在瑞典布道时，遇到了很多困难，但离开哥本哈根的移民中偶尔也有瑞典人。

然而，瑞典的移民运动具有一种传统特征，内部宗教纷争是一个不可忽视的重要因素。许多评论家认为，内部宗教纷争是瑞典人最主要的移民动机。如

---

① P.S.维格：《丹麦和美国：1841年到1850年》，明尼阿波利斯市，1908年，第202页。J.P.查普：《丹麦王国》，哥本哈根，1898年到1906年，第1页、第34页。——原注
② 《盐湖城》，1882年，第1期，第1页到第7页。——原注
③ 《盐湖城》，1882年，第1期，第15页。——原注

前所述，大量瑞典移民来自瑞典中北部地区。在瑞典，国教教会压迫不信仰其教义的人，贫瘠的土地上粮食经常歉收。形势严峻时，抱怨教会专制统治的声音越来越大。有时，面对困境，瑞典人显得无能为力。①由于移民力量日益壮大，瑞典移民运动开始向南方肥沃的平原地区延伸。其他一些因素也促成了瑞典移民运动，如赋税太过沉重，有关土地和劳工的法律过于陈旧，以及密西西比河流域的定居者寄来的邀请信。②其中，最后一个因素至关重要，因为瑞典移民先驱取得的成功与他们曾经遭受的苦难形成了鲜明对比。1853年到1854年，哥德堡港口的船上挤满移民。由于船上无法乘载所有移民，一些移民通过汉堡或赫尔前往利物浦。③虽然瑞典移民数量之多令利物浦官员颇为震惊，但瑞典移民数量还没有达到民族迁徙的比例。民族大迁徙是1874年以后的事了。

然而，在挪威王国，民族大迁徙已经开始。由于英国废除了《航海法案》，加上魁北克新航线提供的便利，承运商开始大力发展客运业，企图从中获利。承运商不断从美国带回早期挪威移民鼓舞人心的消息，字里行间流露出对未来充满憧憬的信是最好的证据。报纸也到处传播有关美国挪威移民的消息。④在美国，挪威移民聚居地快速发展，不仅建立了挪威教会、学校，还创办了报刊。这些代表了一个社区的成熟，也吸引了许多犹豫不决的挪威人及其家人。"二次迁徙"正在进行，挪威移民从伊利诺伊州北部和威斯康星州迁徙到艾奥瓦州与明尼苏达州。很多挪威移民在路德教堂的周边购买农场。⑤1853年4月，在克里斯蒂安尼亚峡湾，十艘载有出境乘客的船出港，表明挪威移民运动不再是逃离教会控制或表达政治不满的小规模迁徙。⑥

与移民人数占总人口比重极大的国家一样，挪威移民运动是由最底层民众推动的。当时，挪威的佃农生活艰苦，他们的地一般在山坡上，土壤贫瘠，石头

---

① A.里斯托为：《哥本哈根》，1858年，第355页到第382页。——原注
② 《瑞典晚报》，1852年3月17日、1852年4月6日、1853年6月4日。——原注
③ 《瑞典晚报》，1853年7月8日、1853年7月9日、1854年6月22日、1854年7月18日、1854年7月29日、1854年8月17日。——原注
④ 《祖国》，1853年2月24日。——原注
⑤ 《祖国》，1854年5月4日、1855年6月20日。——原注
⑥ 《祖国》，1853年4月28日。——原注

较多，生产的农作物无法维持生计。三年饥荒让挪威农民负债累累，怨声载道。但挪威政府没有颁布任何法律改变农民的困境。挪威农民的小屋里挤满孩子，他们询问道："我们一家应该去哪里找几英亩地呢？"大西洋彼岸的财富和鼓舞人心的消息为挪威农民提供了答案。挪威船主不再在欧洲各国的码头上寻找货物，而是直接从本国港口载上移民，前往魁北克。在魁北克，威斯康星州的行政长官看着挪威移民从成群的土地代理人和劳务承包商中间安全通过。

19世纪50年代，奥匈帝国的移民主要来自波希米亚地区。淘金者成为波希米亚移民的先驱。波希米亚移民之所以可以开创淘金事业，是因为享有自由离开的权利。许多德意志商人和有识之士大力宣传移民的好处，将移民当作解决

奥匈帝国的双头鹰盾徽

奥匈帝国农业问题和工业问题的途径。①但很少有人受到宣传者影响,因为一万名波希米亚移民只占奥匈帝国总人口的一小部分。然而,第一批波希米亚移民吸引了随后数以千计的移民。波希米亚移民所在社区的地理位置极大影响了美国未来的人口分布。

　　航海条件的改善惠及欧洲所有国家。危险虽然依然存在,但不像以前那样令胆小的人望而却步。英国废除《航海法案》后,帆船客运业的发展很快达到鼎盛。移民的西迁和美国主要原料的东运形成了一张国际运输网。船舶机械的完善和船员熟练的航海技术缩短了欧洲港口之间的通行时间,促进了欧洲移民在美国的扩张。②一些富有想象力的人暗示道,蒸汽船将取代帆船,前往美国的乘客只需在海上待两个星期。不到二十年的时间里,一场革命爆发了。然而,就当时而言,新增的横跨大西洋的轮船将移民运输从一种选择性服务转变成了移民贸易,为移民提供了更好的住宿条件,同时形成了更激烈的竞争黄金,从而对移民运动产生了影响。

　　交通条件的进一步改善得益于有效政策的实施。1848年到1849年,英国和美国通过一系列政策结束了饥荒,控制了瘟疫的传播。但许多令人不适、有碍健康的情况仍然存在。英国人不再保持维多利亚时代的生活作风,很多行为被贴上了不得体的标签。英国议会的两份报告详细说明了移民船上的生活。因此,1855年,英国颁布法律对移民船上的空间、食物和住宿做了特别规定,并且长期有效。③

　　1855年,美国加强了对移民的限制。法律滥用并不是因为旧条例执行不严格。一次,巴尔的摩的八艘船和纽约的十八艘船都受到控告,船长被罚了款。有时,当地政府会将查封的移民船再次出售。④立法存在的不足是导致不良现象的

---

① 约瑟·布泽克:《19世纪50年代波希米亚移民数据》,维也纳,1901年,第446页。——原注
② 《詹姆斯·M.怀特的信》,1845年1月4日。《德意志日报》,1854年9月29日。《莱比锡报》,1852年1月27日。——原注
③ 《移民船特选委员会的第一次和第二次报告》,《议案》,1854年,第13卷,第119页。——原注
④ 《不同的法律执行案例》,《猎户商人杂志》,1852年,第26期,第394页。《波士顿通讯》,1848年4月12日、1848年5月8日、1848年5月24日、1851年5月29日、1851年7月1日、1851年7月14日、1851年8月2日。《每日小报》,新奥尔良,1851年6月22日、1851年8月8日。——原注

原因所在。美国的造船业取得了长足发展,一些船上出现了1848年前从未听说过的"三层甲板"。承运商和海关官员就有关条款的解释一直存在争议,因此,美国国会任命了一个委员会调查情况。纽约商人参加了公众集会,要求通过法律结束混乱局面。①1855年,美国国会通过了一项法律,根据船上甲板的数量及甲板之间的高度规定船运的吨位和空间。②英美制定的法律带来了1855年的商业大衰退,承运商出于自身利益考虑,通过改善船舱条件和设施吸引了更多乘客。

繁荣的哈得孙河口城市吸引了大批移民船。渐渐地,从欧洲起航的人除了知道自己要去纽约,脑子里什么概念也没有。③许多前往新奥尔良装载棉花或前往魁北克装载木材的船不得不满足乘客的要求,先让乘客在纽约上岸。④然而,大多数挪威移民经由圣劳伦斯和五大湖到达美国西部地区。因此,当时,美国的统计数据无法充分显示挪威移民的数量。此外,许多德意志人在新奥尔良登陆。新奥尔良的德意志社区急于将新移民驱逐出去,从而加快了德意志移民的北迁进程。⑤

除了土地代理商,一些美国人也敦促南方为德意志移民提供机会。殖民地时期,在卡罗来纳和佐治亚地区,德意志移民发展得很好。现在,德意志移民为什么不去得克萨斯州或田纳西州发展呢?⑥近十年中,定居在得克萨斯州的二万五千名德意志移民和先前移民到美国西北的同胞情况一样。但田纳西州是另一回事。一个叫瓦特堡殖民的土地公司投机倒把,许多在这家公司投资的人都破产了。这家公司的倒闭打击了很多想在田纳西州定居的德意志移民。⑦在美国南方,想要大展宏图的德意志移民遇到了诸多阻碍,如交通不便、买不起小块土地、奴隶制的存在等等。⑧

---

① 《参议院报告》,第三十三届国会第一次会议,第386页。——原注
② 《美国国会法案及决议案汇编》,第9卷,第220页到第223页。——原注
③ 《粮食交易所快报》,1853年6月13日。——原注
④ 《德意志移民报》,1853年3月8日。《关于移民的文件》,《议案》,1851年,第40卷,第21页。——原注
⑤ 《德意志日报》,1853年2月7日。《德意志移民报》,1854年4月15日、1855年1月26日。——原注
⑥ 《德意志移民报》,1854年12月5日。——原注
⑦ 《希尔德加德·罗森塔尔传》,斯图加特,1931年,第71页到第72页。——原注
⑧ 《德意志移民报》,1851年2月13日、1857年6月12日。——原注

面对不利情况，德意志移民继续沿已有航道出发。移民由地理环境和吸引大众的因素主导，但有意识的引导起了一定作用。19世纪40年代，殖民计划失败后，德意志政府不得不做出一些调整。德意志爱国人士采取了一项新政策，即引导美国的德意志人集中到一个聚居地，通过教会、学校和知识纽带维系德意志移民的爱国情感，然后将从商业和文化联系中获得的利润带回德意志。①为了达到这个目的，1847年，德意志移民协会成立。②该协会四处分发移民指南，三年来连续出版周刊，在法兰克福、莱比锡等地成立了分支机构。德意志移民协会也在美国开展活动，与现有的德意志社区形成联系，同时促使德意志移民成立新社区。通过这种方式，德意志移民协会获得了路线、土地和经济机会等方面的最新信息。德意志移民抵达美国后，可以从一个城市前往另一个城市，在每个城市都能得到帮助。③

爱尔兰社区分布在美国各地，但只是地方性的，移民依靠微薄的补贴缓解生活压力。爱尔兰移民不可能聚在一起生活，因为爱尔兰移民在地域上的分布取决于该地是否有工作机会。在波士顿或纽约登陆时，爱尔兰移民除了一双手，什么也没有。寻找庇护所或工作前，爱尔兰移民会先去劳务中介。一个移民如果找到了工作，就会将家人留在出租房里，只身前往伊利诺伊州或缅因州，或者去其他地方。爱尔兰移民如果找到一个自己喜欢的村庄，就会在村庄里做临时工或农场伙计，然后定居下来，将家人接过来。通常情况下，在城市里，教会和同胞会为新移民提供与国内一样愉快的社会生活，新移民也能在工厂找到一份工作。

不幸的是，19世纪50年代，城市生活喧嚣嘈杂，政府很少限制人们饮酒。爱尔兰移民的不节制震撼了古板的美国人。美国人无法体会大多数移民的痛苦和贫穷。爱尔兰移民与美国当地工人展开竞争。令美国人厌恶的是，爱尔兰人普遍信仰美国人不信任或恐惧的宗教。这些因素导致了美国人不断增强的排外情

---

① 罗伯特·摩尔：《关于移民》，图宾根，1847年，第4卷，第320页到第348页。——原注
② 《莱比锡报》，1847年3月2日。——原注
③ 《贝尔维尔报》，1849年10月4日。《德意志西部报》，圣路易，1848年3月18日、1848年4月29日、1848年6月25日、1849年12月7日、1849年12月11日、1850年3月14日、1850年3月23日、1850年8月2日。《德意志移民报》，达姆城，1848年，第2期，第22页到第23页。——原注

绪，最终引发了1852年到1856年的"一无所知暴乱"。美国人最讨厌的是移民企图将美国卷入欧洲的政治纷争，以及许多德意志自由主义者在教堂做礼拜的人面前宣扬无神论。立法者前往各州议会，制定法案保护美国劳工。国会议员们建议大幅修改《入籍法》。在选举、野餐、葬礼、篝火晚会等场合，美国工人与移民接触时，经常通过暴力表达不满。

　　由于美国人的排外情绪，1855年，美国移民人数减半。不过，移民人数减少还有其他更根本的原因。1854年的移民运动规模很大，只有1873年的移民运动能与之匹敌。近四十二万八千名外国人涌入美国。1854年春，第一批移民到来前，美国的劳动力市场已经饱和。尽管克里米亚战争减少了大西洋航运，同时提高了运输价格，但接下来的几个月里，大量移民登陆美国。① 由于移民们支付了比预算更高的票价，许多移民没有钱继续前行，因此，美国沿海城市人满为患。更糟糕的是，新闻报道称，西方国家发生了旱灾，小麦和玉米歉收，商业萎缩。② 美国的农业一旦崩溃，铁路建设和其他建设也会停止。因此，城市里的失业者涌入早已拥挤不堪的贫民窟，再次引发了"一无所知暴乱"。

　　毫无疑问，1854年来到美国的移民渴望回到家乡。其中，许多负担得起路费的人已经返回。③ 大西洋移民史上没有关于这次返乡的任何记载。然而，1855年2月，一份非官方材料估计，前一季度约有6%的移民回国。④ 欧洲各国了解到移民的亲身经历和信中的信息，对1854年的大规模移民倍感震惊。普鲁士政府分发了大量传单，宣传被误导的人们的痛苦。萨克森街头贴满海报，称德意志人是"一无所知暴乱"的受害者。⑤

　　无论如何，1855年，欧洲的战争局势导致移民数量减少。没有从美国进口必

---

① 《德意志移民报》，1854年4月11日、1854年4月15日、1854年12月23日。《德意志日报》，1854年3月23日。《移置穷人专门委员会的报告》，《议案》，1854年，第17卷，第99页到第100页。——原注
② 《粮食交易所快报》，1854年9月11日、1854年9月18日。《德意志日报》，1854年10月14日。——原注
③ 《德意志移民报》，1855年3月16日、1855年7月20日。《莱比锡报》，1855年3月21日。——原注
④ 《知识界晨报》，1855年2月11日。——原注
⑤ 《贝尔维尔报》，1855年5月8日、1855年7月3日。——原注

需品的船穿过地中海,将士兵和粮食运到克里米亚战场。横跨大西洋的票价涨到前所未有的价格,远远超出为移民提供援助的阶级可以承受的范围。此外,在爱尔兰村庄,征募者宣扬到英国军队服役的机会比到美国西部的机会多。虽然德意志各地没有卷入战争,但由于担心未来的局势,德意志政府非常关注体格健壮的适龄青年。这些青年想要溜走是不可能的。①挪威和瑞典由于保持中立,社会繁荣昌盛。俄罗斯小麦退出了市场,英国农场主和佃农们的小麦卖了好价钱。任何可以引发移民运动的经济因素都被搁置了。虽然1856年春,欧洲恢复了和平,军队也返回了国内,但1856年夏,由于小麦价格居高不下,移居美国的人仍然保持在1855年的水平。

随着1857年的到来,移民船重启以前的航线,移民中介也开始工作。旅店老板和土地推销员十分高兴,大西洋两岸的港口恢复了往常的热闹。1857年春,大量移民离开欧洲港口。1857年年底,二十五万多名移民登陆美国。如果不是因为1857年夏从美国传来的坏消息,移民人数会更多。欧洲战争虽然延缓了美国经济的衰退趋势,但经济崩溃接踵而来。1854年前的过度扩张和过度融资不可避免地造成了商业和农业萧条。1857年,美国重现1819年和1837年的场景,工资降低、劳工失业、反饥饿游行……欧洲各国政府不再阻止人们离开,因为每封信和每份报纸都描述了发生在美国的灾难。

19世纪中叶,移民运动逐渐停止。1858年,美国的入境人数减少了一半。1859年,入境人数与1858年基本相同,1860年略有回升。当时,来到美国的大部分移民是之前与家人离散的人,现在,他们在新家重聚。还有一些人在美国西部草原与先前的邻居会合。②大西洋两岸的移民运动已经结束。在爱尔兰和德意志,繁荣取代了农村的贫困,欢欣鼓舞取代了笼罩在人们头顶的阴霾和恐惧。③在工厂和农场工作的二百万新美国人将希望寄托在美国的未来上。移民

---

① 《德意志移民报》,1855年6月19日、1855年12月28日、1856年6月18日。《莱比锡报》,1855年4月27日。——原注
② 《F.W.C.默多克的信》,1857年2月7日。《爱尔兰农民公报》,1857年10月10日。——原注
③ 《移民记录和殖民日志》,伦敦,1858年1月16日。《马克思·斯蒂海默的信》,1857年3月20日。——原注

们度过了一段艰难岁月，经历了失望和打击，但依然满怀希望，憧憬未来。然而，他们做梦也没有想到，美国北方和南方之间即将爆发的冲突再次将他们卷入了战争。

四年内战不仅摧毁了南方，还改变了美国北方的移民。美国内战改变了外国移民的观念，确立了新的领导制度。战争开始时，移民家里挤满年轻人。年轻人加入兵团，去了前线，但他们不是出于爱国，而是出于奖金和土地等实质性的利益。于是，父母们不再将心思花在遥远的故土，而是花在自己孩子的土地上。过去的梦想让位于如今的现实。移民报纸上的战事报道取代了欧洲新闻的头条位置。神职人员打破了神学差异，让宗教为忧心忡忡的人服务。不识时务的编辑和神职人员失去了威望和追随者。当美国内战结束时，移民们的语言差异没有消失，但观念已经改变。无论是外国人还是土生土长的本地人，所有生活在美国的人，都决心融为一个民族。

译名对照表

First World War	第一次世界大战
America	美国
J.Hector St.John de Crèvecœur	J. 赫克托·圣约翰·德·克雷夫科尔
Emma Lazarus	埃玛·拉扎勒斯
national planning	国民计划
Marcus Lee Hansen	马库斯·李·汉森
Atlantic	大西洋
Civil War	内战
Europe	欧洲
Poland	波兰
Suth Russia	俄罗斯南部
British	英国人
Canada	加拿大
Algeria	阿尔及利亚
Australia	澳大利亚
Central America	美国中部
Brazil	巴西
Latin America	拉丁美洲
American West	美国西部
Madame Barbara von Krüdener	芭芭拉·冯·克鲁代纳夫人
Switzerland	瑞士
German	德意志人
Louvre Museum	卢浮宫
Ireland	爱尔兰

Netherlands	荷兰
Andrew Jackson	安德鲁·杰克逊
British Isles	大不列颠群岛
Germany	德国
France	法国
University of Illinois	伊利诺伊大学
Esther McKenzie	埃丝特·麦肯齐
Theodore L.Agnew	西奥多·L. 阿格纽
Elizabeth F.Hoxie	伊丽莎白·F. 霍克西
Arthur M.Schlesinger	阿瑟·M. 施莱辛格
New World	新大陆
Italy	意大利
Commune	农村公社
Middle Ages	中世纪
Kingdom of England	英格兰王国
Elizabethan Poor Law	《伊丽莎白济贫法》
Scotch Highland	苏格兰高地
Kingdom of France	法兰西王国
New France	新法兰西
French Revolution	法国大革命
German Empire	神圣罗马帝国
Mercantilism	重商主义
Battle of Waterloo	滑铁卢战役
Rhine	莱茵河
Baltic	波罗的海
Austria	奥地利
Balkans	巴尔干半岛
Near East	近东地区
Spain	西班牙
Celtic	凯尔特
Wales	威尔士
Belgium	比利时
Norway	挪威

yeoman farmers	自耕农
Prussians	普鲁士人
Saxons	撒克逊人
Bohemians	波希米亚人
Germanic people	日耳曼人
Teutonic Tribes	日耳曼部落
Thames	泰晤士河
Elbe	易北河
Denmark	丹麦
Sweden	瑞典
Mediterranean Sea	地中海
Slavs	斯拉夫人
Finns	芬兰人
Latvians	拉脱维亚人
Lithuanians	立陶宛人
Poles	波兰人
Karelians	卡累利阿人
Ukrainians	乌克兰人
Russian Empire	俄罗斯帝国
Greece	希腊
Roman Empire	罗马帝国
Westward Movement	西进运动
Pacific	太平洋
Political Arithmetic	政治经济学
Prussian	普鲁士
Johannes von Justi	约翰内斯·冯·尤斯蒂
Peninsula of Danish Jutland	丹麦的日德兰半岛
English Channel	英吉利海峡
Colonial East	东部殖民地
Luxembourg	卢森堡
Friedrich the Great	腓特烈大帝
Catherine the Great	叶卡捷琳娜大帝
Swiss	瑞士人

Volga	伏尔加河
Thomas Robert Malthus	托马斯·罗伯特·马尔萨斯
Friend of the People	《人民的朋友》
Marquis de Mirabeau	米拉博侯爵
Victor de Riqueti	维克托·德·里奎蒂
Justus Moser	贾斯特斯·默泽尔
patriotic fantasies	爱国主义幻想
Otto Litken	奥托·利特肯
Swedish Academy	瑞典皇家科学院
Anders Chydenius	安德斯·奇德纽斯
Arthur Young	阿瑟·扬
Spanish Florida	西属佛罗里达
Levant	黎凡特
Indians	印第安人
New Netherland	新尼德兰
New Sweden	新瑞典
Virginia	弗吉尼亚
New England	新英格兰
Scots	苏格兰人
Ulster	阿尔斯特
Royal Charter	《皇家宪章》
John Smith	约翰·史密斯
London	伦敦
Bermuda	百慕大群岛
Maryland	马里兰
Baron Baltimore	巴尔的摩男爵
Cecil Calvert	塞西尔·卡尔弗特
Puritans	清教徒
Massachusetts Bay	马萨诸塞湾
Massachusetts Bay Company	马萨诸塞湾公司
Great Migration	大迁徙
Congregational	公理教会
Summons to New England	《新英格兰召唤之歌》

John Winthrop	约翰·温斯罗普
Rhode Island	罗德岛
Providence	普罗维登斯
Portsmouth	朴次茅斯
New Haven	纽黑文
West Indies	西印度群岛
Far West	远西地区
Long Island	长岛
Cavaliers	骑士
Privy Council	英格兰枢密院
Battle of Worcester	伍斯特战役
Irish Tories	爱尔兰托利党人
Quakers	贵格会教徒
Barbados	巴巴多斯
Stuarts	斯图亚特王朝
Charles II	查理二世
Simon Bradstreet	西蒙·布拉德斯特里特
Boston	波士顿
Connecticut	康涅狄格
Newfoundland Banks	纽芬兰湾
Maine	缅因
Cape Ann	安角
Hudson	哈得孙河
Delaware	特拉华
Dutch West India Company	荷兰西印度公司
Pennsylvania	宾夕法尼亚
Caribbean	加勒比海
New Amsterdam	新阿姆斯特丹
Stuyvesant	施托伊弗桑特
Duke of York	约克公爵
James Stewart	詹姆斯·斯图尔特
Baron Berkeley	伯克利勋爵
John Berkeley	约翰·伯克利勋爵

George Carteret	乔治·卡特里特
Provinces of East and West Jersey	东泽西和西泽西
Trenton	特伦顿
Newark	纽瓦克
Amboy	安博伊
Raritan	拉里坦
Carolina	卡罗来纳
John Locke	约翰·洛克
St.Christopher	圣克里斯托弗
Royalists	保皇党
Jamaica	牙买加
William Penn	威廉·佩恩
Mennonites	门诺派教徒
John Martin	约翰·马丁
Walloons	瓦隆人
Church of England	英格兰国教
French Huguenot	法兰西胡格诺派教徒
South Carolina	南卡罗来纳
Gauls	高卢人
Louis XIV	路易十四
Queen Anne	安妮女王
Mohawk	莫霍克河
Susquehanna	萨斯奎汉纳河
New Canaan	新"迦南"
Peace of Utrecht	《乌得勒支和约》
Shenandoah	谢南多厄河
Potomac	波托马克河
Act of Union	《联合法案》
great British Empire	大英帝国
New Hampshire	新罕布什尔
Philadelphia	费城
Newcastle	纽卡斯尔
Belfast	贝尔法斯特

Londonderry	伦敦德里
Georgia	佐治亚
Moravians	摩拉维亚教徒
Schwenckfelders	施文克斐尔德派教徒
Ulstermen	阿尔斯特人
Rotterdam	鹿特丹
Declaration of Independence	《独立宣言》
Yorktown	约克镇
Kentucky	肯塔基州
Vermont	佛蒙特州
Lake Erie	伊利湖
Ohio	俄亥俄州
Hesse-Cassel	黑森-卡塞尔
Brunswick	不伦瑞克
Hessians	黑森人
Ohio Company	俄亥俄联合公司
American Revolution	美国革命
Joel Barlow	乔尔·巴洛
Paris	巴黎
Gallipolis	加里波利斯
quarantine Law	检疫法
Alexander Hamilton	亚历山大·汉密尔顿
Homestead Act	《宅地法》
George Washington	乔治·华盛顿
Gouverneur Morris	古弗尼尔·莫里斯
Versailles	凡尔赛
Louis Philippe I	路易·菲利普一世
Jean Anthelme Brillat-Savarin	让·安泰尔姆·布里亚-萨瓦兰
Charleston	查尔斯顿
Norfolk	诺福克
Jacobins	雅各宾派
Birmingham Riots	伯明翰骚乱
Wartburg Colony	瓦特堡殖民

Joseph Priestley	约瑟夫·普里斯特利
Susquehanna	萨斯奎哈纳河
Northumberland	诺森伯兰
James Drowley	詹姆斯·德劳利
Westchester County	韦斯切斯特县
Sparta	斯巴达
Methodists	卫理公会教徒
Baptists	浸礼会教徒
Pulteney family	普尔特尼家族
Utica	尤蒂卡
John Nicholson	约翰·尼克尔森
Robert Morris	罗伯特·莫里斯
William Brigham	威廉·布里格姆
Pulteney Estate	普尔特尼庄园
Hamburg	汉堡
Louis XVI	路易十六
Castorland	卡斯特兰德
Ceres	克瑞斯
William Knox	威廉·诺克斯
John Keating	约翰·基廷
Genesee Country	杰纳西国
Shenandoah Valley	谢南多厄河谷
Anthony Wayne	安东尼·韦恩
Pinckney's Treaty	《平克尼条约》
Gulf of Mexico	墨西哥湾
Genesee valleys	杰纳西河谷
Rufus King	鲁弗斯·金
Jeffersonian Democrats	杰斐逊民主党
Federalists	联邦党
Thomas Jefferson	托马斯·杰斐逊
Treaty of Amiens	《亚眠条约》
Louisiana	路易斯安那
Tennessee	田纳西州

Mississippi	密西西比河
Dublin	都柏林
St.George's Bank	圣乔治浅滩
Belisarius	贝利萨留斯
Gwynnyd	格温尼德
Bryn Mawr	布林莫尔
Manhattan	曼哈顿
Knickerbocker	荷兰籍纽约人
Albany	奥尔巴尼
Dutch Reformed Church	荷兰归正教会
Mohawk	莫霍克人
Lutheran Church	路德教
Lancaster	兰开斯特
Charles Wesley	查尔斯·卫斯理
Francis Asbury	弗朗西斯·阿斯伯里
Alien Act	《侨民法》
Corsican	科西嘉岛人
Vienna	维也纳
Napoléon Bonaparte	拿破仑·波拿巴
Elba	厄尔巴岛
Hundred Days	百日王朝
Liverpool	利物浦
St.John	圣约翰
Corn Law	《谷物法》
Main	美因河
Cologne	科隆
John Quincy Adams	约翰·昆西·亚当斯
Commercial Treaty	《商业条约》
Viscount Castlereagh	卡斯尔雷子爵
Robert Stewart	罗伯特·斯图尔特
Bourbon Dynasty	波旁王朝
Alsace	阿尔萨斯
Württembergers	符腾堡人

Hezekiah Niles	希泽克雅·奈尔斯
Shamrock Friendly Association	三叶草友好协会
Barbara von Krüdener	芭芭拉·冯·克鲁代纳
Caucasus	高加索
Württemberg	符腾堡
Alexander I	亚历山大一世
Land of Promise	应许之地
St.Lawrence	圣劳伦斯
Nova Scotia	新斯科舍
New Brunswick	新不伦瑞克
Register	《船级社》
Alabama	阿拉巴马
Tombigbee River	汤比格比河
plains of Texas	得克萨斯平原
Champ d'Asile	尚·德澳诗莱
Galveston	加尔维斯顿
General Lallement	拉勒芒将军
Jean Laffitte	让·拉斐特
Illinois	伊利诺伊
Morris Birkbeck	莫里斯·伯克贝克
George Flower	乔治·弗劳尔
Edward Coles	爱德华·科尔斯
James Madison	詹姆斯·麦迪逊
Princeton	普林斯顿
Wabash River	沃巴什河
Town of Albion	阿尔比恩镇
Gottfried Duden	戈特弗里德·杜登
Notes on a Journey in America	《美国旅行笔记》
Letters from Illinois	《伊利诺伊州的来信》
Appenzell	阿彭策尔
New Freiburg	新弗莱堡
Brazilians	巴西人
Baron von Fürstenwarther	冯·费尔斯滕沃特男爵

Ulster	阿尔斯特
Upper Canada	上加拿大
Great Lakes	五大湖区
Quebec	魁北克
Montreal	蒙特利尔
William Cobbett	威廉·科贝特
Political Register	《政治纪事周刊》
A Year's Residence in America	《在美国的一年生活》
Montrose	蒙特罗斯
Robert H.Rose	罗伯特·H.罗斯
Hanover	汉诺威
Ferdinand Ernst	斐迪南·厄恩斯特
Vandalia	万达利亚
Giessen	吉森
Carlsbad Decrees	卡尔司巴德敕令
Paul Follen	保罗·福伦
James Flint	詹姆斯·弗林特
Lugwig Gall	路德维希·加尔
Monroe Doctrine	门罗主义
Moscow	莫斯科
Holy Alliance	神圣同盟
Peter I	彼得一世
mountains of Caucasus	高加索山脉
Tartars	鞑靼人
Persians	波斯人
Pietism	敬虔主义
Ulm	乌尔姆
Danube	多瑙河
Odessa	敖德萨
Tiflis	第比利斯
Saxony	萨克森
Lodz	罗兹
Zgierz	兹盖日

Tomaszów	托马索
Freiburg	弗莱堡
Rio de Janeiro	里约热内卢
Bern	伯尔尼
Georg von Schaeffer	格奥尔格·冯·舍费尔
Brasilien ist nicht weit von hier	《巴西离这儿不远》
Bremen	不来梅
Colonial Office	殖民地办事处
Peter Robinson	彼得·鲁滨孙
County Cork	科克郡
Robert Wilmot-Horton	罗伯特·威尔莫特-霍顿
New Lanark	新拉纳克
Robert Owen	罗伯特·欧文
Richard Flower	理查德·弗劳尔
Rappites	拉普皮茨人
Mecca	麦加
Hambach	汉巴赫
Bavaria	巴伐利亚
Zürich	苏黎世
Bericht über eine Reise	《游记》
Mulhouse	米卢斯
Proli of Offenbach	奥芬巴赫扩张
Arkansas	阿肯色州
New Orleans	新奥尔良
St.Charles	圣查尔斯
Wheeling	惠灵
Waterford	沃特福德
Horton	霍顿
Petworth Emigration Committee	佩特沃斯移民委员会
Poor-law Amendment Act	《济贫法修正案》
Lancashire	兰开夏郡
Daniel O'Connell	丹尼尔·奥康奈尔
White Boys	白衣会

Blackfeet	黑脚族
Peep-of-Day Boys	黎明小伙
Ribbon societies	绿带会
Orange Lodges	橙色旅舍
Newry	纽里
Connaught	康诺特
Freeman's Journal	《自由人报》
Dresden	德累斯顿
Martin Stephan	马丁·史蒂芬
Jackson Kemper	杰克逊·肯铂
Perry County	佩里县
town of Stephansburg	史蒂芬斯堡镇
Sodom	索多玛
Gomorrah	蛾摩拉
Frederick William III	腓特烈·威廉三世
Pomerania	波美拉尼亚
Posen	波森
Magdeburg	马格德堡
Frederick William IV	腓特烈·威廉四世
Michigan	密歇根
Wisconsin	威斯康星州
Mecklenburg	梅克伦堡
Baden	巴登
Silesia	西里西亚
Jewish	犹太人
Hebrew	希伯来人
Gustaf Unonius	古斯塔夫·乌诺尼斯
Pine Lake	松湖
Rebecca	丽贝卡
John Jones	约翰·琼斯
George Barrow	乔治·巴罗
The American	《美国人》
Christopher Columbus	克里斯托弗·哥伦布

Utopia	乌托邦
Yarmouth	雅茅斯
Kennedy	肯尼迪
Christopher Temple Emmet	克里斯托弗·坦普尔·埃米特
George Gordon Byron	乔治·戈登·拜伦
Percy Bysshe Shelley	珀西·比希·雪莱
Walter Scott	沃尔特·斯科特
William Makepeace Thackeray	威廉·梅克比斯·萨克雷
James Fenimore Cooper	詹姆森·费尼莫尔·库珀
Leatherstocking Tales	《皮袜子故事集》
Alleghenies	阿勒格尼山
Edinburgh	爱丁堡
Publishing House of Chambers	钱伯斯出版社
Chambers's Edinburgh Journal	《钱伯斯爱丁堡日报》
Chambers's Information for the People	《钱伯斯人民信息大全》
Limerick Emigrants' Friend Society	利默里克移民友好协会
Thomas Arann	托马斯·阿伦
Miriam	米里亚姆
Allgemeine Zeitung	《总汇报》
Africa	非洲
Johann Wolfgang von Goethe	约翰·沃尔夫冈·冯·歌德
Pennsylvania Dutch	宾夕法尼亚荷兰人
Pittsburg	匹兹堡
German Convention	德意志大会
Philipsburg	菲利普斯堡
Cincinnati	辛辛那提
Genesis	《创世记》
Tower of Babel	巴别塔
Moses	摩西
Egypt	埃及
Eddystone Light	埃迪斯通灯塔
Augustin-Jean Fresnel	奥古斯丁-让·菲涅耳
Francis Beaufort	弗朗西斯·蒲福

Humane Society of Massachusetts	马萨诸塞州人道协会
Lloyd's Register	劳埃德船级社
Halifax	哈利法克斯
St.Andrews	圣安德鲁斯
Eastport	东港
Passamaquoddy	帕萨马科迪湾
Mersey	默西河
Greenock	格陵诺克
Glasgow	格拉斯哥
Cromarty	克罗默蒂
Aberdeen	阿伯丁
Ontario	安大略省
Neckar	内卡河
François I	弗朗索瓦一世
Seine	塞纳河
Friedrich List	弗里德里希·利斯特
Strasbourg	斯特拉斯堡
Westphalia	威斯特法利亚
Thuringia	图林根州
Weser River	威悉河
Stuttgart	斯图加特
British Navigation Acts	《航海法案》
Antwerp	安特卫普
Düsseldorf	杜塞尔多夫
Gaius Octavius Augustus	盖乌斯·屋大维·奥古斯都
Thomas Newenham	托马斯·纽厄纳姆
Local Relationships	地方关系
Devon Commission	德文委员会
Henry II	亨利二世
Elizabeth I	伊丽莎白一世
Oliver Cromwell	奥利弗·克伦威尔
William III	威廉三世
Quart	夸脱

Irish Sea	爱尔兰海
Theobald Mathew	西奥博尔德·马修
Anti-Corn Law League	反谷物法同盟
Zollverein	关税同盟
Edward Jenner	爱德华·詹纳
Francis Drake	弗朗西斯·德雷克
Tithe	什一税
Blood Tithe	血什一税
Stein-Hardenberg Legislation	施泰因—哈登堡立法
Code Napoleon	《拿破仑法典》
John Ramsay McCulloch	约翰·拉姆塞·麦卡洛克
Vosges	孚日山脉
Pyrenees	比利牛斯山脉
Oder	奥德河
Oldenburg	奥尔登堡
Schleswig-Holstein	施勒斯维希-荷尔斯泰因
Ottoman Empire	奥斯曼土耳其帝国
California	加利福尼亚
South Australia Company	南澳大利亚公司
New Zealand Company	新西兰公司
Karl Sieveking	卡尔·西夫金
John Ward	约翰·沃德
Chatham Islands	查塔姆群岛
Samoa	萨摩亚
Palestine	巴勒斯坦
Republic of Texas	得克萨斯共和国
Mainzer Adelsverein	美因茨贵族协会
La Plata	拉普拉塔
Prince Carl of Solms-Braunfels	索尔姆斯-布劳恩费尔斯的卡尔侯爵
New Braunfels	新布劳恩费尔斯
Saint Thomas	圣托马斯
Mosquito Coast	莫斯基托海岸
Königsberg	科尼斯堡

Guatemala	危地马拉
Gulf of Hondura	洪都拉斯湾
Compagnie Belge de Colonisation	比利时殖民公司
Baron von Bunsen	冯·本森男爵
Friedrich Wilhelm Nikolaus Karl	腓特烈·威廉·尼克劳斯·卡尔
Nicaragua	尼加拉瓜
Bluefields	布卢菲尔兹
Black Sea	黑海
Hellespont	达达尼尔海峡
Gustave Höfken	古斯塔夫·霍夫肯
Francis Grund	弗朗西斯·格伦德
Münster	明斯特
Minden	明登
Osnabrück	奥斯纳布吕克
Hungary	匈牙利
Irish Farmer's Gazette	《爱尔兰农民公报》
Labour-rate Act	《劳动率法案》
Bristol	布里斯托
George Bancroft	乔治·班克罗夫特
Grosse Isle	格罗斯岛
Deer Island	鹿岛
Brooklyn	布鲁克林市
Hibernian Society	爱尔兰同乡会
Klemens von Metternich	克莱门斯·冯·梅特涅
Settlers' Guides	《移民指南》
Encumbered-Estates Act	《土地抵押条例》
Kinkel	金克尔
Hecker	赫克
Schurz	舒尔茨
Sigel	西格尔
Know-Nothing Agitation	一无所知暴乱
February Revolution	二月革命
Ems	埃姆斯河

Cape Horn	合恩角
Mormon	摩门教
Utah	犹他州
Oregon	俄勒冈
Old Northwest	老西北地区
Detroit	底特律
Chicago	芝加哥
Erie Railroad	伊利铁路
Chauvinism	沙文主义
Crimean War	克里米亚战争
Three Years' War	三年战争
Iowa	艾奥瓦州
New Holstein	新荷尔斯泰因
New Glarus	新格拉鲁斯
Copenhagen	哥本哈根
Valley of Salt Lake	盐湖谷
Göteborg	哥德堡
Minnesota	明尼苏达州
Kristiania Fjord	克里斯蒂安尼亚峡湾
Austria-Hungary	奥匈帝国